国家自然科学基金项目（项目编号：71603114）研究成果
教育部人文社会科学研究规划基金项目（项目编号：23YJA870009）研究成果
江苏高校哲学社会科学研究重大项目（项目编号：2021SJZDA153）研究成果
江苏高校“青蓝工程”资助

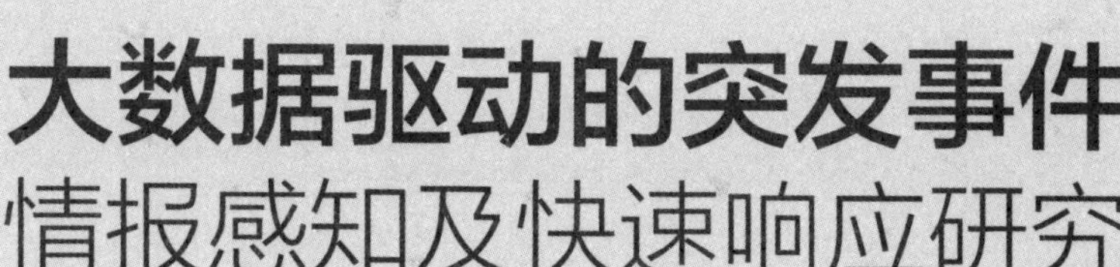

大数据驱动的突发事件
情报感知及快速响应研究

唐明伟　庄玉良　◎著

中国财经出版传媒集团

·北京·

图书在版编目（CIP）数据

大数据驱动的突发事件情报感知及快速响应研究/唐明伟，庄玉良著. --北京：经济科学出版社，2024.1

ISBN 978-7-5218-4873-1

Ⅰ.①大… Ⅱ.①唐…②庄… Ⅲ.①数据处理-应用-突发事件-应急对策-研究 Ⅳ.①D035.34-39

中国国家版本馆 CIP 数据核字（2023）第 114853 号

责任编辑：李　雪　袁　溦
责任校对：齐　杰
责任印制：邱　天

大数据驱动的突发事件情报感知及快速响应研究
DASHUJU QUDONG DE TUFA SHIJIAN QINGBAO GANZHI JI KUAISU XIANGYING YANJIU
唐明伟　庄玉良　著
经济科学出版社出版、发行　新华书店经销
社址：北京市海淀区阜成路甲 28 号　邮编：100142
总编部电话：010-88191217　发行部电话：010-88191522
网址：www.esp.com.cn
电子邮箱：esp@esp.com.cn
天猫网店：经济科学出版社旗舰店
网址：http://jjkxcbs.tmall.com
固安华明印业有限公司印装
710×1000　16 开　17.5 印张　226000 字
2024 年 1 月第 1 版　2024 年 1 月第 1 次印刷
ISBN 978-7-5218-4873-1　定价：88.00 元
（图书出现印装问题，本社负责调换。电话：010-88191545）

ORDER ▷

序

随着人类社会、经济和生活等各方面的发展，人口、环境和能源等方面的问题日益突出，全球范围内的突发事件频繁发生，SARS 事件、印度洋海啸、甲型 H1N1 流感疫情、日本核电灾难、新冠疫情等事件的发生，给人类安全和社会发展造成了巨大威胁。为此，如何防止突发事件的发生，在事件发生后如何在第一时间作出快速响应，最大程度地降低事件带来的损失，成为当前各国政府迫切需要解决的问题。

由于突发事件具有出人意料、态势演化迅速、影响面广泛等特点，因此，有效的突发事件应急响应，只有建立在以畅通的突发事件数据流为前提，建立在高效的数据采集、处理、组织、分析技术等基础上，才可能行之有效，从而预防突发事件的发生或者在发生后第一时间控制事件恶化并作出有效的应急决策。因此，数据是当代突发事件应急响应的主要研究对象。而突发事件的产生和发展，势必伴随着大量数据的产生。如何在第一时间掌握这些数据，并进行有效的分析，成为应急响应的重要研究方向之一。

当前，人类已进入大数据时代，大数据的相关理论与技术，为突发事件的情报采集和分析提供了科学的方法，本专著的研究正是在这一背景下展开的。本著作探讨了如何在大数据技术和方法的驱动下，结合物联网和知识库等技术，对海量突发事件的相关数据进行分析和处理，从而自动感知突发事件，并借助案例和知识库挖掘出针对当前事件的处理方法，以此实现突发事件快速响应。

专著第一作者唐明伟博士是我们科研团队的一员，有着扎实的理论基础和学术背景，其研究方法侧重信息技术的可行性和可操作性，具有一定的研究特色。本著作是其主持的国家自然科学基金“大数据驱动的突发事件情报感知及快速响应研究”系列成果的总结。其研究成果从突发事件事件源的构建出发，以突发事件的情报采集、情报组织和情报分析为主线，展示了大数据时代物联网、大数据和知识管理等技术在突发事件应急管理中的综合应用方法。既丰富了突发事件应急管理的理论研究，也从一定程度上促进了大数据研究的发展，可以为政府的应急决策工作提供新的思路。

大数据时代的到来，从数据角度为人类社会的发展开辟了一条全新的道路。展望未来，大数据必将在国家发展中起到的重要作用，也必定会孕育出更多的以大数据为基础的理论、技术和方法。这些理论、技术和方法将使突发事件应急响应的工作效率提升到新的高度。

苏新宁

2023 年 5 月于南京

PREFACE ▷

前　　言

21 世纪以来，由于自然环境开发和社会矛盾等问题，人类已经遭受了非典、特大海啸、核泄漏等重大突发事件，这些事件对人类社会的安全和稳定造成了巨大威胁。这一状况随着资源、环境、人口等矛盾的加剧呈愈演愈烈之势。因此，如何防止突发事件的发生，在事件发生后如何在第一时间作出快速响应，最大程度地降低事件带来的损失，成为当前各国政府迫切需要解决的问题。

突发事件快速响应是在对突发事件数据准确掌握的基础上，对其进行分析、处理及挖掘，从中识别突发事件特征及发展态势，并自动生成突发事件应急预案，据此协调各应急部门和应急资源共同处理突发事件的复杂工作。在突发事件发生的整个过程中，必然会产生各种各样海量、真伪难辨且又要求高效处理的事件数据。这些数据的特点恰符合大数据的四大基本特征：体量巨大、数据类型繁多、价值密度低和处理速度快。因此，大数据相关理论和方法，不仅适用于研究突发事件的快速响应，也为突发事件快速响应的实现带来了新的思路和方法。此外，大数据已经上升为国家战略资源，应用大数据进行突发事件的情报分析与挖掘研究，不仅是国家战略发展的实践需要，也是使突发事件应急决策更加科学的有力促进。因此，本书在这一着力点上，以大数据处理为主要手段，结合知识组织、物联网等理论和技术，对突发事件快速响应进行深入研究，构建能够从突发事件数据源中自动识别出突发事件特征及发展态势，且能够直接给出应急预案的应急管理机制，据此再结合管理手段，最终实现大数据驱动的突发事件快速响应。全书安排如下。

第一，勾画了全书的研究框架和思路，将大数据时代，物联网、大数据、知识组织等理论和方法引入突发事件应急管理中，确定了全书的研究总纲；第二，构建了大数据环境下的情报学方法与技术体系，为全书的研究奠定了方法与技术基础；第三，将物联网引入突发事件采集中，构建了“物联网＋互联网”双网协同的突发事件大数据情报采集框架；第四，在大数据方法主导下，引入面向资源架构，构建了面向资源架构的突发事件情报大数据集成框架；第五，从知识组织和知识服务角度研究了突发事件案例知识库和应急策略知识库的构建，并研究了突发事件应急策略生成和情景演化推演两个重要的应急工作，为后续情报感知和快速响应提供知识支撑；第六，构建了情报融合下的突发事件情报分析框架，在该框架下，分别研究了突发事件的分类和分级方法，并将情报融合、分析框架、事件分类、事件分级等按照逻辑顺序结合，构建了突发事件情报实时感知平台，从理论角度研究了情报实时感知的实现方法；第七，在情报感知基础上，构建了突发事件决策需求框架，对突发事件应急策略进行了复用研究，并结合“互联网+”的时代特点，构建了突发事件快速响应系统，研究了突发事件预警和应急决策方案生成与优化机制，构建了突发事件应急物资储备的系统建设方法。

本书的撰写得到了南京大学信息管理学院苏新宁教授带领的江苏省数据工程与知识服务重点实验室研究团队的大力支持。为了高质量地完成项目研究，笔者与重点实验室的专家团队进行过多次讨论和交流，对问题有了更深刻的理解，并不断完善内容。2019年，实验室研究团队出版了《应急响应情报体系：理论、技术与实践》，该著作对面向突发事件应急决策的快速响应情报体系进行了深入研究，构建了一个以大数据环境为基、情报技术为力、情报流控制为策、应急决策为标的新型应急情报体系。这一系统性的研究成果，奠定了本著作从突发事件情报采集、组织、分析和服务这条研究主线的理论基础。

本书的出版得到了陈祖琴、蒋勋、徐绪堪、张艳琼和马年圣等多位专家的帮助，他们为本书的写作提供了丰富的素材，并提出了宝贵的建议，在此表示由衷的感谢。

本书系国家自然科学基金项目（项目编号：71603114）、教育部人文社会科学研究规划基金项目（项目编号：23YJA870009）和江苏高校哲学社会科学研究重大项目（项目编号：2021SJZD153）的研究成果之一，研究过程得到了国家自然科学基金、教育部人文社会科学基金和江苏高校社科基金的资助。本书的出版受到了江苏高校“青蓝工程”项目和江苏高校优势学科建设工程三期项目“南京审计大学工商管理学科建设”的经费资助。在此对国家自然科学基金委、教育部社会科学司、江苏省教育厅、南京审计大学及江苏省数据工程与知识服务重点实验室表示衷心的感谢。

本书是探索性研究工作，作为新兴领域的一部专著，难免会有许多不足与值得完善之处，请各位同行批评指正。

唐明伟

2023 年 12 月于南京

CONTENTS ▷

目　　录

第1章

绪　论

1.1 研究背景

突发事件快速响应是在对突发事件相关数据准确、全面掌握的基础上，对事件数据进行分析和挖掘，从中识别出突发事件的特征及发展态势，以此制定出突发事件的应急预案提交至政府应急部门，由应急部门根据预案协调各相关部门和应急资源共同应对突发事件的复杂工作。从这一过程可知，与突发事件相关、准确并全面的数据是突发事件快速响应的关键。随着信息技术的高速发展，人类已步入大数据时代。无处不在的互联网，使得各行各业均在不断地产生各种业务数据。突发事件或来源于自然世界，或来源于人类活动，它们均会作用于人类社会，这就为互联网技术捕捉突发事件相关数据提供了可能。在突发事件发生的事前、事中和事后等过程中，势必会产生各种各样海量、真伪难辨且又要求高效处理的事件数据，这些特点使得传统的数据管理方法已经不能完全胜任其处理要求。近年来，以分布式计算为基础的大数据相关理论与方法的逐渐完善，为突发事件的大数据处理提供了技术上的可能。此外，应用大数据技术进行突发事件的情报分析与挖掘，不仅能够对突发事件的现状进行总结和分析，而且在知识库和知识组织及推理的支持下，还可以对突发事件的态势发展进行预测，使得突发事件的应急决策更加科学。在2015年10月召开的党的十八届五中全会上，国务院正式提出“实施国家大数据战略，推进数据资源开放共享”，这表明我国已将大数据视作战略资源并上升为国家战略。2018年5月，习近平主席在向中国国际大数据产业博览会的致辞中也明确指出全面实施国家大数据战略，助力中国经济从高速增长转向高质量发展①。由此可知，应用大数据进行突发事件的情报分析与挖掘研究，不仅是突发事件应急响应研究的新思路，也是国家大数据战略发展的实践需要。

本书的研究即在这一背景下展开，研究将以大数据相关理论与方法为主要手段，结合大数据时代物联网和知识组织等理论和方法，对突发事件快速响应进行深入研究，构建能够从突发事件数据源中自动识别出突发事件特征及发展态势，且能够直接给出应急预案的应急管理机制，据此再结合管理手段，最终实现大数据驱动的突发事件快速响应。

1.2 研究概述

1.2.1 研究内容

本研究最终目标是实现突发事件的快速响应。以大数据应用为大

① 习近平向2018中国国际大数据产业博览会致贺信［EB/OL］.［2018-05-26］. https://www.gov.cn/xinwen/2018-05/26/content_5293886.htm?cid=303.

环境，从突发事件数据采集出发，在突发事件知识库的支持下，先实现突发事件情报感知，后在感知基础上进行分析和挖掘，得到突发事件应急预案，依此及时协调各应急部门共同处理突发事件，实现快速响应，具体研究内容如下。

1.2.1.1 大数据环境下情报学方法与技术体系构建研究

大数据具有体量巨大、数据类型繁多、价值密度低和数据变化速度快等特点，在面对这些数据时，传统的情报分析与挖掘方法往往力不从心。大数据相关理论与方法是建立在计算机科学的分布式计算理论之上的，但情报学有着独特的研究领域和研究流程。要从情报学的角度，将大数据理论与方法应用至突发事件应急响应中，则必须对大数据方法与技术进行梳理和研究，形成一套适合情报学研究流程的大数据分析方法与技术体系。具体内容为：大数据环境下情报学研究趋势分析；面向大数据的情报学方法与技术体系构建；面向大数据的情报分析框架构建。这一研究是通用方法研究，其研究成果将直接贯穿于突发事件的情报采集、组织、分析和利用之中，是全书的研究基础。

1.2.1.2 “物联网+互联网”双网协同的突发事件大数据情报采集研究

突发事件的相关数据蕴含了事件的起因、状态和演化过程，是突发事件应急处理的重要依据。因此，突发事件的情报采集是整个研究的基础和先行工作。在互联网及移动终端高度普及的当前，突发事件的发生必然伴随着海量相关数据，互联网数据获取方便，但其真实性和可靠性却存在一定争议，仅依靠互联网数据进行突发事件数据采集并不是最佳途径。因此，该研究将构建基于物联网的突发事件监控系统和互联网公开信息一起成为突发事件的信息源，起到事件数据互相验证、互相补充的作用。具体内容为："物联网 + 互联网"双网协同的突发事件情报验证补充机制研究；突发事件物联网情报源的搭建；物联网和大数据驱动的突发事件情报采集研究；大数据驱动的突发事件情报分析；突发火灾预警的物联网实例分析。

1.2.1.3 面向资源架构的突发事件情报大数据集成

突发事件的物联网和互联网情报源，形式多种多样，其数据结构也各不相同。通过这些数据对同一突发事件的情报进行分析，一方面实时性较为重要；另一方面则必须消除这些数据的异构性，实现突发事件的情报采集。这两类数据均体量巨大，传统的数据存储和集成方法不能高效地满足后期对集成数据的使用问题。因此，该研究将引入面向资源架构来研究突发事件情报的集成，并同时结合大数据相关方法来提高其集成效率。具体研究内容为：面向资源架构理论概述；面向资源架构的突发事件情报大数据集成；集成方法的实例验证。

1.2.1.4 面向知识服务的突发事件知识组织

突发事件案例是应急响应的宝贵资源，虽然每次突发事件各有不同，但事件与事件在特征上或多或少存在一定的联系。知识组织的理论和方法，通过对文本内在联系的分析建立起文本与文本之间的关系，再通过对这种关系的分析，推理出新的关系或结论，是人工智能的支撑理论之一。应用知识组织的理论和方法，对突发事件案例进行知识重构，可以在新的结构上进行知识层面的推理，这对于突发事件的特征识别及态势演变的研究具有重要意义。因此，该研究将应用知识组织理论与方法，构建突发事件案例知识库，研究知识推理方法，再结合突发事件情景库和策略库，研究突发事件情景演化和策略生成方法，这部分内容是突发事件情报分析的知识依据和逻辑驱动，是实现情报感知和快速响应的基础之一。具体内容为：本体驱动的突发事件案例知识库研究；基于情景划分的突发事件应急策略知识库研究；案例知识库和策略知识库驱动的突发事件知识服务研究。

1.2.1.5　大数据环境下基于分类分级的突发事件情报感知研究

突发事件情报感知是从采集到的突发事件源数据中自动识别出突发事件特征，是实现快速响应的技术前提。现有的研究多针对客观数据的采集，或者感知机制的理论构建。本研究将结合大数据、知识组织、情景演化理论和方法，对采集到的突发事件数据进行分析和挖掘，并按照事件的类型和严重程度，从中识别出突发事件特征及发展态势，从而实现情报感知。具体内容为：突发事件应急情报融合研究；突发事件应急情报分析框架构建；基于张量分解的突发事件大数据分类研究；基于云模型的突发事件分级研究；大数据环境下的突发事件情报实时感知研究。

1.2.1.6　“互联网+”环境下大数据驱动的突发事件快速响应研究

突发事件快速响应是上述研究的综合应用，是一项管理与技术相结合的复杂工作。现有的相关研究多侧重理论或机制研究，而

“互联网＋”的理论和方法则为突发事件快速响应的实现提供了理念和技术支持，该研究内容在明确突发事件决策需求和情报加工方法的前提下，充分应用“互联网＋”理念，在情报感知基础上，根据事件特征研究突发事件预案，并依此作出快速响应。具体内容为：突发事件决策需求研究；应急策略情报加工方法研究；“互联网＋”环境下突发事件快速响应系统的构建研究；应急物资储备系统的建设研究。

上述研究内容之间的关系如图1－1所示。

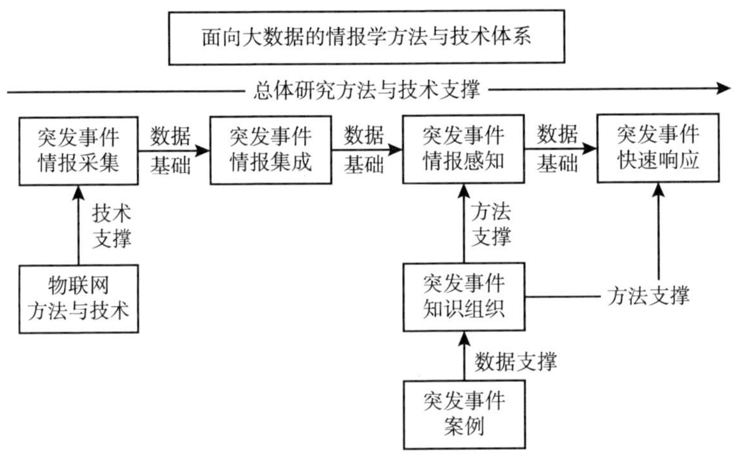

图1－1　研究内容关系

1.2.2　研究目标

从研究内容可知，本书的研究对象是实务问题，这类问题以理论和方法研究为基础，但最终又要作用于实务。因此，本书研究目标既包括形成特定突发事件应急处理的理论和方法，又包括实际的、可操作的信息系统。具体研究目标如下。

1.2.2.1 形成一套面向大数据的情报学方法与技术体系

梳理适用于情报分析和挖掘的大数据方法与技术，形成面向大数据的情报学方法与技术理论体系。在该体系下，构建实际的面向大数据的情报分析框架，该框架可以直接应用于针对大数据的情报分析和挖掘场合。

1.2.2.2 构建“物联网+互联网”双网协同的突发事件情报采集和集成机制

研究物联网支持下，互联网突发事件信息的真实性验证机制；针对其高并发和海量的特点，研究面向大数据的突发事件情报采集、集成、存储和利用方法，解决大数据环境下现有数据管理方法面对海量、实时的突发事件数据时难以高效处理的问题，实现对事件数据的准确和实时的掌控。

1.2.2.3 构建突发事件案例知识库和应急策略库知识库

研究突发事件案例知识的表示、更新和查询等知识库管理方法，从突发事件案例、情景和策略三个方面构建突发事件知识库，实现应急知识的静态积累和动态调用，解决目前大多数突发事件知识库存在内容不够全面，或仅提供知识存储而未充分发挥其对突发事件案例的知识利用的问题。

1.2.2.4 在知识库的支持下，构建基于突发事件分类分级的情报感知机制

研究应用知识挖掘技术从突发事件知识库中提取事件特征，结合基

于张量分解的大数据分类方法和基于云模型的突发事件分级方法，从突发事件信息源中自动识别出突发事件的特征、发生及发展过程，并按照先事件分类、再按照严重程度分级的方法，实现对突发事件进行感知，解决对突发事件难以预知，或解决对事态追踪不及时等问题，既可起到事前预警、防患未然的作用，又可起到动态追踪事件发生过程的作用。

1.2.2.5 构建突发事件快速响应系统

研究在知识库的支持下，根据感知到的突发事件要素，从现有知识库中，研究应急策略的复用方法，从而构建突发事件预案的自动生成机制；根据生成的预案，构建应急物资储备系统，研究应急部门和应急物资的协调机制，解决因缺失应急方案或应急部门协调不利等问题而导致的应急事件处理不及时的问题，最终实现快速响应。

1.2.3 研究框架

根据上述研究内容和研究目标，本书研究框架如图 1－2 所示。

如图 1－2 所示，本书以突发事件情报感知及快速响应中涉及的情报采集、情报组织、情报分析和情报服务等问题为研究主线，应用物联网、大数据和知识组织等前沿情报技术来解决不同环节中的突发事件情报采集、特征提取、事件识别等细节问题，并构建突发事件快速响应系统，同时研究构建突发事件应急物资储备系统，结合应急预案，最终实现突发事件快速响应。为了使技术能够有效科学地解决问题，又将创建相应的数学模型来支持技术的应用，在解决实际问题的同时，促进新技术的应用发展。

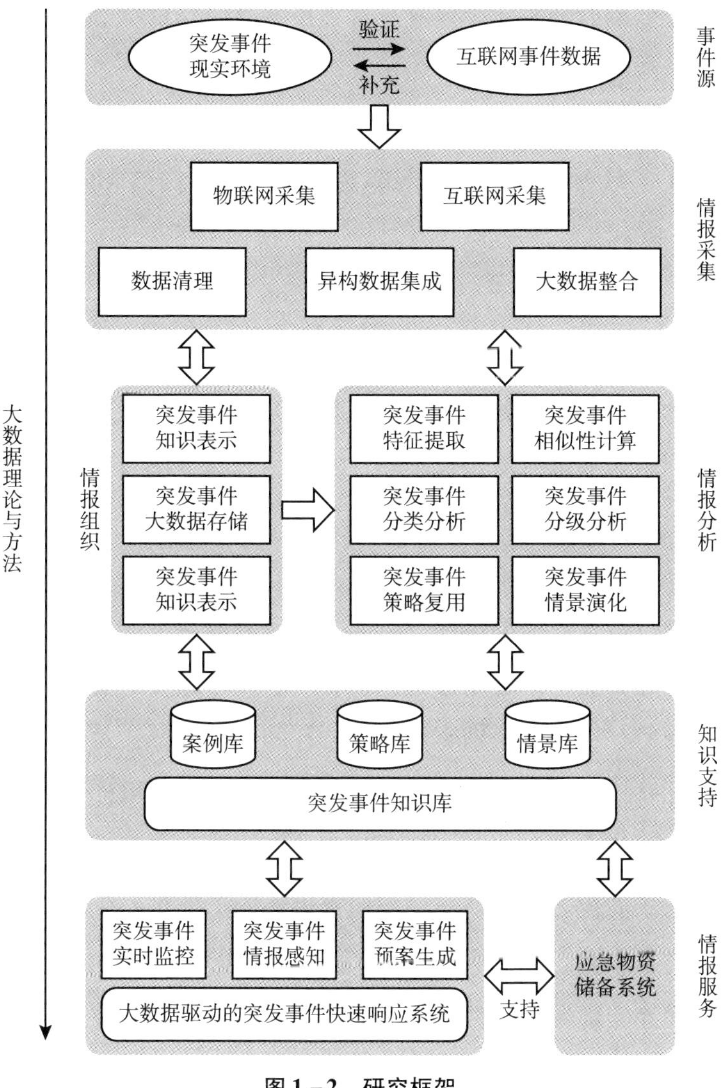

图1-2　研究框架

1.3 研究意义

本书将大数据时代物联网、大数据和知识组织等前沿技术，应用至突发事件应急响应的研究中，既具有理论意义，又具有实践价值，对政府应急工作将起到一定的促进作用。

1.3.1 从情报学角度为突发事件快速响应的理论研究提供实证依据

突发事件快速响应，本质上是一种业务实践，是人类的一种社会活动，其理论与实现该业务的方法有着直接的联系。本研究将大数据、物联网和知识组织等主流情报技术综合应用至突发事件的数据采集、分析和挖掘中，实现从突发事件的事前感知到事中处理的事件响应全过程，形成一套以主流情报技术为主线的突发事件快速响应实现方法。主要体现如下：通过整合数据采集和分析的最新研究成果，形成一套突发事件的采集和感知方法，使之能够快速、有效、实时地收集突发事件的原始数据，并通过分析实现识别突发事件特征的情报服务；对收集到的数据进行清理和转换，形成突发事件大数据，并建设突发事件案例库、策略库和资源库，综合应用面向大数据的聚类分析和关联分析等方法，形成突发事件情景演化方法，与案例知识推理协同形成自动生成突发事件应急预案的情报服务，据此协调各应急部门和应急资源共同处理突发事件，从而最终实现突发事件的快速响应。将情报学技术应用于突发事件快速响应中，不仅为突发事件快速响应的理论研究提供实证依据，也扩展了情报学的研究内容和研究范围。

1.3.2 为突发事件快速响应的大数据研究找到切合点

突发事件情报感知及快速响应以突发事件大数据为主线，研究大数据模式下，突发事件信息源的数据采集、清洗、整合、处理、分析和挖掘的过程。这一过程与大数据处理过程极为相似，研究工作在实现这一过程中采取的相关理论、方法或技术，将为大数据在突发事件快速响应中的应用研究找到切合点。

1.3.3 为政府的应急决策提供情报支持

本研究工作面向实际应用，所研究的各类情报服务，直接作用于政府的应急管理工作。研究拟创建的突发事件策略库、案例库和资源库，三库协同工作构成突发事件知识库，是识别和解决突发事件的基础，可作为政府应急部门的知识储备。在此基础上构建的突发事件情报感知，可自动识别突发事件的特征、发生及演化过程，可为政府部门监控可疑场所，发现潜在突发事件，以及掌握突发事件的各种状态提供情报支持。在情报感知的基础上，自动生成应急预案，则又可以增强政府对突发事件的应急能力，降低突发事件造成的损失。整个过程可以自动完成，既可节省政府部门的大量基础性工作，又可为政府应急决策工作提供情报保障。

1.4 相关研究综述

突发事件应急响应是一项综合性工作，本书从大数据角度展开，涉及领域更为广泛，从大数据在情报学领域的研究现状、突发事件情报感知、突发事件应急预案、突发事件快速响应和突发事件应急响应措施建设五个方面展开现状及发展动态分析。

1.4.1 大数据在情报学领域的研究现状

大数据时代的到来，伴随着技术变革和应用创新，引发了人们对未来情报学发展变革和趋势的思考。

奥利里·丹尼尔（EO Daniel）[1]认为大数据时代，大数据分析中的人工智能技术应引入情报分析中。钟宁等（Ning Zhong et al.）[2]认为在大数据环境中，生物情报学研究应引入物联网技术，认为这两者的结合可实现人工判断级别的智能情报采集。塞尔吉奥·皮萨涅茨基（Sergio Pissanetzky）[3]分析了大数据环境下，未来的情报学研究应考虑集成统一、高性能计算性、适应性、网络安全性及语义性，并指出情报分析应实现自动化。尼科洛·坦皮尼（Niccolo Tempini）[4]认为大数据环境下，情报学研究应建立在数据密集型架构之上。科拉杰卡·戈卢布等（Koraljka Golub et al.）[5]认为数据学术性交流、数据共享和数据决策是大数据时代图书情报学理论体系的重要组成部分。彼得·戈卢布佐夫（P. V. Golubtsov）[6]指出，分布式并行处理应是大数据时代情报分析需要转换的方向。瓦伦·格罗弗（Varun Grover）[7]分析了大数据时代数据、情报和知识的区别。

李广建等[8]认为大数据分析与情报分析均看重数据的定量分析、关注多源数据融合以及强调相关性分析，但在数据对象、规模、分析人任务和时机等方面各具特色。曾建勋等[9]提出了大数据范式下情报学变革的体系框架，并从信息资源内容构成、信息组织方式、情报分析方法及服务功能拓展四个角度诠释了大数据环境下情报学新的核心内涵。夏立新等[10]从概念、成因及表现形式等角度，分析了大数据时代情报学研究面临的危机。彭知辉[11]认为大数据环境下，数据应该成为情报学的研究对象，进而建立数据情报学，并对情报学的研究对象、基础理论、情报流程等原有研究内容进行调整与变革，以适应大数据发展的需要。初景利[12]认为大数据环境下，情报学应以智能情报分析为核心，以大数据为核心能力，以数据科学为新的增长点，构建情报学与情报工作新的核心能力与竞争力。马费成等[13]认为大数据扩展了情报学的问题域、方法、数据来源和工具等多个研究面。苏新宁[14]认为大数据时代为情报学与情报工作提供了较好的发展机遇，并从军民融合、国家安全工作、教学体系变革等方面对情报学学科崛起进行了思考。杨建林等[15-16]认为大数据分析是现代情报分析的基础，并从数据对象、分析起点、分析方法等维度，对情报分析与大数据分析的关系进行了辨析，并对大数据环境下的情报学学科体系进行了重构思考。

从上述文献可以看出，大数据时代的到来已经引起了情报学各领域专家的重视，并从多个角度展开了大数据与情报学关系，以及大数据对情报学未来发展影响等方面的研究。这些研究虽然并未直接建立大数据环境下的情报学方法与技术体系，但已部分解答了新时期情报学方法与技术体系构建的重要内容。

1.4.2 突发事件情报感知研究现状

突发事件情报感知是一个数据采集和分析的过程，是一种技术手段，目的是自动发现突发事件。目前，国内外明确对突发事件情报感知进行的研究并不多见，多是从监测或识别的角度进行研究。

瓦西里奥斯·兰波斯等（Vasileios Lampos et al.）[17]从辅助知识源

中定位事件相关的重要关键词，将该关键词在 tweets 中检索并统计，从而识别突发事件。诺·苏拉亚哈尼·苏里亚尼（Nor Surayahani Suriani）等[18]对基于视频监控的突发事件识别进行了综述研究，将现有研究分为以人为中心和以机动车为中心的两类，指出现有识别方法主要采取背景建模、特征提取和追踪以及突然下降算法等底层处理方法。周桑贤等（Sang – Hyun Cho et al.）[19]使用静态和动态结合的混合 Agent，捕捉拥挤人群中的行为信息，通过对人的移动以及相邻两人动作的分析，识别出拥挤人群中的不正常行为。伊曼纽尔·普林奇皮等（Emanuele Principi et al.）[20]对紧急电话的语音进行了分析，提出了一种新的非正常声学事件检测算法，以识别电话中的遇险信号，依此判断事件的紧急性和重要性。以丹妮拉·波尔（Daniela Pohl）为中心的团队[21–27]自 2012 年起，围绕网络社交媒体进行了一系列突发事件识别方面的研究，逐渐形成了一套系统的事件监测和识别方法：在突发事件期间，针对网络社交媒体的数据及相关元数据，使用在线索引方法进行实时分析，以识别其中有意义的词条，捕捉突发事件的演变状态；在此基础上，再使用在线聚类方法识别和更新突发事件的子事件，并更新突发事件状态集合。黄婷婷等（Tingting Huang et al.）[28]结合大数据和机器学习方法，对高速公路交通状况进行检测，以识别交通事故并提供解决方案。

蔡华利等[29]研究了突发事件发生地点的识别方法，从辖区范围变化规律、所处位置分布规律和多地名实体同现的情形等方面分析了突发事件地名实体的表达特征，通过文本分析和规则库构建了多个识别规则，结合规则应用词频、最短路径和相似度方法判断突发事件的发生地点。曹学艳等[30]应用原始数据挖掘、数据结构化、节点影响力测算、关键节点论坛影响力计算等技术，设计了一种完整的网络舆情节点挖掘和分类的技术方法，并通过实例研究得到“网络名人型”和“事件关注型”两类节点的演化规律。陈国兰[31]构建了基于爆发词识别的微博突发事件监测方法，提出微博噪声数据过滤规则从海量数据中过滤噪声，再采用相对词频、词频增长率、爆发词权重三个指标来提取出爆发词特征，最后采用共词分析方法实现爆发词聚类，从中提取出突发事件。李纲等[32]指出，突发事件监测与识别，为应急决策情报体系提供信息整合技术框架和事件识别工具集，以全源、实时和精准为原则进行情报收集、分析和评估与利用。研究还指出大数据、智慧化、物联网等将成为突发事件监测与识别未来的关键技术。尉永清等[33]研究了突发事件网络舆情的传播规律，并根据情感特征突发性和事件特征抽取方法，实现融合用户情感的突发事件在线识别。裘江南等[34]对微博网络舆情要素进行分析，提出了基于用户信息量和微博信息量的计量方法，并提出了基于时间扫描统计量的微博网络舆情监测方法。杨峰等[35]用文本分词和特征词提取等技术，将经验情报和即时情报进行结合分析，提出了一种基于情景相似度的突发事件情报感知方法。王延飞等[36]指出，情报感知需要与情报刻画的行为交织及过程相融合，对情报刻画的原则、方法和能力进行解析，提出做好情报感知工作的条件。

网络舆情属于互联网信息的一种，一般面向全社会公开，易于信息采集，但其数据的真伪性难以辨别；此外，现有识别研究多关注事件的某一类特征，缺少对事件发展态势的识别，且未体现出自动感知的特点。本研究将对这些问题进行深入探讨。

1.4.3 突发事件应急预案研究现状

突发事件应急预案是针对突发事件的处理方案，属于应急决策的一种。目前，对应急预案的直接研究较为少见，而关于应急决策的研究则较为丰富。

卡门·德·马约等（Carmen De Maio et al.）[37]应用不确定问题处理及逻辑推理建模，实现了根据突发事件特征进行资源发现和知识处理的功能，构建了基于知识管理的突发事件决策支持系统框架。埃里克·皮亚季泽克等（Eric Piatyszek et al.）[38]针对法国南部的大规模反复雨雪天气，介绍了现有的本地洪水应急方案，并针对该方案，提出了一种系统风险分析评估法，指出了原有方法潜在的不足，并形成缺陷树，有助于应急方案的改进。马蒂厄·劳拉斯等（Matthieu Lauras et al.）[39]对应急响应进行业务流程建模，针对业务流程使用事件云，为应急决策者排除没有价值的应急工作，提高应急决策的效率。米贾·扬扎（Mitja Janzˇa）[40]在水质监控网络基础上，利用基于专家知识的数值模拟技术，构建了一种自动水资源管理决策支持系统，该系统可以在发生水质污染突发事件后，模拟水质污染传播，并给出相应的应急方案。诺曼·格罗纳（Norman Groner）[41]针对室内火灾，构建了居民转移决策模型，该模型通过三个“是”或“否”的问答判断来划分发生火灾时居民的群组，并根据不同的群组来安排人员的走向。查理·金斯顿等（Charlie Kingston et al.）[42]利用本体构建了一种“主谓宾”语义后缀树聚类的方法，对社交媒体数据进行语义聚类分析，以实现公共安全事件的态势分析。李海松等（Hyesun Lee et al.）[43]设计了一种针对火灾的物联网系统，为消防员提供实时火灾状态。尼古拉·帕特里尼耶里等（Nicola Paltrinieri et al.）[44]提出了一种基于深度神经网络模型的危机风险评估方法，以提高风险预测的准确性。戈拉姆·拉巴尼·法赫德等（Md Golam Rabbani Fahad et al.）[45]结合 GIS、动态建模和交通微仿真技术，构建了一种针对极端暴雨灾难的实时疏散框架。法哈德尼亚等（B. Farhadinia et al.）[46]应用前景理论构建了一种可扩展的犹豫群决策技术，以解决决策者在决策中因受认知上的犹豫和不确定性从而影响决策行为的问题。

李华等[47]构建了基于 SUMO 的应急预案本体，该本体可以统一突发事件领域知识的理解，实现应急管理中多部门的业务协同与信息共享。谢科范等[48]结合敏捷决策和 Delphi 方法，提出了敏捷 Delphi 方法，并据此研究了互联网支持下的突发事件群决策，以提高突发事件应急决策的效率。周剑等[49]将突发事件抽象成一系列次生、衍生以及耦合事件的事件链，并将事件表示为对象、属性和行为的组合，从而建立起事件对象管理模型，再按照事件链发生发展的自然规律，采取断链或补链措施，获得应急预案的事件链管理策略，进而制订出应急预案。蒋勋等[50]从粒度视角识别突发事件特征，将遵循突发事件演化过程与应急决策客观规律深度结合，构建了应急决策知识库，以辅助突发事件应急决策。王亮等[51]将突发事件阶段性因素加入 TOPSIS 方法中，也加入对应急决策者心理行为的考虑，实现更为准确的应急决策。徐选华等[52]将应急管理中的非合作行为以及少数人意见融入群决策应急模型中，构建了基于多标准、多群应急决策的舆论模型，以判断突发事件的状态。黄超等[53]利用潜在语义索引和奇异值分解算法，实现对非结构化突发事件文本案例的推理，以辅助应急决策。陈雪龙等[54]构建了基于粒计算的非常规突发事件情景层次模型，设计了情景泛化算法，实现低层次情景到高层次情景的泛化过程，该方法可应用于突发事件态势发展分析。吴鹏等[55]构建了基于深度学习和 OCC 情感规则的网络舆情情感识别模型，该模型可以提升突发事件的识别能力以及智能体的决策能力。李纲等[56]从应急知识需求与来源分析、知识表示与组织、应急知识服务方式等角度构建了具有监测预警、舆情导控和应急决策功能的应急知识库，为应急决策过程提供智慧支持。徐小龙等[57]开发了一个基于物联网的高密度人群疏散规划系统，该系统通过移动云平台收集危机发生时的人群活动数据，并通过基于人工市场的疏散规划算法来指导人群撤离。储节旺等[58]利用情报工程思维，构建了云平台驱动的应急决策情报工程架构，从而使应急决策情报工程化和平行化，为应急决策在实际应用中提供思路。刘春年等[59]从情报协同角度探讨应急联动，为突发重大事件中应急管理资源合理配置及应急决策效能逐步提升提供理论基础和努力方向。

上述研究的关注点主要集中在三种方法中：构建应急决策模型生成预案、通过群决策技术协同多位专家共同制订方案、通过知识推理生成预案。这三种方法，第一种方法较为常见，属于经验设计的理性和感性相结合的决策模型，该方法具有一定的科学性，但需要通过实践来验证其效果；第二种方法注重不同专家之间预案制订的协调工作，并非预案本身的研究；第三种方法则是对现有方法的推理，这种方法具有一定的难度，但结合当前突发事件的特征与现有案例的处理方法，可以自动生成具有一定依据的预案。但现有研究侧重推理方法，还缺少对推理依据的利用。本研究将在第三种方法的基础上，构建突发事件知识库作为推理依据，再通过知识推理生成应急预案。

1.4.4 突发事件快速响应研究现状

突发事件快速响应的本质是突发事件应急响应，是应急管理的重要工作，其响应速度和时效性直接影响了对突发事件的处理效果。因此，突发事件快速响应一直是国内外学术界应急管理研究的热点。

哈立德·阿马莱夫等（Khaled Amailef et al.）[60]构建了本体驱动的移动式突发事件应急响应系统，该系统通过基于本体的案例推理，为应急人员对突发事件做出高效响应提供辅助决策。史蒂文·韦等（Steven Way et al.）[61]针对大型复杂灾难事件的动态决策支持系统进行了扩展研究，构建了一种具有环境感知及多方协调功能的应急响应系统。杰弗里·布鲁姆等（Jeffrey Blum et al.）[62]构建了一种实时应急响应系统，该系统可以帮助应急人员发现潜在数据，克服在缺乏技术中介的情况下，对突发事件认知不足的问题。朱利亚诺·曼诺等（Giuliano Manno et al.）[63]利用本体及云计算技术构建了面向突发事件应急响应的语义联合云系统，通过该系统可以协同不同的应急组织共享应急资源，共同解决突发事件问题。史蒂文·库宁等（Steven Curnin et al.）[64]通过对应急管理中的核心任务分析，构建了一种多机构协同处理突发事件的理论框架。丹亚·海亚尔等（Danya Khayal et al.）[65]提出了一种网络流模型来实现应急设施和资源的动态方法及分配，以支持快速响应。卡罗尔·罗曼诺夫斯基等（Carol Romanowski et al.）[66]在分析突发事件历史数据的基础上，为应急管理人员提供具有地方特色的应急信息和资源分配建议，以辅助应急响应。斯特拉·莫尔勒等（Stella Moehrle et al.）[67]提出了一种基于案例和场景的核危机突发事件应急管理方法，该方法通过对已发生核危机事件特征及处理经验的分析，得到当前事件的处理方案，以支持应急响应。海蒂·克雷比奇等（Heidi Kreibich et al.）[68]研究了洪水灾害中对私人住宅和公司的影响，并分析了洪水预警在应急响应中的作用。克里斯·泽布罗夫斯基（Chris Zebrowski）[69]提出了一种基于响应速度、事件抑制和时间政治的集成应急管理方法，该方法通过先进的信息技术来加快应急响应的效率。加布里埃拉·皮卡多－阿吉拉尔等（Gabriela Picado－Aguilar et al.）[70]提出了从风险性和脆弱性两个角度对交通事故进行风险评估，并依此做出应急响应。

唐攀等[71]分析了非常规突发事件应急响应工作参与主体及其关系，基于系统工程思想与组织设计理论，提出了一种非常规突发事件应急响应组织结构，能够实现对所有非常规突发事件应急响应实体进行统一编组。袁莉等[72]分析了我国现阶段应急响应情报体系协同联动的研究和实践的不足，构建了基于决策体系、保障体系、指挥体系和控制体系的协同联动机制。李妮等[73]构建了基于物联网技术的群决策应急响应系统，该系统将突发事件表示为多属性群决策问题，使用传感器技术实现应急数据的实时传输，使用围绕中心点划分算法以及粒子群优化算法实现各决策专家对突发事件应急方案理解上的一致性，从而提高应急响应系统的有效性。苏新宁等[74]指出，现有突发事件应急决策的快速响应系统和现有情报体系存在脱节的问题，并从组织结构、功能组成和组织功能关系三个方面构建了面向突发事件应急决策的，以大数据环境为基、情报技术为力、情报流控制为策、应急决策为标的快速响应情报体系。李纲等[75-76]智慧城市的理念应用至城市的应急响应中，应用熵理论揭示了城市突发事件的发生机理，并提出了面向城市应急决策的快速响应情报体系，指出突发事件情报是智慧源，应急决策情报体系是智慧核，协同联动机制是智慧刃。黄炎焱[77]研究了不同应急部门之间的合作问题，构建了基于“观察—确认—决策—行动”循环理论的应急响应交互模型。吴鹏等[78]基于“信念—愿望—意图”模型建立起网络舆情演变过程中各类主体的多 Agent 交互模型，对网民的心智状态的转换过程建模仿真，从而揭示网络舆情演变的内在动因，支持应急响应策略的科学制定。蒋勋等[79]围绕应急响应各阶段，从基础知识、事实与经验知识以及运算推理规则三个维度构建了突发事件应急响应的知识库体系框架，为应急决策提供知识支撑。凌晨等[80]基于SOAR（state，operator and result）模型和情境危机传播理论，设计了高校网络舆情网民群体决策模型，为高校网络舆情应急管理提供了有效的方法。

上述关于应急响应的研究各有特色，从理论角度构建应急响应系统或情报体系，对应急响应系统的实现具有重要的指导意义，但要将理论转换为实际应用，还需要进一步研究。构建应急响应模型的方法与预案的应急决策模型类似，需要通过实践验证其效果；而应急响应系统的实践研究则是真正面向应用的，但该类系统的有效性取决于应急响应模型本身，同样需要实践来验证。因此，与预案类似，建立在案例知识推理模型上的应急响应系统，对于实现快速响应具有较为实用的支持作用。然而，现有研究或偏向于情报体系理论研究，或偏向于应急决策模型研究，对应急响应系统的实践研究则并不多见。

1.4.5　突发事件响应措施建设现状

世界各国政府在经历了各类突发事件后，纷纷建立了各自的应急响应机制。美国政府自1979年经历“三里岛事故”后，成立了联邦紧急事务管理署。经过多年努力，美国已建成了具有高科技支撑、统一指挥、分级管理、相互支援的非常规突发事件全过程综合管理机制[81]。日本政府则于1995年后成立了“内阁危机管理总监”，经过多年发展，已建立了以综合防灾减灾为主要特征的应急管理体制[82]。英国政府没有设立独立于常态政府管理体制之外的应急专门机构，而是通过明确规定各部门的应急管理职责来承担对突发事件的管理责任[83]。我国政府自2003年经历了非典以后，开始对非常规突发事件进行重点研究和立法。2003年，国务院建立国家应对突发公共卫生事件应急处理机制。2006年和2007年，国务院相继颁布实施了《国家突发公共事件总体应急预案》和《突发事件应对法》，从国家层面制定了突发事件应对法[84]。2017年1月，国务院办公厅印发《国家突发事件应急体系建设“十三五”规划》，规划提出了“坚持资源整合、重点突出”和“坚持政府主导、社会协同”等建设原则，并明确提出“提高社会协同应对能力”的应急体系建设目标。2018年4月，我国又将分散在公安部和国土资源部等部门的应急管理相关职能进行整合，成立了应急管理部。上述种种均表明世界各国对应急管理工作的重视及所做出的努力。

就目前的建设现状而言，我国政府已经从法律和管理角度制定了一系列应急管理的措施和政策，但还缺乏成熟的、可以投入使用的应急响应系统来支持突发事件的快速响应。

1.4.6 研究现状总结

通过上述分析可知，关于突发事件应急管理的学术研究，成果显著。这些成果从一定程度上推动了政府应急管理工作的实施，在突发事件的应急管理中起到了一定作用。然而，资源、文化等矛盾的长期存在，使得突发事件对人类的威胁并未解除。随着社会和自然环境的进一步变化，应急响应工作面临的事件处理状况也在不断变化。大数据时代的到来、人工智能技术、移动互联网的高速发展，给突发事件应急响应带来了新的机遇和挑战。因此，对突发事件应急响应的研究必须与时俱进，使其能够处理具有时代背景特色的诸多突发事件，更好地为政府应急决策服务。

突发事件快速响应是应急部门面临突发事件时必须执行的任务之一，是一项由诸多子任务组成的复杂工作。从情报学的角度而言，突发事件快速响应可总结为一项以突发事件数据为基础，以应急决策模型为方法，以快速响应系统为工具，以资源协调为辅助的技术与管理并重的应急工作。由此可知，虽然目前关于快速响应的研究和建设尚处于起步阶段，但现有研究可视为快速响应研究的重要环节，诸多研究成果已经为突发事件快速响应的实现奠定了基础。本书在现有研究成果的基础上，利用大数据、物联网及知识库等理论和技术，对突发事件快速响应进行深入研究。

本书应用物联网技术构建突发事件监控系统，与互联网公开信息一起构成突发事件信息源，并研究“物联网+互联网”双网协同的突发事件数据采集、验证和利用方法。收集和整理突发事件案例、应急知识和应急资源，构建突发事件知识库，研究知识操纵和推理等方法。应用基于人数据的文本挖掘方法，研究突发事件知识库的事件特征提取。根据特征，研究突发事件的分级分类方法，以此构建突发事件情报感知机制，研究从事件源中自动识别突发事件特征及情景演化方式。在情报感知基础上，结合突发事件知识库，应用知识推理方法，结合情景演化方式，研究突发事件预案的自动生成。根据编程实现大数据驱动的突发事件快速响应原型系统，根据事件特征输出预案，配合管理手段，实现快速响应。

1.5 本章小结

本章以当前社会不断遭遇突发事件为背景，论证了突发事件应急响应研究的必要性，指出了大数据时代突发事件应急响应的研究方向。在这一背景下，提出了本书的研究内容、研究目标，勾画了本书的总体研究框架，指出了研究意义，并对相关研究做了梳理。本章内容是全书研究和写作的大纲，也是本书阅读的一个简要指引。

第2章 大数据环境下的情报学方法与技术体系

自大数据概念提出以来，就受到各行各业的重视。经过多年的发展，大数据已经从一个模糊的概念，逐渐演变为实际生产力。然而其具体的定义、构成、核心的方法与技术等在不同的应用场合之间并不确定，还没有达成共识。本章从情报学视角出发，对针对大数据的情报学研究涉及的方法、过程和技术进行梳理，构建面向大数据的情报学方法与技术体系，为后续章节中突发事件情报采集、知识推理和情景演化等内容提供技术和方法支撑。

2.1 大数据环境下情报学研究趋势分析

2.1.1 大数据环境下情报学研究对象特征剖析

情报学研究内容较为广泛，但从应用角度而言，情报分析是情报学研究的主要工作，本章对情报学方法与技术体系的研究也是从情报分析角度入手展开。情报分析是以用户需求为导向，对原始需求数据进行采集、组织、挖掘等一系列再加工，从而形成新的增值情报的过程[85]。基于此，情报分析是人类的一种社会活动，其活动对象和方式随着社会环境和技术的变化而变化。目前，人类社会已步入大数据时代，数据依然是这一时代情报分析的主要对象。但与传统数据相比，这种环境下大数据的来源、增速及存储等，使得大数据具备了区别于传统数据的特征，具体可总结为以下三点。

2.1.1.1 来源多样化

大数据时代，互联网是数据传输的主要手段。在互联网的驱动下，电脑、智能手机、无线传感器等无时无刻不在产生着各种类型的数据，其来源类型可按图 2－1 所示进行划分。

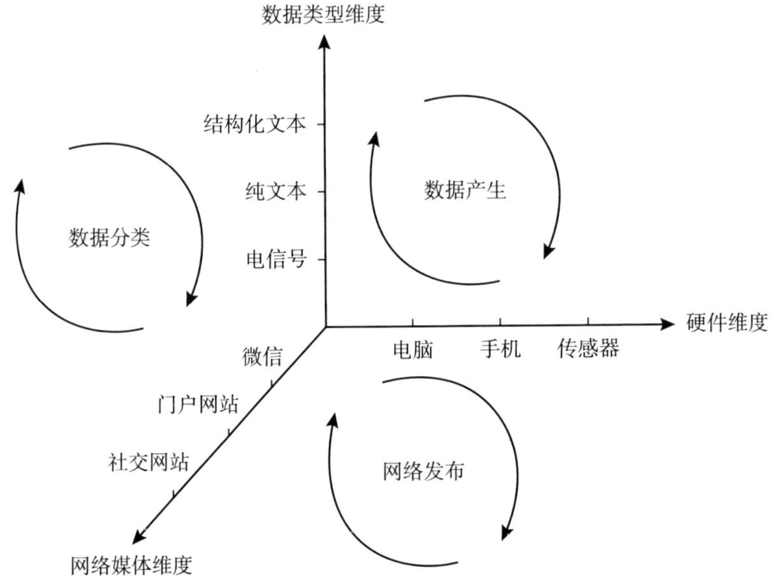

图 2－1　大数据环境下数据来源类型划分

如图2-1所示，数据来源可按照三个维度进行划分。硬件维度一般由自然人部署或操作发布，这一维度产生的数据类型，除了传感器是特殊的电讯号之外，一般取决于网络媒体的组织方式。网络媒体维度则是直接面向用户的互联网应用，其产生的数据类型取决于应用开发商。虽然这一维度只划分了三类，但每一类都有自己的格式定义。尤其是结构化文本，不同应用所采用的结构不同，导致数据解析的方式不同。而纯文本则属于非结构化数据，其解析难度更大。这三个维度两两组合形成了当前环境数据来源的多样性。而数据多样性的增加，直接提升了情报采集和集成的难度。

2.1.1.2 爆炸式增长

上述数据维度的划分下可以预见，数据的增长速度是前所未有的。尤其是目前各行各业的日常工作均脱离不了互联网，再加上普通民众的各种网上社交、购物、娱乐等，可以说每分每秒都在产生海量数据。据国际数据公司 IDC 统计，2016~2018 年全球数据量以每年 58% 的速度快速增长[86]，而在 2020 年全球数据总量已达到 60ZB，其中我国数据总量将达到 8060EB。如此巨大的数据量，已远远超出了传统的以关系型数据库为主的数据管理技术的处理范畴。

2.1.1.3 低价值密度

海量数据的多维度产生，尤其是社交网站和微信等相对主观、自由的网络媒体维度的存在，必然会稀释数据本身的价值性。除了传感器是采集的环境客观数据，其他数据最初均由自然人主观发布。而目前还缺少对发布信息真实性的监督，面对浩瀚的互联网海洋，要做到所有数据进行监控过滤，保证真实性，这几乎是不可能的。除此之外，这些数据中还存在诸多技术需要但是没有业务价值的数据。这两个因素加到一起就造成了总体价值密度低的问题。面临这样的数据，需要剔除无价值的部分，另外，传统的数据管理技术已不能胜任这种环境下的情报处理工作。这就为情报分析带来了前所未有的挑战，从而也催生了大数据环境下情报学研究方式的演变。

2.1.2 大数据环境下情报学研究方式的演变

大数据的海量、类型复杂、增长快速、低密度价值以及在线性等特点，促进了数据处理技术的变革，形成了以分布式计算为基础的大数据技术。大数据技术与云计算、人工智能等技术结合，极大地扩展了情报学研究的视野和边界，从多个方面引发了情报学研究方式的演变。

2.1.2.1 从单纯的文献研究演变为多类型异构数据的研究

传统情报学主要围绕文献展开组织、获取、加工、存储、检索和传递等一系列操作。传统的文献主要以图书、资料、文献引文等客观数据为主，这些数据获取来源和方式较为固定，且体量有限，其研究目的也较为明确。在大数据环境下，传统纸质文献大部分转换为数字文献，并且对互联网开放。同时，网络媒体的快速发展和移动终端的迅速普及，扩大了文献存在的形式。因此，大数据环境下的文献，已经演变成传统文献的数字化资源、社交网络数据、门户网站信息、在线案例等多种类型的数据。研究这些数据，可以了解社会经济发展状况、了解科学社会关系网络、了解民众行为和心理，极大地扩展了传统情报文献的研究范畴。然而，这些数据来源广泛、结构多样，因此大数据环境下情报学的研究，就从单纯的文献研究演变成对多类型异构数据的研究。

2.1.2.2 从数据抽样研究演变为数据整体研究

传统的情报学研究在面临大量文献资料数据的研究，由于受数据处理方法和技术的限制，只能从研究数据中抽取一部分进行分析，尤其是文献调查研究，无法做到大范围的覆盖。这种方法显然可能存在以偏概全的情况，这是一种在原先大数据技术并未成熟的情况下，不得已而为之的方法。而在大数据技术较为成熟的环境下，通过大数据相关方法和技术的应用，已经可以做到对研究数据理论上的全面采集和整体分析，从而提高情报学研究的准确性。

2.1.2.3 从业务和实证研究转变为规律探索研究

传统的情报学研究，一部分围绕明确的业务目的展开，如图书文献组织和编目，引文分析与计量以及科学数据评价等；另一部分则是研究人员根据经验发现问题，再设计解决方案，最后通过采集和组织数据来进行方案的实证研究。这两类研究均属于局部研究，在掌握研究对象全面数据的前提下，可以直接从这些数据中挖掘出隐含的行业和业务活动的规律，这些规律对于人类的社会活动以及业务创新具有较为重要的指导意义。

2.1.3 分布式导向的情报学研究

上述情报学研究的演变，对传统的以关系型数据库为代表的集中式情报分析方法提出了巨大的挑战。目前的关系型数据库和纯文本文件依然可以存储大量数据，但是要通过 SQL 语句从数据库中查询数据，或者逐条读取文本文件中的数据，速度是最大的问题。如果连最基本的数据获取都要耗费大量的时间，那就很难想象情报分析工作可以顺利开展。然而，分布式计算相关方法和技术的出现为解决这个问题提供了很好的方案。因此，大数据环境下的情报学研究应当是建立在分布式计算之上的。

分布式计算以集群为整体概念，一个集群由一个控制服务器和多个计算服务器组成，控制服务器负责分解和分配计算任务，协调计算服务器处理任务，计算服务器负责执行任务，这种计算模式具有以下三个特点。

2.1.3.1 高性能并发计算

并发计算是分布式计算的最大特点，集群控制和协调多台计算机来共同处理一项任务，相当于组成了一台拥有超高性能中央处理器（CPU）的超级计算机，其计算性能远超集群中的任何一台计算机，可以突破单台高性能服务器的计算瓶颈。这一特点就极好地解决了因数据体量大而带来的计算效率低下的问题。

2.1.3.2 可扩展性

理论上，集群中的计算服务器数量是可以无限增加的，并且可以动态加入集群中，随时参与任务的计算。集群规模越大，计算性能就越高，对于同一项任务，计算所需的时间越少。在面对大数据爆炸式增长的环境下，通过增加计算服务器，可以不断地提高计算性能，使其能够适应不断增长的数据计算环境。

2.1.3.3 高容错性

一旦集群中的计算服务器出现问题，负责控制的服务器会自动排除该机器，重新协调资源进行任务的分配和计算。因此，一台计算服务器故障，并不会影响其他服务器的计算，这种高容错性保证了分布式计算的稳定性和可靠性。与传统方法相比，集群在大数据处理效率上已经有了极大地提升，但由于体量巨大以及低价值密度，使得大数据计算仍然需要耗费大量的时间，这就要求集群必须具有较高的稳定性和可靠性。

从上述特点分析可知，分布式计算适用于大数据处理。事实上，目前的各种大数据技术也起源于分布式计算，可以视为分布式计算的一种实现。用于大数据处理的分布式计算平台有 Hadoop、Hive、Storm 和 Spark。

分布式计算解决的是大数据计算问题，和存储如出一辙，将计算任务具体化为存储任务，就转变成了分布式存储。分布式存储有其特殊的存储和读取方式，它与分布式计算是共存的。通常情况下，其数据只能通过分布式计算的方法进行存取，并直接参与计算。目前，分布式存储的技术已经相对成熟，已发展成一种被称为 NoSQL 的非关系型数据库技术。这种数据库突破了关系型数据库的局限性，在扩展性和检索性能上有着关系型数据库无可比拟的优势[87]。非关系型数据库也有多种实现方式，有按照键值保存的 Flare 和 Redis，有面向文档保存的 MangoDB 和 CouchDB，还有面向列保存的 HBase 和 Cassandra 等，这些 NoSQL 数据库性能上各有侧重点，可根据业务特点进行选择。

分布式计算和分布式存储的结合，构成了适用于大数据的分布式处理技术。根据目前情报学研究对象的特征分析，大数据时代的情报学研究和情报分析应当以分布式处理为基本导向。

2.2 面向大数据的情报学方法与技术体系

2.2.1 概念界定

目前，对于情报学方法与技术体系这一概念并没有明确的定义，甚至“方法与技术体系”这一提法在其他学科中不多见。本章以“方法、技术、体系”为主题关键词，文献来源设定为“情报”，在中国知网中共检索到308篇文献。这些文献虽然涉及方法与技术体系，但大部分跳过了对这个概念的界定而直接进入内容描述，不同文献描述的方向不尽相同，造成了目前在情报学研究中，对情报学方法、技术或体系的说法莫衷一是。在现有的情报学研究中，“情报学体系”和“情报学学科体系”的提法较为常见。符福桓[88]认为，情报学体系是研究客观情报现象及情报社会实践活动内在联系的各理论的总和。王知津等[89]指出，情报学学科体系是情报学基本研究内容的组合，是揭示情报学基本对象诸要素间的相关关系及研究内容之间的应用规律。这两个定义中，理论组合和应用规律可视为体系的核心。结合《新华词典》对方法、技术和体系的最基本定义以及情报分析的特点，本章认为情报分析方法是指情报分析过程中解决具体分析事务的思想，而情报分析技术则是解决分析事务的经验、知识和技巧，具体来说对应于已经可以直接使用的产品。而情报分析方法与技术体系则是以情报分析主要过程为主线，由方法与技术相互联系而形成的一个整体，其反映的是情报分析过程中涉及的主要方法和技术，以及这两者之间的协作关系，包括在该协作关系下能够解决的问题。

2.2.2 基本体系框架

情报分析可分为数据采集、数据处理（包含预处理）、数据分析和数据服务四个主要过程。这一系列过程基本概括了情报学研究的主要内容。在这一系列过程中，不论处于何种社会环境，数据依然是主要分析对象。只是大数据环境下数据独有的特征为上述每个过程的运作均造成了不同程度的困难。这种困难是传统的情报分析方法与技术不能轻易克服的。从这一角度可知，大数据环境下的情报学研究应该是一门以数据为研究中心的科学，但与数据科学相比，情报学研究侧重的是宏观的以面向应用、解决实际问题为最终目标的数据处理流程的研究，而非微观的针对数据本身的技术性的研究。为此，根据上述概念，结合分布式处理和情报学研究的特点，本章构建了面向大数据的情报学方法与技术体系基本框架，如图2－2所示。

图2－2展示了大数据环境下情报学的研究思路，总体上与传统思路类似。不同之处在于，大数据技术的发展，从多个方面拓展了原先情报学的研究范畴，与之对应的数据来源、采集、预处理、分析和服务方法也凸显出数据技术特色。如互联网信息的热点统计，可以从系统日志、门户网站、论坛等网络媒体处，通过搜索引擎或网络爬虫等方式采集获取。在当前的网络环境下，这些类型的数据必然是海量的，应用传统的情报学研究方法和技术，要处理这些数据显然是不太现实的。大数据技术的出现，使得原先的不可能变为可能。在大数据

技术的应用支撑下，情报学能够研究或解决的问题得到了较大范围的扩展。正是在情报学的研究思路引导下，大数据技术得到更为广泛的应用。从这个角度而言，情报学的研究是应用技术去解决实际问题，与计算机科学和单纯的数据科学相比，其关注的是如何解决问题，而不是如何去创造或者改进技术本身。在大数据环境下，新时代情报学的研究以大数据为主要支撑技术，体现出研究过程中的大数据特色。各主要部分具体研究特色如下。

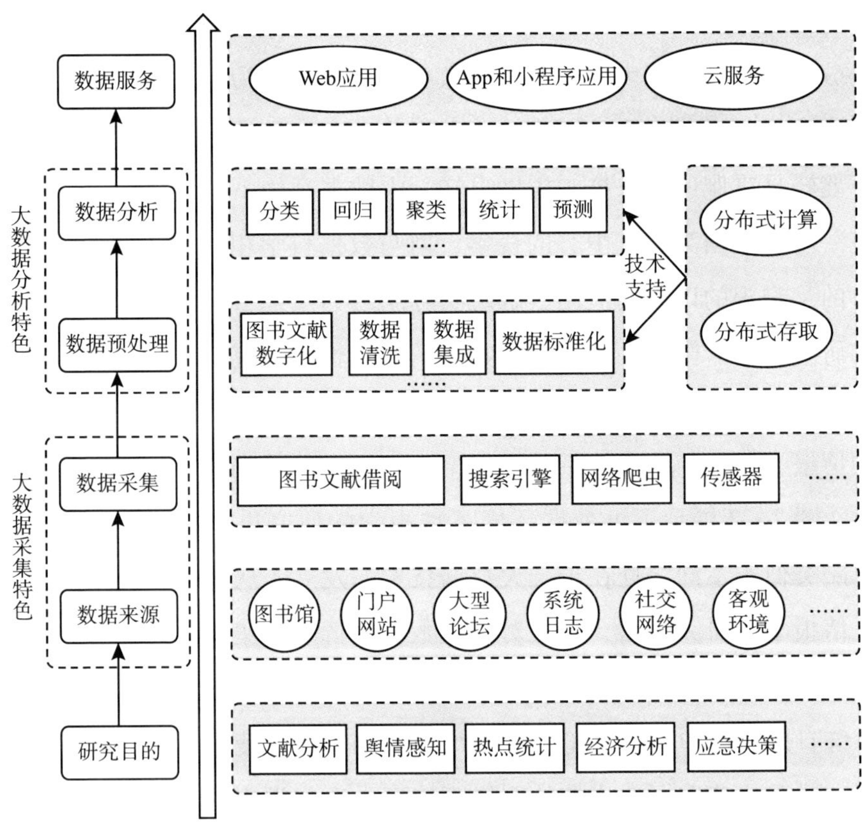

图 2－2　面向大数据的情报学方法与技术体系基本框架

2.2.3 面向大数据的情报学方法与技术

基于上述基本体系框架，对大数据环境下情报学研究文献按照主题和业务进行统计，最终根据数据分析的类型，将目前与大数据应用相关的情报学的研究范畴大致分为文献分析类、Web数据分析类、综合分析类三大类[90]，分别代表了文献数据、Web数据和综合传感器及Web数据的三类面向大数据的情报学研究。这三类研究在思路上与本章创建的基本框架大体保持一致，但是在不同的研究环节又涉及了不同的方法和技术，各具特色。每一类别对应的主要方法与技术如下①。

2.2.3.1 文献分析类

在大数据环境下，文献分析主要是指对数字形式的图书、期刊、报刊、专利等公开发行的文字资料进行分析的工作，其代表性的研究范畴及其对应的方法与技术如表2-1所示。

表2-1 文献分析类情报学研究方法与技术

研究范畴	内容	研究方法	应用技术
引文分析	对科学期刊、论文、著者等各种分析对象的引证与被引证现象进行分析[91]	数学及统计学的方法和比较、归纳、抽象、概括等逻辑方法	WoS检索、CiteSpace、HistCite等工具或基于大数据的程序

① 目前，情报学界对“方法”与“技术”两个词说法莫衷一是，为了能清晰地勾画情报学“方法”与“技术”体系的关系，本书暂且将“方法”界定为情报研究过程中解决问题的思想，将“技术”界定为解决问题的经验、知识和技巧，表现为成熟的技术和产品。

续表

研究范畴	内容	研究方法	应用技术
共现分析	对题名、作者、关键词等文献的特征项共同出现的现象进行的定量分析[92]	聚类分析法、关联分析法、词频分析法、知识图谱等	VOSviewer、BibExcel、Pajek、Neo4j 等工具或基于大数据的程序
期刊评价	从载文量、被引频次、他引率、影响因子等指标对期刊进行定量的统计分析，以量化评价期刊的科研绩效、成果和影响力[93]	设计不同的评价指标和体系，常见的有中文社会科学引文索引（CSSCI）、中国科学引文数据库（CSCD）等	具体实现技术与评价体系相关，并无通用工具

文献分析的对象一般是结构化程度较高的数据，其研究重点在于整理数据、选择或设计研究方法，再应用合适的技术进行分析，其主要过程如图 2-3 所示。

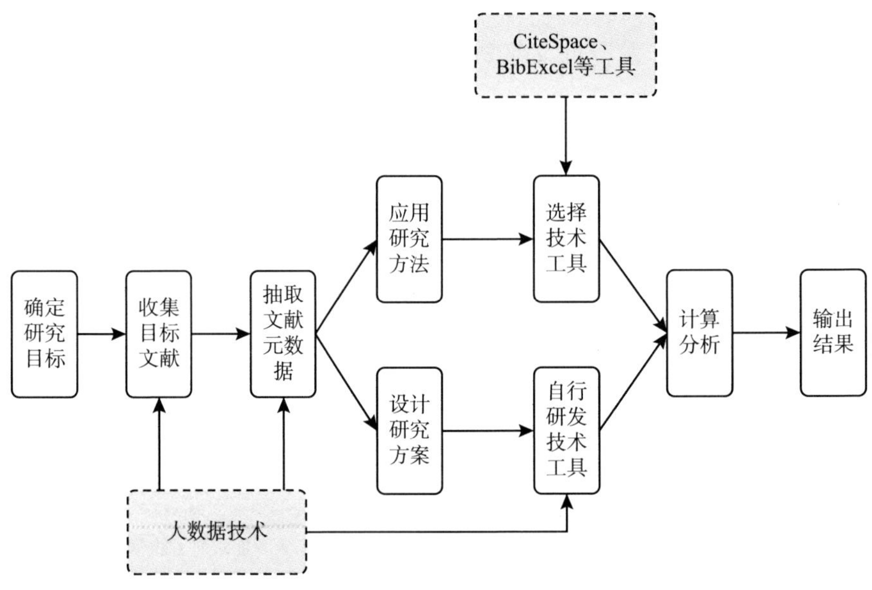

图 2-3　文献分析主要过程

文献分析类是传统情报学研究的主要内容，从这一过程可以看出，在大数据环境下，其研究过程并没有发生实质性的改变。在文献收集和元数据抽取阶段，如果分析对象过大，则有必要应用大数据技术进行处理。得到元数据后，再根据研究目标，查看是否有现成的方法和工具可以使用，这通常对应于常规性的引文分析和共现分析。而对于非常规指标的引文和共现分析以及评价类分析，则需要自行研发技术工具，在这一环节，依然需要根据分析量的大小来选择是否需要应用大数据技术，以提高分析效率。

2.2.3.2 Web 数据分析类

Web 数据主要是存在于互联网上的，以 HTTP 形式访问和传输的数据。互联网应用至今天，Web 数据充斥了人们生活的方方面面。因此，对 Web 数据进行分析利用，对于人们的学习、工作和生活必定会起到一定的指导作用。目前，Web 应用涉及面较广，本书选择了五种具有代表性的研究范畴，对情报学研究方法与技术进行论证，如表 2-2 所示。

表 2-2　Web 数据分析类情报学研究方法与技术

研究范畴	内容	研究方法	应用技术
时事热点分析	对互联网门户网站、论坛、微博中的新闻数据进行统计分析，发现热点新闻	聚类分析法、分类统计法、主题词统计法，词频统计法	Ntsyspc、SPSS、SAS、Minitab、Gauss 等成熟统计软件，R 语言、Python、Hadoop/MapReduce、Spark 等大数据技术（自行研发程序）

续表

研究范畴	内容	研究方法	应用技术
金融产品实时预测	对股票、贵金属、基金等历史价格数据进行分析，以预测下一时间点的价格走势[94]	深度学习方法、回归分析方法、时间序列预测法	TensorFlow、Caffe、Torch、Keras，MXNet、CNTK、Theano 等深度学习开发框架，Hadoop/MapReduce、Spark 等大数据技术（自行研发程序）
互联网信息监控	对互联网门户网站、论坛、微博、微信等媒体中的话题数据进行分析，识别其中的热点舆论	特征知识库建模方法、聚类分析法、特征词抽取、特征识别法、特征词统计法、新闻主题追踪法	Protégé、OWL 等本体建模技术，Kafka、Flume、Storm 等大数据实时采集和分析技术，Spark 离线分析技术（自行研发程序）
Web 用户行为分析	通过对微博、论坛、门户网站中 Web 系统用户的页面点击、停留时间、评论内容，评论频率等数据的分析，来总结某类用户的 Web 行为特征	Web 页面数据采集法、Web 页面文本解析法、Web 文本挖掘法	WordStat、TDA、RapidMiner，Tableau Public、OpenRefine 等大数据分析工具及框架，Hadoop/MapReduce、Spark 等大数据技术（自行研发程序）
Web 系统运行分析	通过对 Web 系统日志的数据分析，来掌握系统的运行状况	系统日志分析法、文本挖掘法	EventLog Analyzer、EasyLog、ELK 等大数据日志分析框架，Hadoop/MapReduce、Spark 等大数据技术（自行研发程序）

由表 2－2 可知，大数据环境下，Web 数据的分析在研究方法的指导下，一般通过两种技术方式开展：第一种是直接应用成熟的数据分析软件；第二种是自行搭建大数据技术平台，并编写相应的大数据分析程序。不管是哪种方式，Web 数据的采集是一项重要的先导工作。关于 Web 数据采集，一般通过网络爬虫来实现，根据分析方式的不同，可分为实时采集和离线采集。其采集过程如图 2－4 所示。

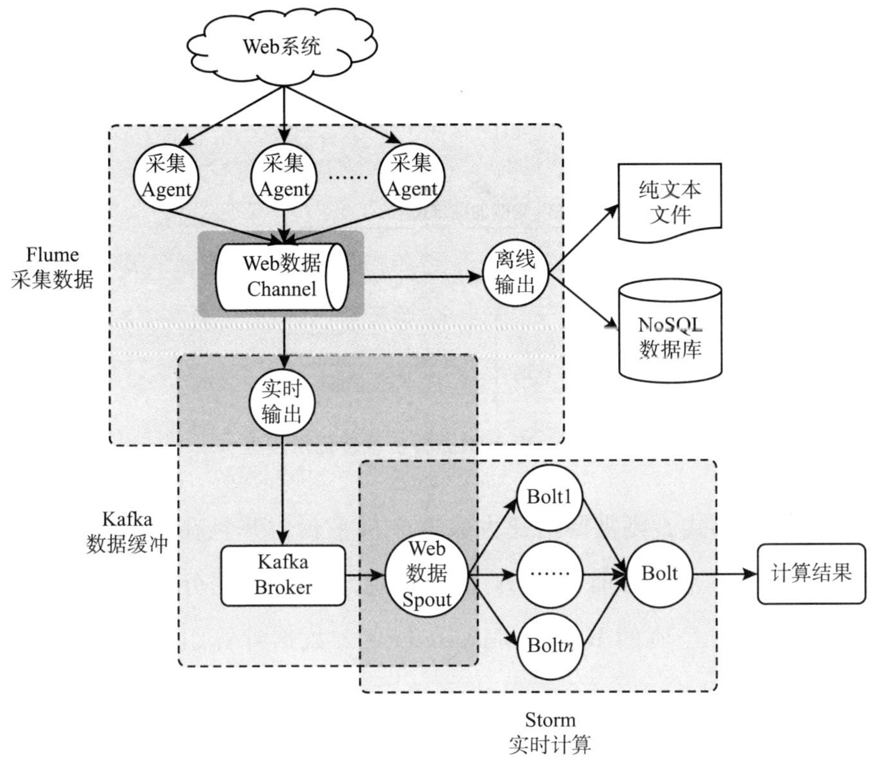

图 2-4　Web 大数据采集过程

图 2-4 所示为应用 Flume、Kafka 和 Storm 大数据开发框架搭建的数据采集过程，这是目前比较成熟的 Web 大数据采集过程。该框架应用 Flume 进行 Web 数据的采集，对于采集后的数据，支持离线输出和实时输出。离线输出后的数据通常存入至纯文本文件和 NoSQL 数据库中，而实时输出的数据则通过 Kafka 转换至实时数据流的方式与大数据实时框架 Storm 对接，进行实时计算。其中采集 Agent 需要根据不同的采集目的自行编写。而 Storm 中的 Bolt 即实时分析程序，也需要根据研究目的自行编写。其余如 Channel、Broker、Spout 以及离线输出等皆按照开发框架的技术规范配置即可。

采集到数据后，对于第一种分析方式，则只需要根据分析软件的规范，对数据进行格式化预处理后，加载至分析软件中，再调用相应的功能即可完成分析工作，如图 2－5 所示。

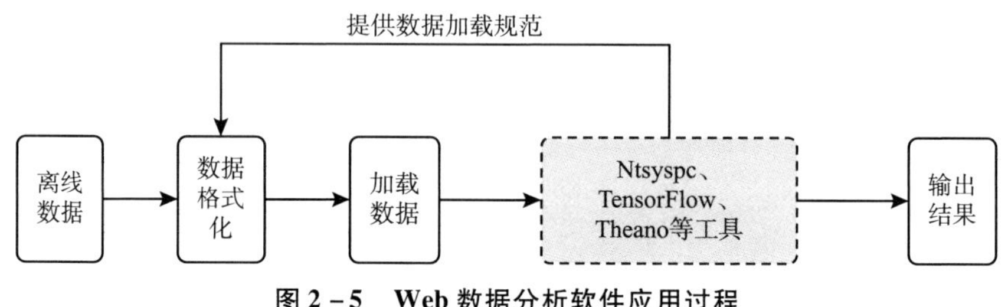

图 2－5　Web 数据分析软件应用过程

第二种方式，则需要搭建大数据分析平台，并且在平台上编写对应的分析程序来。目前，Spark 是比较理想的大数据分析平台，其计算效率远高于经典的 Hadoop/MapReduce 大数据计算组合，并且其分析程序可以用 Scala、Java、Python 等多种语言编写，其应用过程如图 2－6 所示。

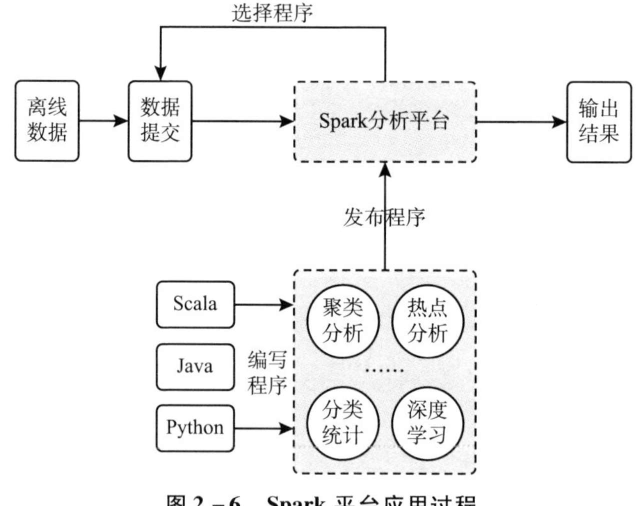

图 2－6　Spark 平台应用过程

在这一过程中，Spark 分析平台按照规范搭建即可，其集群规模越大，计算性能越高，视能够利用的资源状况确定分布式计算节点的数量。Spark 平台中的分析程序，则需要自行编写，编写完成后，按照规范发布至 Spark 平台中。发布成功后，分析人员选择需要的程序，提交数据即自动调用集群进行大数据计算。

结合上述两种方式，可以应对绝大部分 Web 数据分析的情报学应用场合。

2.2.3.3 综合分析类

综合分析类主要是指数据来源多样、异构、异质的情报分析场合。通常来说，数据来源不仅是图书文献和 Web 数据，还包括完全不同于前两者的传感器电信号数据，以及难以识别和处理的图像、视频等多媒体数据。本节选择了应急决策和智慧城市作为代表，其情报学方法和技术对应关系如表 2-3 所示。

表 2-3 综合分析类情报学研究方法与技术

研究范畴	内容	研究方法	应用技术
应急决策	通过传感器、互联网等手段对突发事件进行数据分析，并结合知识库实现应急决策预案的自动生成[95]	案例分析法、知识表示法、知识抽取法、机器学习法、知识推理法	Protégé、Trilium 等知识库构建工具，Stanford NLP、DeepDive 等知识抽取工具，Jena、RDFox 等知识推理工具
智慧城市	通过对部署在城市交通、教育、农业、医疗等民生行业，以及公安、城市管理等部门的传感器、云服务等系统数据的采集和分析，构建城市的智慧化应用体系[96]	结构化分析法、系统建模法、异构数据集成方法、数据的语义标注方法、数据挖掘方法、图像语音识别方法、机器学习方法	Restlet Web 服务开发框架，Kaa 物联网开发框架，Nimbus 云计算开发框架，NoSQL 非关系型数据库技术，Hadoop/MapReduce、Spark 等大数据技术（自行研发程序）

这类研究涉及的方法和技术较为丰富，其研究目的不局限于数据分析，更侧重的是通过对数据的充分利用，旨在创造一种新的应用模式，其应用过程远比文献分析和Web数据分析复杂。从目标来看，每一种应用模式，其实现细节大相径庭。但从数据处理的角度来看，其实现过程依然在图2－2所示的大数据环境下的情报学研究思路范围内。而本书研究的突发事件应急响应即综合分析的典型代表，初步认为可具有如图2－7所示的实现框架。

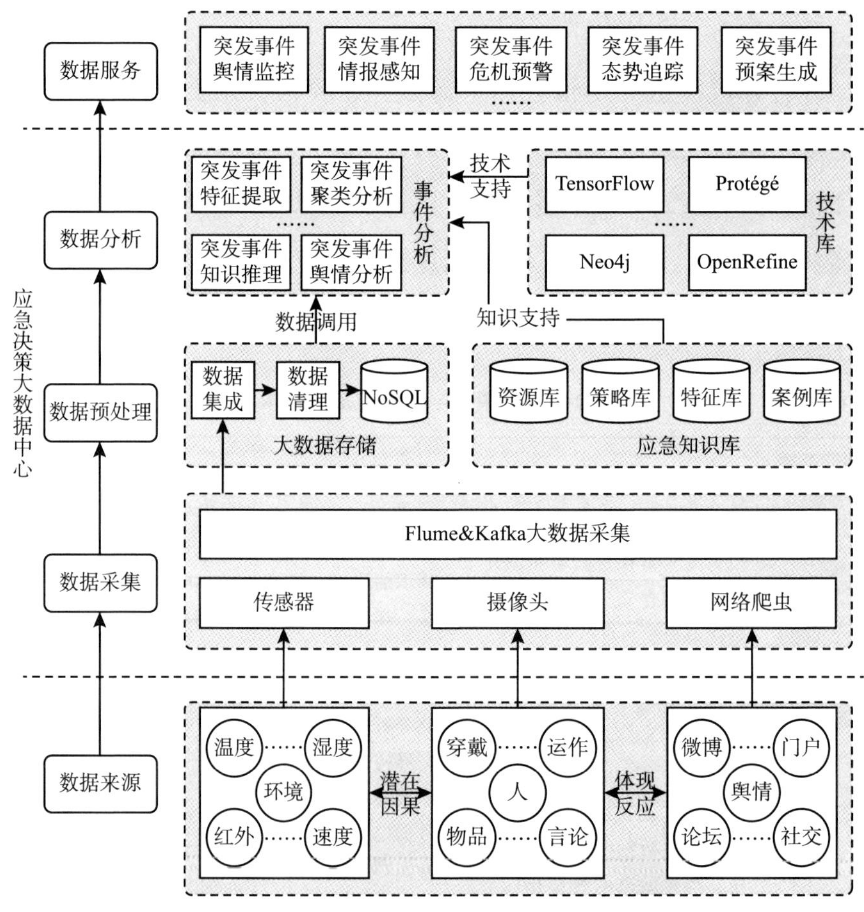

图2－7　综合分析类——突发事件应急决策框架

图 2－7 列示的是一种多功能应用框架，该框架面对的数据类型复杂多样，这是应用技术解决实际问题时，经常会面临的问题。应用大数据环境下的情报学研究思路，可以把该问题抽丝剥茧，逐层分解为数据来源、数据采集、数据预处理、数据分析和数据服务五个主要过程。在这些过程中，技术是解决诸多环节性问题的重要手段。情报学的研究思路就是将技术按照最终目的串联起来的重要思想。

2.3 面向大数据的情报分析框架

为了更具体地描述面向大数据的情报学方法与技术体系的应用，本节结合现有大数据技术产品的应用特点，构建了面向大数据的情报分析框架。

2.3.1 构建原则

2.3.1.1 数据导向原则

关系型数据库之父吉姆·格雷（Jim Gray）在 2007 年提出了科学研究的四类范式[97]，其中第四类数据密集型科学发现范式，即现在已经进入学术前沿的“科学大数据”，意味着目前的科学研究工作正逐渐实现数据驱动的自动化和智能化。本节设计的情报分析框架，将以大数据目标为导向，以数据分析为主要分析对象，以自动生成情报决策服务为目标，研究情报学相关理论与方法的基本组织和应用。

2.3.1.2 数据和本体驱动原则

本体是数据标注和推理的常用手段，但现有本体的研究方法和处理规则多针对关系型数据库。大数据时代，数据的基本结构转变成非关系型（NoSQL），与之对应的存储与利用方法已经形成一套新的体系。因此，本体的数据表示也应当适应这种 NoSQL 模式，基于此，再去研究情报分析框架中的数据组织和数据分析等问题。

2.3.1.3 分布式计算原则

分布式计算是大数据的基础支撑技术，本节构建的情报分析框架，面向大数据应用，其数据组织和分析计算等均应以分布式计算为主。一方面，海量数据支撑的情报决策依据将更加充足，更具科学性；另一方面，该框架理当具有分布式架构，这可为大数据的应用提供典型范例。

2.3.1.4 情报决策服务原则

情报决策服务是情报分析框架构建的主要目的，能够为用户提供以决策为目标的数据动态分析。本节构建的情报分析框架，面向决策者提供数据识别、清洗、计算、挖掘及结果可视化呈现等服务，将决策者关心的数据转换成更有价值的情报。

2.3.2 总体架构

该框架可视为面向大数据的情报学方法与技术体系的具体实现，其架构如图 2－8 所示。

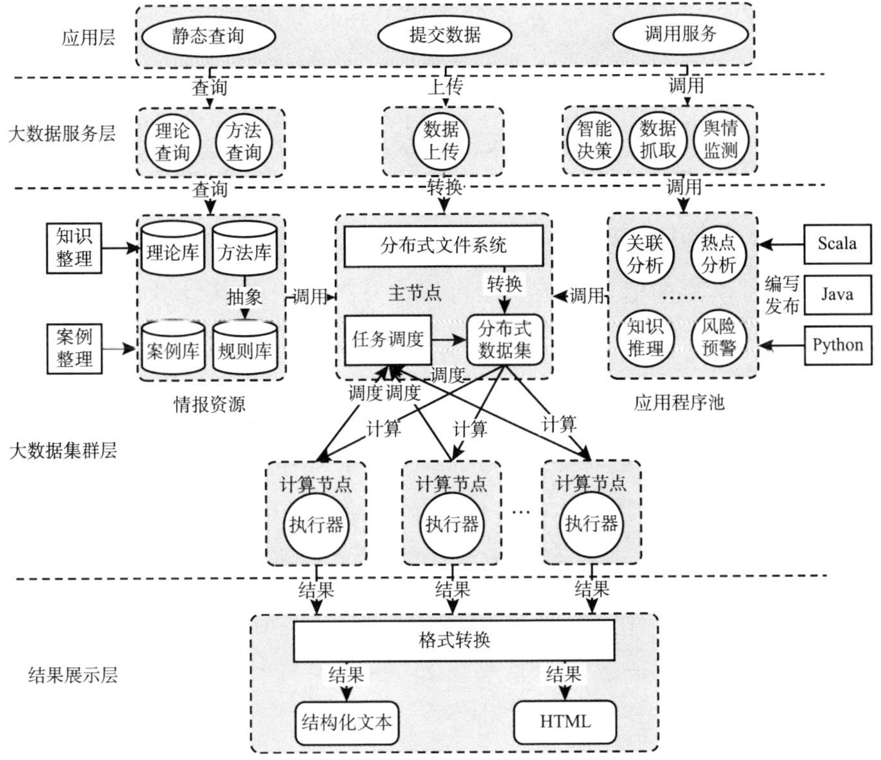

图 2－8　面向大数据的情报分析框架总体架构

图 2－8 中的大数据集群层是整个框架的核心，应用层和结果展示层直接面向用户，大数据服务层则类似于集群的应用层，各层的基本职能如下。

2.3.2.1　大数据集群层

大数据集群层是整个框架能够应对大数据应用的核心，主要由情报资源、计算集群和应用程序池三部分组成。其中，情报资源又分成基本知识库和规则库两类，基本知识库即面向大数据的情报学理论库和方法库，以及面向各个行业的应用案例。基本知识库的内容来源于书本、专家和案例，一般是文本形式，经过整理后存入基本知识库中。理论库和方法库对外提供查询接口，可根据需要提供关键词匹配的理论和方法查询。其中，方法库经过本体标注后，转换成程序可读的规则库[98]，与案例库共同参与情报分析。计算集群是应用分布式计算实现大数据应用的技术关键，集群由一定数量的计算机组成，其中至少一台作为主节点，至少两台作为从节点，这些计算机通过分布式计算系统建立计算关系。主节点负责接收用户提交到的原始数据，将其转换成分布式数据集，并协调各计算节点共同参与计算。目前，主流的分布式计算系统有 Spark 和 Storm，Spark 支持离线计算，而 Storm 则支持实时计算。本分析框架主要是针对现有数据的离线分析，因此采用 Spark 来构建。应用程序池则是针对分布式计算系统开发的各类计算小程序。在 Spark 平台上，这些程序可使用 Scala、Java 或 Python 编写，开发完成后，封装成 jar 包发布至集群的主节点中，成为计算集群的一部分。这一层是整个框架能应对海量数据的关键。

2.3.2.2 大数据服务层

大数据服务层是将服务集群层中的应用程序根据逻辑封装成，直接面向用户的各种业务程序，并对外开放访问接口。主要包含框架中与大数据相关的情报分析理论和方法的关键字查询，数据上传以及面向程序可读的业务服务调用。其中业务服务与一组应用程序相对应，如智能决策。在调用该服务时，该情报分析框架将会根据逻辑关系执行关联分析、热点分析和知识推理等多个程序。而数据上传则主要负责将普通的文本数据转换成适合分布式计算的数据。在应用过程中，先上传数据，才能调用服务进行有针对性的计算。这一层即建立低价值数据的关联并进行价值聚合。事实上，在 Spark 框架的支持下，该层能够解决的问题更多，这取决于所开发的大数据应用程序的功能。

2.3.2.3 大数据应用层

大数据应用层面向最终用户，以较为友好和便捷的方式提供服务。就以目前的技术应用而言，Web 和手机 App 是该层的主要表现形式。此外，应用层用户也可以是计算机程序，通过程序调用服务获取数据，建立和分析框架的对接，就可以实现自动化的情报分析。这类程序的编写则取决于服务层业务的调用方式。

2.3.2.4 结果展示层

结果展示层是将计算结果返给用户。但是分布式计算的结果，其数据格式也比较特殊，因此在返回结果前，该层需要对其进行格式转换。通常转换成结构化文本和 HTML，结构化文本一般为 XML 或 JSON，这个结果主要供程序读取，而 HTML 则供用户阅读使用。

2.3.3 面向大数据的情报决策服务

本情报分析框架构建的主要目的在于提供可供不同应用领域调用的情报决策服务，同时提供针对大数据的情报学理论与方法的查询。后者的实现较为简单，将相关理论与方法存储到一般的数据库中，并对外开放查询接口即可实现，属于以关键字匹配为主的静态查询。这也是为面向大数据的情报学方法与技术体系梳理结果提供的一个查询。而情报决策服务则不同，决策工作不论是人工还是自动，均是一项极其复杂的工作，需要涉及多方面的数据或知识，这是本章创建情报学方法与技术体系的主要应用目的。在本章创建的情报分析框架下，所有的情报决策服务均面向大数据应用，其以用户提交的海量原始数据为分析对象，以框架中静态的案例为分析依据，以方法规则为分析逻辑，使用大数据集群进行分析计算，根据不同的业务目的来实现情报决策。需要说明的是，本章构建的情报分析框架，加入了由案例和规则组成的知识库，属于大数据相关理论和方法对现有知识和数据的分析利用，因此主要针对离线分析，其总体处理过程如图 2－9 所示。

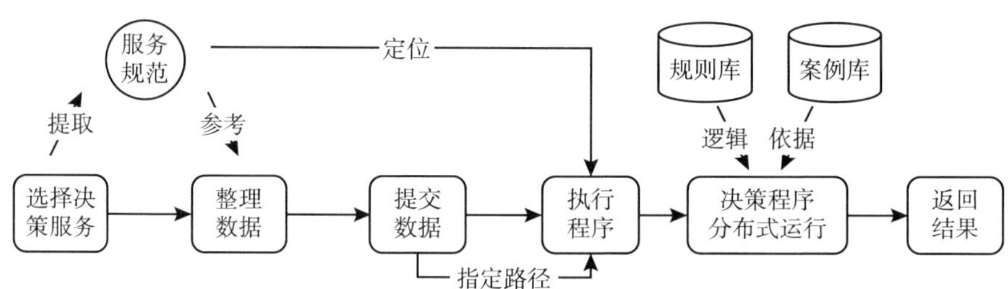

图 2－9　面向大数据的情报决策总体处理过程

上述过程中，用户面对的是框架中的各类情报决策服务，这些服务表现为各类应用程序，是情报决策服务的核心，情报决策过程也是围绕这些程序展开的，关键技术细节如下。

2.3.3.1　情报决策服务程序的大数据研发规范

框架中的情报决策服务由各种决策程序组成，这类程序在研发过程中，与传统程序在数据处理和决策算法实现上并无太大区别。只是针对大数据的编程为分布式编程，由于分布式编程语言的特殊性，使得程序代码在编写上略有特别。本框架采用 Spark 作为大数据技术，其原生的 Scala 语言，被称为函数式编程，在传统语言基础上，将常见的数据处理方法封装成函数，并且数据相关的两个函数可以直接以方法的模式调用，短短几行代码就可以实现传统编程几十行甚至上百行代码才能实现的功能，在厘清算法和掌握开发方法后，开发过程比传统方法要简单得多。以热点分析为例，其核心计算代码如式（2.1）所示。

File. flatMap(_. split(“ “)). map((_,1)). reduceByKey(_ + _)　　(2. 1)

代码所示为统计文本文件中某一个词出现的次数，其中 file 是加载的数据文件，split 是按空格提取单词，map 是分组标注，reduceByKey 是按组进行统计，通过这三个函数的组合即可完成热点分析功能。这一点是建立关联和价值聚合的具体实现。

Spark 同时还支持 Java、Python 等语言，用传统编程方法同样也可以实现分布式编程。这些程序不管是哪种语言开发，最终都发布成 jar 文件，集成至框架中。程序发布后，必须对用户公开程序的规范，一般包括程序执行方法、可提交参数的数据类型、数据格式和数据结构。为了保证数据的通用性，决策服务程序在研发时，如无特殊情况，应尽可能统一数据格式，并且格式不应当太复杂，应使用非结构化的纯文本数据。以互联网信息为例，假设一条互联网信息文本为 t，那么可接收的数据集合如式（2.2）所示。

$$C = \{t1/r/nt2/r/nt3/r/n\cdots/r/ntn\} \tag{2.2}$$

即单纯地以换行符来区别不同的互联网信息即可。大数据计算的数据对象，其结构和格式应尽可能简单，否则不能体现出这种计算模式的优势。式（2.2）为典型的非结构化文本，这种形式用于存储多样异构数据时，并不需要考虑数据的结构，只要集成至同一个文本中，就可以很好地解决大数据的多样异构性问题。

2.3.3.2 用户原始数据提交

用户在使用分析框架的决策服务时，需要了解框架中各类决策服务提供的规范。根据这些规范，用户整理欲提交分析的数据，不管数据来源于何处，最终均应该整理成程序规定的格式，否则程序将无法对其分析。对于离线的大数据分析，文本文件是常见的分析对象，也是最直接的，因此，用户整理的数据最终存储为一个纯文本文件即可。扩展名可随意，将该文件按照框架提供的上传方法，提交数据至指定路径即可。

2.3.3.3 数据的分布式转换

数据提交至框架以后，由于大数据技术在数据格式上的特殊性，需要对上传数据进行分布式转换。这种转换实际上是在用户数据提交完成后进行的。因此，用户数据的提交有别于一般的文件上传和拷贝，必须按照框架提供的方法进行。框架使用的 Spark 大数据技术，其数据模型建立在统一抽象的弹性分布式数据集（resilient distributed datasets，RDD）之上。RDD 具有良好的容错和并行数据结构，并且还原生提供了数据分类、聚合等常用计算方法[99]。数据转换为 RDD 数据集之后，原先集成的纯文本数据就被转换为分布式数据，可以高效方便地参与大数据计算。这一工作对用户和开发人员而言是透明的，搭建完成基于 Spark 的情报分析框架之后，该框架就已经具备了这种自动转换机制，用户数据只要通过上传命令提交文件，这一转换工作就自动完成。

2.3.3.4 决策程序的分布式计算

数据转换相当于数据格式化工作，完成这一工作便于框架进行分布式计算。但决策程序在执行时，只有对数据进行预处理，才能真正进入决策算法的运行阶段。以式（2.2）中互联网信息集合 C 为分析对象，实现风险预警为例，其分析过程如图 2－10 所示。

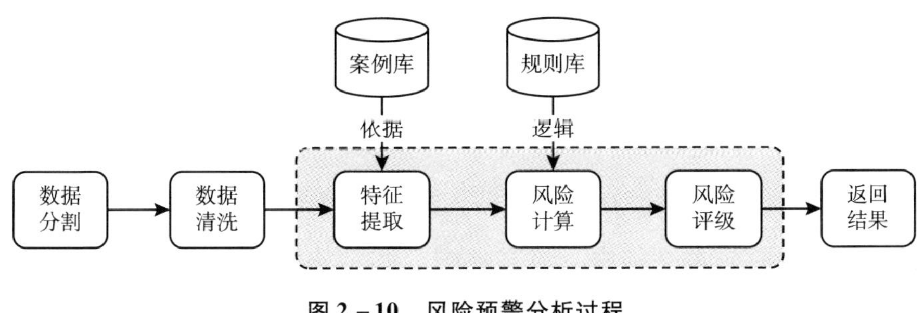

图 2－10　风险预警分析过程

集合 C 中的每一条数据首先按照回车符进行分割，得到一个由 n 条纯文本信息 t 组成的数组 Ct，接着对该数组中的每一条信息 t 进行数据清洗，清洗目的一般是要去除其中的空格和无效字符等内容。完成这部分工作后，进入特征提取的计算，该步骤一般是提取信息文本的关键词。这一工作就需要案例库的支持，从中提取出相关的关键词，最终将数组 Ct 转换成一个由多个关键词组成的二维矩阵 Cm，如式（2.3）所示。

$$\boldsymbol{Cm}=\begin{bmatrix} t_{11} & t_{12} & \cdots & t_{1n} \\ t_{21} & t_{22} & \cdots & t_{2n} \\ \vdots & \vdots & \ddots & \vdots \\ t_{m1} & t_{m2} & \cdots & t_{mn} \end{bmatrix} \tag{2.3}$$

得到该矩阵后，根据规则库中的规则进行风险计算，风险计算可以根据某些关键词出现的频率和分布律，以及时间和地点进行量化计算。得到量化结果后，进行风险评级，最终返回结果。具体细节并不是文本关注的重点，可参考相关算法。这一过程在大数据环境下进行，由框架分配给集群中的各个节点分布式计算完成。所有的决策服务程序计算过程与之类似，差别在于图 2 – 10 中所示阴影部分，不同的服务特征提取和计算的过程因算法不同而不同，但数据分割和清洗是每个服务不可缺少的部分。

2.3.3.5 决策结果的输出

决策分析完成后，在本框架的大数据环境下，分析结果存储至一个非结构化的文本文件中，该文件内容和结构同样要求尽可能简单，一般也以换行符分割分析结果。如互联网信息风险预警，按照互联网信息的风险级别倒序按行输出至文本文件中。在大数据环境下，该文件初始位置位于集群中，同样需要通过命令或程序下载到“本地”才能查看。为了便于查看，本框架的决策服务，提供与第三方程序对接的功能。用户可以自行研发各类程序调用情报服务，直接下载和解析其中数据，再以 HTML、JSON 或 XML 等半结构化和结构化方式进行封装后，直接在对接程序中查看，其过程如图 2 – 11 所示。

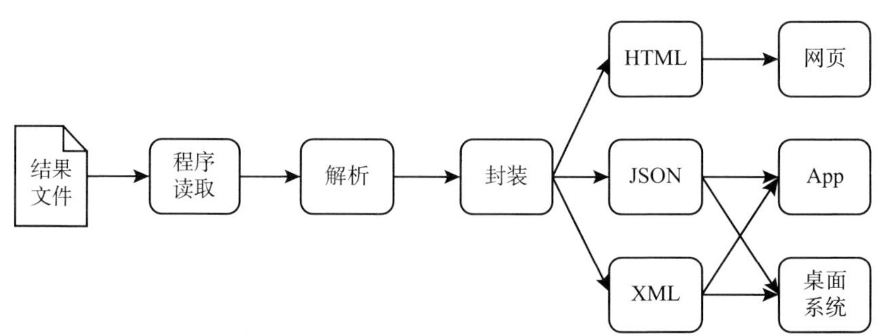

图 2 – 11　分析结果的输出

2.3.4 实证分析

为了验证提出框架的有效性，本节按照上述方法搭建了基于 Spark 的大数据平台，实验环境由一个主节点和两个从节点组成，节点的操作系统为 CentOS Linux 6.5，Spark1.2.0 实验数据为搜狗搜索引擎日志文件 sogou.500w.utf8，文件大小约 550M，共有 500 万条日志，每条日志的格式为｛访问时间/用户 ID/搜索关键词/返回结果的排名/用户点击的顺序号/用户点击的 URL｝。针对该数据，本节使用 Scala 语言开发了一个简单的关键字统计并排序的分布式应用程序 KeywordCountByRank.jar，该程序将对日志数据中用户搜索关键词进行统计，并按倒序输出，其应用如图 2－12 所示。

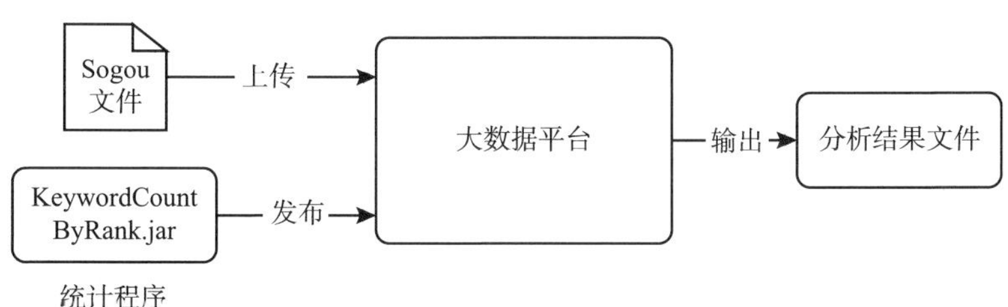

图 2－12　搜狗日志文件实证分析过程

经过计算由于输出结果较多，Spark 平台会自动将结果输出至多个文件中，本实验选取了关键词搜索最多的文件，选取了其中前 10 条记录，截图结果如图 2－13 所示。文件以｛关键词，搜索次数｝来展示分析结果，该结果可大致了解互联网信息的热点。基于此，若再加入案例和规则支持，即可实现互联网信息预警、监控等功能。

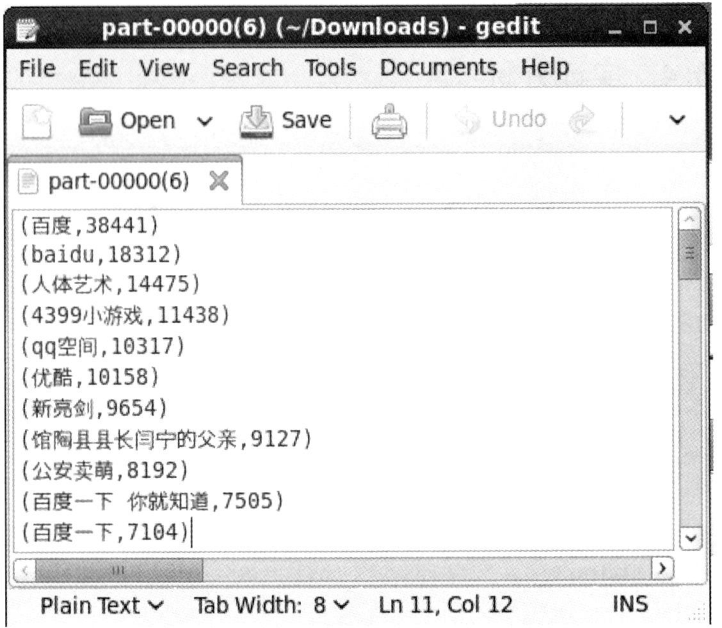

图 2-13 搜索关键字热点统计结果片段

2.4 本章小结

首先，从研究对象特征剖析、研究方式演变和分布式导向三个方面论证了大数据环境下情报学研究的趋势。其次，根据这一研究趋势，结合大数据环境下的数据和技术特点，构建了面向大数据的情报学方法与技术体系的基本框架。应用该框架，针对数据分析的类型，从文献分析、Web 数据分析和综合分析三类梳理了情报学研究的方法与技术，并分别给出了这些方法和技术的应用过程，以此构建了大数据环境下的情报学方法与技术体系。再次，应用构建的体系，构建了面向大数据的情报分析框架，详细研究了其总体架构、框架应该提供的功能以及实现方法，并以一个关键词统计实验验证了本框架的有效性。最后，探讨了不同领域应用该方法与技术体系的一些细则问题。本章构建的面向大数据的情报学方法与技术体系是全书研究的技术基础，后续章节的研究均在该体系规划的范围内展开。

第3章

“物联网+互联网”双网协同的突发事件大数据情报采集

突发事件快速响应的首要前提在于能够在第一时间准确地掌握突发事件的情报。如何高效、准确地采集突发事件情报是目前应急管理的重要问题之一。在目前大数据大环境下，面向大数据的网络爬虫和物联网技术是主流的信息采集手段。这两类手段的研究多独立进行，但事实上，将物联网采集到的客观环境数据和网络爬虫采集到的互联网数据相结合，可以起到相互验证和补充的作用，使得采集到的数据既客观又丰富。本章即通过研究物联网和互联网数据的验证和补充机制，构建一种“物联网+互联网”双网协同的突发事件情报采集方法，并利用大数据技术对数据进行采集和存储，以此构建一种高效准确的突发事件情报采集机制。

3.1 “物联网+互联网”双网协同的突发事件情报验证补充机制

突发事件互联网情报通常来源于各种互联网媒体，从目前用户活跃度而言，微信、微博、热门论坛以及门户网站是其主要载体，这类数据一般通过可通过官方授权的接口或者网络爬虫抓取。然而，互联网的开放性又使得该类数据的真实性无法得到保障，人云亦云、以讹传讹、别有用心甚至恶意造谣等情况在互联网上并不少见，这使得完全依据互联网数据进行突发事件状况的判断并不完全可靠，但互联网数据又是突发事件情报分析不可不用的重要资源。这就造成了目前互联网数据分析困难或者分析结果导向错误的困境。

物联网是建立在各类传感器上的远距离无线数据传输网络，能够监控和捕捉某一区域的环境变化并将其量化，其反应的是对现实环境的客观描述。而突发事件的发生也势必会引起事发地点的环境的变化。因此，如果物联网部署恰当，就可以在第一时间捕捉到突发事件并对其进行持续的监测。这就为互联网突发事件情报分析存在的困境提供了解决的希望。然而，物联网的原生数据是传感器发送的电信号，需要对其进行封装才具备可读性。

上述两类数据，物联网数据的客观性使其可以从互联网数据中过滤出事件的真实描述，而互联网数据的丰富性又可以弥补物联网数据的单一性。这两者的结合，相比传统采集方法，可使应急人员更为真实和丰富地掌握突发事件的状况，其总体过程如图3－1所示。

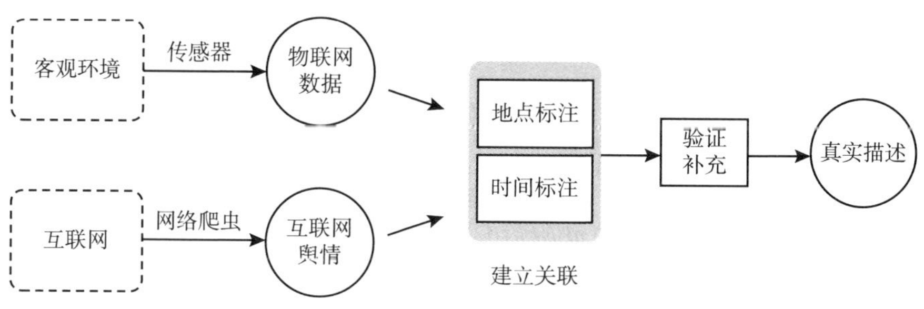

图3－1 “物联网＋互联网”双网协同的突发事件情报验证补充总体过程

如图 3－1 所示，现实世界中的时间和地点是这两者结合的关键。在重点监控区域，根据需要部署特定的传感器，并且在传感器的接收端标注好该传感器的位置，以此作为地点标注。将传感器发送数据的时间作为时间标注。而对于从互联网中采集的相关数据，则需要对其内容进行解析，从中获取互联网数据内容的时间和地点信息，作为地点和时间标注。这两类数据属性确定后，就可以通过比较来实现验证和补充，具体机制如图 3－2 所示。

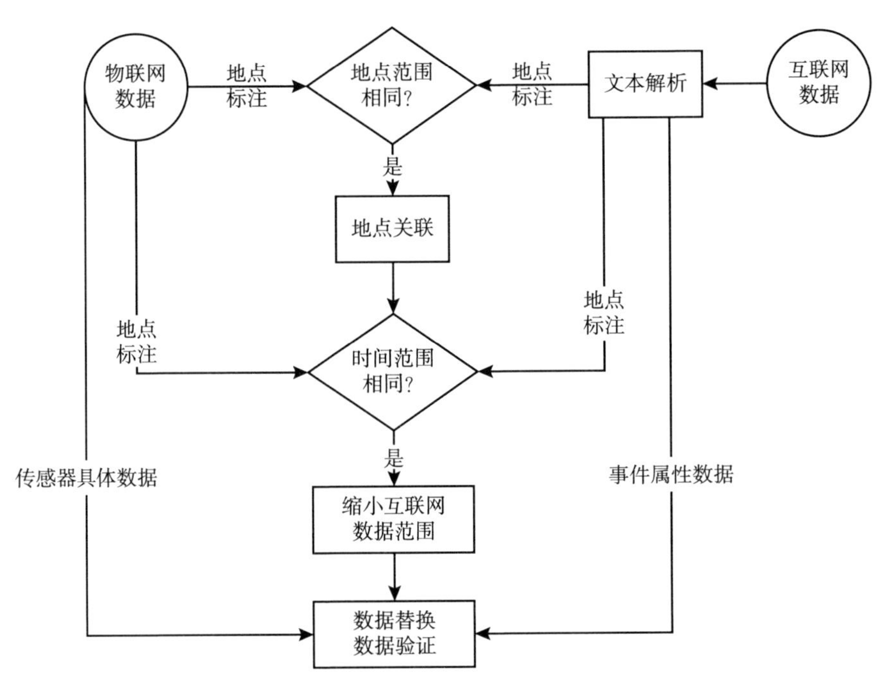

图 3－2 “物联网＋互联网”双网协同的突发事件情报验证补充机制

如图 3－2 所示，由于物联网数据较为客观，因此，先以物联网的地点标注为参考标准，建立两类数据的初步关联，再通过物联网的时间标注进一步缩小互联网数据的范围。随后对互联网数据进行文本解析，根据不同类型的传感器数据，从中筛选出更为精准的数据，比如温度、重力、红外等，到这一步就可以用传感器数据验证互联网数据的真实性，或者可以直接替换互联网数据中的部分数据，完成验证和补充。表3－1为物联网数据和互联网数据验证或替换部分对应情况。

表3－1　　物联网数据和互联网数据验证或替换部分对应情况

突发事件场合	物联网数据	互联网数据	验证或替换
突发火灾	温湿度、烟雾	某某地方发生火灾，火势巨大	是否有火灾，可以通过传感器的温湿度来判断。火势是否巨大，既可以通过温度高度来判断，也可以通过烟雾传感器的情况来判断。通过验证后，可以直接判断火灾是否发生，或者火势情况
人群聚集	重力传感器或红外热成像传感器	某某地方出现非法聚会，人数达到上百人	是否有多人聚集，可以通过重力传感器发送的重力数据来判断，红外热成像传感器则可以直接查看热成像判断是否有上百人聚集。通过验证直接判断人数聚集大致情况

表3－1列举了两个典型的例子来解释该机制的应用过程。在面对具体情况时，还需要视传感器种类或者事件类型来确定验证或替换的规则。这种规则需要各领域应急专家事先共同商讨，然后通过大量的数据训练来确定。

3.2　突发事件物联网情报源的构建

双网协同的突发事件情报验证补充机制建立了物联网数据和互联

网数据的关联。互联网数据采集已经是较为成熟的技术，一般通过网络爬虫来实现。而物联网数据采集，则需要建立突发事件环境和采集终端的对应关系，构建突发事件物联网情报源来实现。而构建物联网情报源的关键在于选择需要监控的客观环境，根据关注的突发事件类型，部署对应的传感器，通过互联网持续不断地将采集到的环境数据，实时传输至应急部门的监控系统中，其总体架构如图 3 –3 所示。

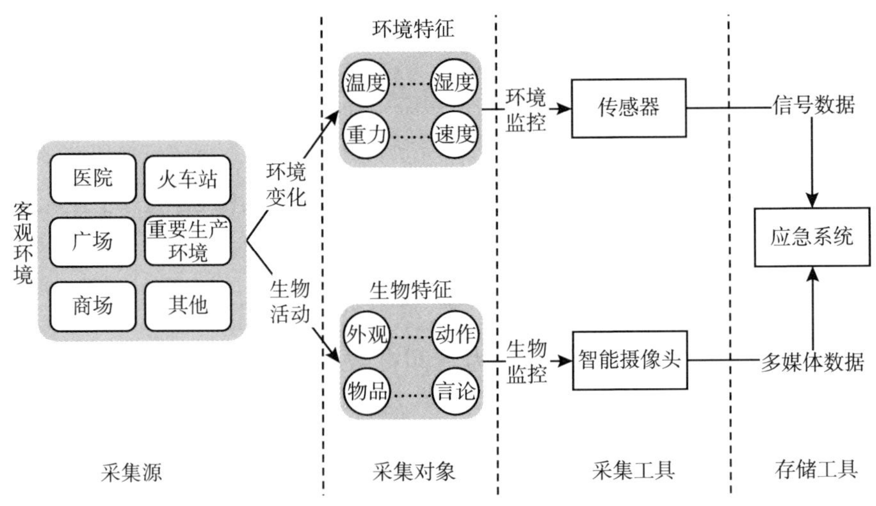

图 3 –3　突发事件物联网情报源构建

如图 3 –3 所示，客观环境是物联网情报采集的主要来源，客观环境所表现出来的特征则是采集的对象。特征又分为环境特征和生物特征。

环境特征反映的是温度、湿度等环境的客观指标。在突发事件发生之初或者即将发生之时，客观环境必定会产生一定的变化。这种变化，依靠人为观察不一定能迅速察觉到。但传感器监测的微观性和实时性，使其能够在第一时间捕捉到这种变化，并量化成数据，因此，传感器是环境指标比较理想的采集工具。

生物特征主要反映人的外观、动作、所携带物品等指标，这类指标复杂多样，且具有活动性和隐秘性，一般的传感器难以捕捉。而摄像头在追踪人的活动和外观特征方面则是比较理想的工具。基于针对视频的智能算法，比如危险物品特征检测法、突然摔倒算法等，可以检测到人的异常外观或行为。

这两类采集工具，传感器传输的是电子信号数据，而摄像头传输的是多媒体数据，均通过互联网实时传输并存储至应急系统中，再由应急系统根据需求，对数据进行离线或实时分析，以供应急决策使用。其中智能摄像头的作用不仅用于数据采集，在系统的智能分析下，还可以做到在应急系统中自动弹出事发现场的视频画面，第一时间掌控事态进展。

3.3 物联网和大数据协同驱动的突发事件情报采集

3.3.1 突发事件的物联网情报采集

突发事件的情报来源于各类现实环境，一方面，需要研究传感器如何将客观数据以互联网方式传输；另一方面，也要研究如何处理由传感器持续不断发送的、海量的环境数据。在突发事件物联网情报源中，传感器是采集的关键，是现实世界向数字世界定量转换的桥梁。但单纯的传感器并不具备互联网传输功能，因此要实现物联网采集，还需要对其功能进行扩展，而扩展的关键在于实现数据的无线传输。就目前的技术应用来看，ZigBee 是较为成熟的物联网无线通信协议[100]，目前已经实现了可拔插传感器的 ZigBee 模块，应用 ZigBee 模块就可以实现传感器数据的无线传输，这一机制同样适用于智能摄像头，其应用架构如图 3－4 所示。

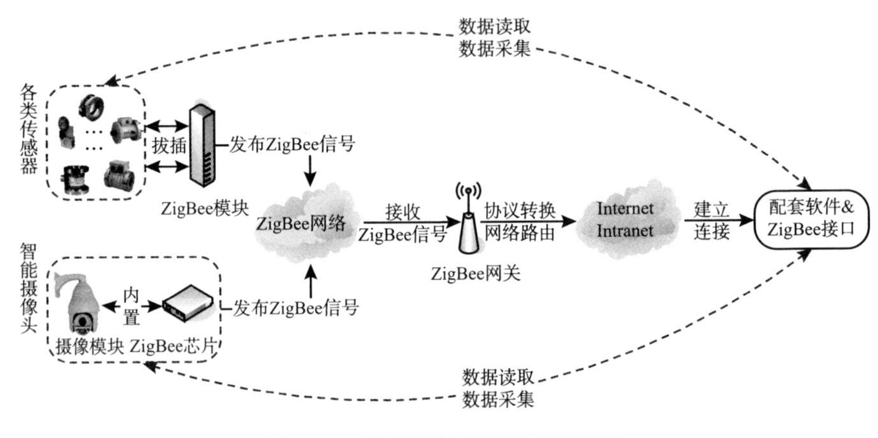

图 3－4　物联网情报采集应用架构

如图 3－4 所示，各类传感器插入配套的 ZigBee 模块中，组成一个 ZigBee 终端，对外发射 ZigBee 信号。摄像头也类似，但与传感器的区别在于，目前的智能摄像头一般将 ZigBee 芯片内置其中。通过这种方式组建 ZigBee 网络，但 ZigBee 网络与互联网并不兼容，因此需要架设 ZigBee 网关，由 ZigBee 网关将其转换成面向互联网或局域网开放。到这一步，一般的电脑就可以通过网关访问到传感器和智能摄像头，然后再通过配套软件或 API 就可以进行环境数据的读取和采集。其中 ZigBee 类似于局域网，一般的 ZigBee 模块传输距离可达到 200～300 米，而采用低频段设计的 ZigBee，抗干扰和强穿透性能，最远传输距离可达到4000~6000米。这一距离足以满足日常应急管理工作的需要。在传感器部署地点附近，架设网关，接收到数据后，通过互联网，理论上可以传输至全世界。

3.3.2 双网协同的突发事件大数据情报采集

上述章节解决的是突发事件事发地点的物联网情报采集方法问题，但对于24小时监控的环境数据，不论是传感器的电信号数据，还是多媒体数据，均是海量的，再加上对物联网数据起补充和验证作用的、同样较为庞大的互联网数据，要求必须使用大数据方式来处理这些数据。而突发事件相关数据，在事发时，不仅需要对其进行实时分析以掌控事态发展，而且在事后又需作为案例数据供参考分析使用。因此，对采集到的物联网情报，大数据处理既要支持实时分析，又能够离线存储。就目前大数据技术发展而言，Flume、Kafka和Storm三种大数据框架的结合是较为理想的做法，其应用架构如图3-5所示。

如图3-5所示，Flume负责数据采集，主要由采集Agent、Flume数据通道和输出Agent组成。其中采集Agent又分成两类：一类直接从ZigBee接口中采集传感器数据；另一类则从互联网采集数据，分别存储至物联网数据Channel和互联网数据Channel中。而数据输出则根据需要，分成实时和离线两种方式。前者由实时输出Agent输出到Kafka框架中，参与实时计算；后者则通过离线输出Agent根据类型分别输出至不同的离线文件中，以作离线分析用。而实时输出Agent又承担了Kafka框架的消息制造者，再由Kafka的Broker负责将传送过来的数据转换成流的方式，直接发送到Storm框架的输入Spout中。

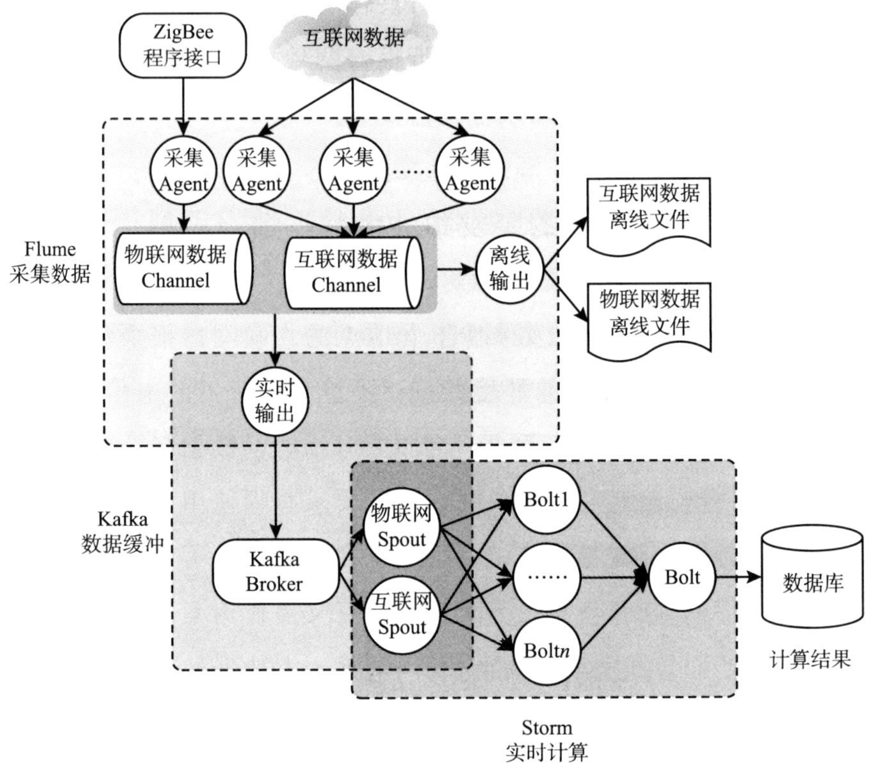

图 3-5 双网协同的突发事件大数据情报采集框架

针对不同类型的数据，Spout 也分成物联网和互联网两类。此处，这两类 Spout 也是 Kafka 框架的消息消费者。在 Storm 框架中，输入 Spout 又会将数据转发至各计算逻辑 Bolt 中，最终将计算结果输入数据库中。在这个过程中，Kafka 起到的是数据缓冲作用，保证 Storm 计算数据和采集数据能够同步，尽量消除延迟。Kafka 通过 Flume 的实时输出 Agent 和 Storm 的输入 Spout 建立起这三个框架的数据传输关系。通过这种方式，最终可以高效地实现传感器数据的实时计算和离线存储。当然，上述框架最终的运行效果，还取决于数据量和集群大小。一般来说，集群越大，组成集群的分布式节点计算机越多，框架的运行效率就越高。这一采集框架对应了第2章图2-4中Web大数据采集的过程，是Web大数据采集的具体应用之一。

3.4 大数据驱动的突发事件情报分析

突发事件发生时，实时分析和离线分析作用各不相同，但均较为重要。上述大数据处理框架中，不论是物联网数据，还是互联网数据，都分为实时和离线两部分，不同的分析方式有着不同的分析方法。

3.4.1 实时分析

实时分析一般针对流式数据，本章研究的数据来源于客观环境和互联网，一般用于事中分析，对实时性要求较高。在众多实时计算框架中，采集延迟是一个重要的性能衡量指标。而Storm框架可以将这种延迟控制在秒内，是目前比较优秀的大数据实时计算框架。Storm应用的关键在于数据流的输入和分析算法。前述大数据处理框架中，经Flume和Kafka处理后的数据即流数据。而算法则根据不同的事件监控需要进行设计和编写。因此，将上述物联网数据的大数据处理框架搭建完成，就可进行实时分析。而突发事件的实时分析，主要是通过分析掌握事态进展，从而遏制事态蔓延。实现这一目标的关键在于，以物联网数据为参考标准，以地点和时间为关联对象，从互联网数据中找出最接近真实事件的信息，来丰富物联网数据。因此，关联分析、语义分析和特征分类等文本挖掘算法是实时分析的主要算法，这些算法目前均已比较成熟，按照语法规则和业务需求将其编入

Storm 的 Bolt 中，再编程实现输入输出 Agent，启动服务器，整个分析过程就会自动运转。实时分析的结果存入数据库中，就可以和网页对接，以较为友好的方式展示给决策者，并实时更新。

3.4.2 离线分析

离线分析一般针对固定大小的文件。上述采集框架虽然输出了两种不同类型的离线文件，但该框架主要用于实时计算。其生成的离线文件即档案文件，主要用于事后特征提取和事件总结使用。就目前的大数据技术应用而言，Spark 技术是较为理想的离线分析框架，其应用框架如图 3－6 所示。

该框架实际上是第 2 章中图 2－8 面向大数据的情报分析框架的一个具体应用。该框架中，总体上由一个主节点和若干个次节点组成，主节点一方面承担应用层序接口，接收用户提交的数据文件以及应用程序的发布与执行等工作；另一方面也承担着对次节点的计算任务的调度工作。在应用该框架时，用户需要做以下两项前期工作。

（1）将离线文件上传至主节点的分布式文件系统 HDFS 中。离线分析侧重事件的总结，因此，除了互联网和物联网数据，通常会加入突发事件的知识库，作为事件特征的总结和判断依据。

（2）根据分析要求编写 Scala 应用程序，编写完成后，将 Scala 程序发布成 jar 包，并通过 Spark 的程序发布命令，上传至 Spark 的应用程序池中。这些应用程序就包含了离线分析的算法，根据不同的分析要求，可以向应用程序池中发布多个程序。在突发事件领域，常见的离线分析有特征提取、相似分析、特点分析和案例生成等。这一部分相当于对 Spark 本身功能的扩展。

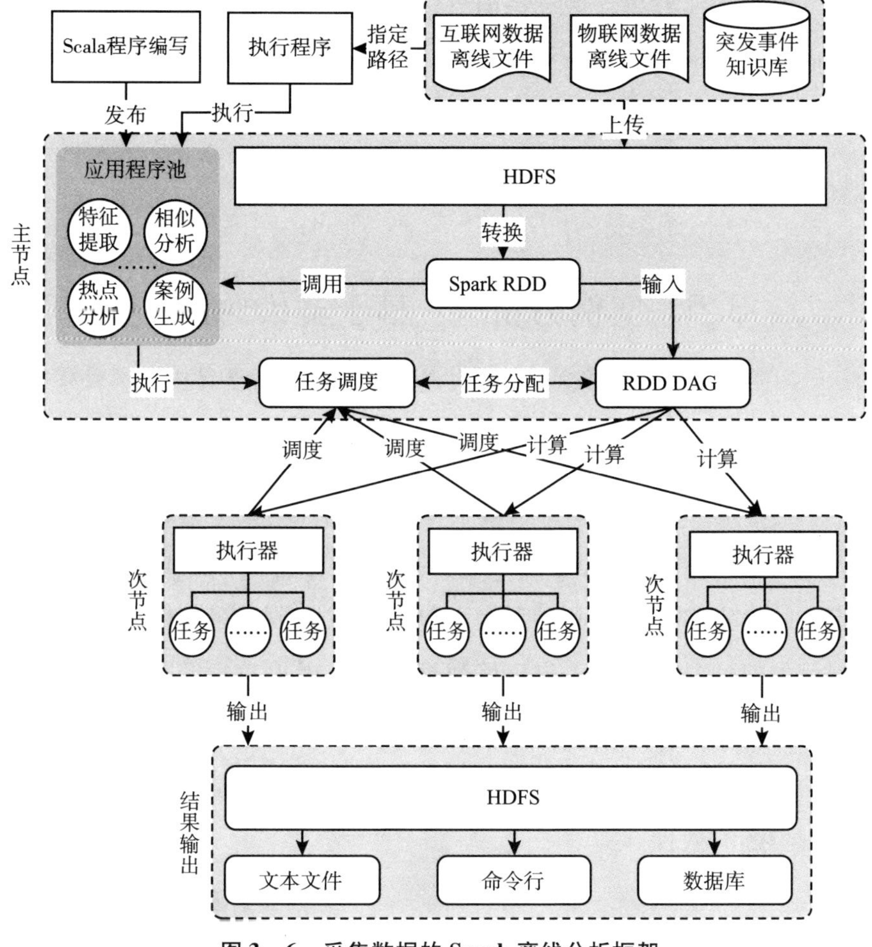

图3-6　采集数据的Spark离线分析框架

上述工作完成后，所提交的jar包就成了Spark的一个内置程序，在Spark的命令行里，以“命令+参数”的方式就可以调用对应的离线分析程序。一旦启动离线分析，主节点会根据提交的参数，直接将对应的离线文件转换成Spark的弹性分布式数据集RDD，进入RDD无向环，再由任务调度模块，将计算任务分配给各个分布式子节点，共同参与计算。计算完成后，结果将会再次通过HDFS，输出到普通文本、数据库或直接在命令行中显示，以供决策者参考。在整个过程中，面向大数据的分布式计算模式均由框架自动完成，应用者只需要关注数据的输入以及程序的调用，即可完成突发事件海量数据的离线分析。

3.5 实例分析——基于多传感器的突发火灾预警

本节将展示一个基于多传感器的突发火灾预警系统。需要说明的是，该案例是由研究团队自行搭建的针对室内火灾预警的系统，并不是真实的火灾事件。因此，案例不包括互联网数据采集部分，重点在于展示如何通过传感器采集环境数据，来实现火灾预警的过程。互联网数据的采集已经比较成熟，因此，物联网数据如果能成功采集，那么这两者的结合就不存在无法解决的技术问题，就基本可以论证本章提出框架的有效性。

3.5.1 基于改进 Zukoski 的物联网火灾预警模型

火灾过程大致分为三段：前三分钟是火灾的开始，接下来的三分钟是发展期，最后六分钟是严重期。对于普通的居民来说，一旦错过初期逃生时间，再往后就极可能威胁到公众和财产安全。因此，火灾预警的实时性和准确性一直是业界关注的重点。

早期的火灾预警系统通过光缆总线进行传输，这种传输方式在传输过程中不易产生数据的丢失，因此漏报率较低，然而楼道内的线路设计错综复杂，部署成本较高。事发时，如果火势巨大，就存在预警线路被烧毁的隐患。而物联网通过无线传输，只要部署恰当，就可以有效地避开危险位置，从而准确安全地采集现场数据，即可避免这种隐患。

在室内现场有火苗产生时，火势的增加，会造成热烟气的上升，当热烟气上升到一定程度时，房间便拥有不同的气体分层：上层的热烟气和下层的冷空气，这就会引起房间气体密度、温度和湿度的变化。如果能通过传感器捕捉到这种变化，即可对火灾情况进行判断。根据这一原理，祖科斯基等（Zukoski et al.）[101]构建了 Zukoski 羽流模型。

$$Z = \left[0.075\left(\frac{g\alpha T_0}{A^3}\right)^{\frac{2}{3}} t^{\frac{5}{3}} + H^{-\frac{2}{3}}\right]^{\frac{3}{2}} \tag{3.1}$$

其中，g 为地球上的重力加速度，H 为房屋高度，α 为火源功率增长因子，A 为室内的平面面积，t 为从着火到计算时的时间间隔，T_0 为所处火苗所在环境的温度，Z 为热烟气层底部高度。

火灾发生后，室内烟雾浓度会随着时间的变化而变化。烟雾浓度的变化分为不同阶段，在火灾刚发生一分钟内，烟雾浓度迅速上升到峰值。待火灾源充分燃烧后，温度会持续上升，但烟雾浓度却会稍作下降；到了两三分钟后，烟雾浓度会继续上升[102]。根据这一规律，在设置好合理的顶部高度 H 之后，就可以根据气体密度和温度、湿度之间的内在关联，将烟雾浓度和湿度作为参数加入 Zukoski 模型中，进一步得到如下公式。

$$Z = \left[0.075\left(\frac{g\alpha\rho_0 T_0^2}{D_0 A^3}\right)^{\frac{1}{3}} t^{\frac{5}{3}} + H^{-\frac{2}{3}}\right]^{\frac{3}{2}} \tag{3.2}$$

其中，ρ_0 为 CO 气体的浓度，D_0 为湿度。当温湿度、气体浓度发生变化，并使得 Z 超过一定阈值时，即触发预警。需要说明的是，该模型的实际应用效果，与房屋高度、面积等多种环境有关，因此，在使用前还需要做大量实验才能确定其有效性。而该改进模型中的参数已经是本书团队经过多次火苗实验训练而确定的，至少在实验环境中是有效的。

3.5.2 火灾条件的物联网采集

根据式（3.2），温度、湿度和 CO 气体浓度数据是本实例需要采集的对象。本书团队在经过比较后，购置了美国得克萨斯州仪器研发的 CC2530 物联网开发套件，套件包含开发板、协调器、上位机核心程序及开发包、DHT11 温湿度传感器、MQ－2 环境气体浓度传感器等本例所需要的核心部件。其采集部署如图 3－7 所示。

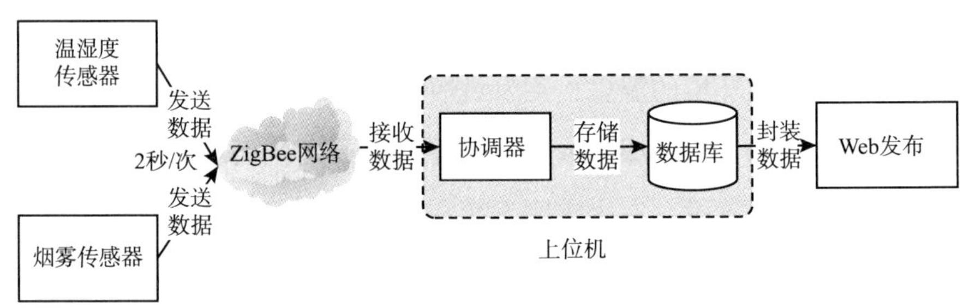

图 3－7 火灾条件的物联网采集部署

如图 3－7 所示，该部署是图 3－4 的具体产品实现。先在实验室内安装了温湿度传感器和烟雾传感器，这两个传感器插在同一个终端芯片板上，独立供电。其中，DHT11 温湿度传感器每隔 2 秒自行采集周围环境温度数据和湿度数据，MQ－2 传感器每隔 2 秒自行采集周围环境烟雾气体浓度数据。两个传感器只要通电就可以采集数据，并以ZigBee协议在ZigBee局域网内共享数据。接着，将协调器连接至实验用计算机的USB端口上，连接成功后，用开发套件提供的、与协调器配套的数据读取程序，即可读取传感器发送过来的数据。读取到数据后，先将其存入数据库中，再将数据库中的数据进行封装，以HTTP协议外互联网开放，即可实现通过互联网访问传感器的数据。其中，协调器和数据库所在实验用计算机即整个物联网部署的上位机。

3.5.3 火灾预警系统的实现

根据上述模型和开发套件，本书团队开发了面向物联网的多传感器火灾报警系统。系统主要使用Java Web技术开发，系统总体架构如图3-8所示。

3.5.3.1 采集层

采集层即部署的无线传感器和协调器，部署方法参看3.5.2节内容表述。部署完成后，若想在程序中读取数据，则需要安装开发包并二次开发。

3.5.3.2 数据层

数据层通过协调器API读取传感器的数据，将其存入数据库中，并向功能层提供数据调取的功能。而协调器API的调用，则有一套特殊的流程。首先在实验用计算机上安装ZigBee协议栈，接着用仿真器下载发送函数代码，再用USB线、仿真器连接电脑和协调器，下载接受函数代码，两个函数的调用过程为:

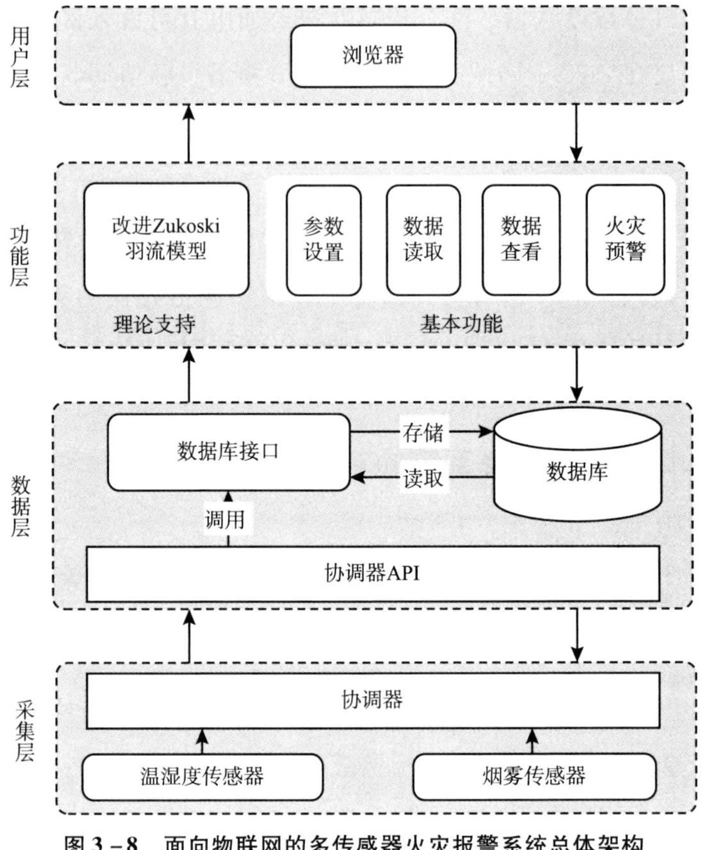

图 3-8　面向物联网的多传感器火灾报警系统总体架构

main( ) --> osal_init_system( ) --> osalInitTasks( ) --> SampleApp_Init( )。

在运行过程中，传感器首先初始化工作，包括对传感器和执行任务的初始化，然后初始化操作系统，该函数将不断读取传感器的数据。在读取的过程中，通过数据库接口直接存入数据库中。

3.5.3.3　功能层

功能层即系统的核心功能，由理论支持和基本功能组成。理论支持部分即改进 Zukoski 羽流模型，该模型通过 Java 语言封装成系统的一个内嵌功能。通过调用该功能模块的方式来实现模型的应用。基本功能则面向用户，主要有参数设置、数据读取、数据查看和火灾预警。其中参数设置，即对 Zukoski 模型参数的调整，以增加模型在特定环境中的有效性。数据读取调用传感器的数据。数据查看则直接供用户查看从传感器中调用的温湿度和烟雾浓度数据。火灾预警则根据模型和数据，计算阈值，超过阈值则预警。基本功能最终表现为系统的功能菜单，可以供用户直接通过页面访问。

3.5.3.4 用户层

本实验系统为 Web 系统，用户直接通过浏览器输入地址即可访问。系统按照上述功能开发完成后，主要功能的运行界面如图 3-9 所示。

编号	温度	湿度	浓度	预警状态	时间
1893	28	64	50	●	2019-04-25 18:30:00
1892	28	65	48		2019-04-25 18:29:58
1891	28	67	50		2019-04-25 18:29:56
1890	28	68	51		2019-04-25 18:29:53
1889	28	69	45		2019-04-25 18:29:49
1888	27	70	49		2019-04-25 18:29:47
1887	27	69	53		2019-04-25 18:29:45
1886	27	70	49		2019-04-25 18:29:43
1885	27	69	49		2019-04-25 18:29:41
1884	27	70	51		2019-04-25 18:29:39
1883	26	71	47		2019-04-25 18:29:37
1882	26	72	49		2019-04-25 18:29:34
1881	26	72	50		2019-04-25 18:29:32
1880	26	74	53		2019-04-25 18:29:30
1879	26	75	51		2019-04-25 18:29:28
1878	26	76	48		2019-04-25 18:29:26

图 3-9 面向物联网的多传感器火灾报警系统主界面

如图 3－10 所示，系统只要成功运行，就会按照 2 秒一次的频率，持续读取并显示传感器的数据，并根据模型的参数设置，调用改进 Zukoski 模型自动计算预警模型的阈值。当出现某条记录模型计算值超过阈值时，该记录所在行将以红色背景显示，并且播放报警声音。著作团队在传感器附近燃烧了小纸片，系统按照预期进行了报警。如图 3－10 所示。

编号	温度	湿度	浓度	预警状态	时间
1895	28	62	52	●	2019-04-25 18:30:04
1894	28	63	46	●	2019-04-25 18:30:02
1893	28	64	50	●	2019-04-25 18:30:00
1892	28	65	50	●	2019-04-25 18:29:58
1891	28	66	51	●	2019-04-25 18:29:56
1890	27	67	45	●	2019-04-25 18:29:53
1889	27	68	49	●	2019-04-25 18:29:51
1888	27	68	53	●	2019-04-25 18:29:49
1887	27	68	49	●	2019-04-25 18:29:47
1886	27	70	49	●	2019-04-25 18:29:45
1885	26	69	51	●	2019-04-25 18:29:43
1884	26	70	47	●	2019-04-25 18:29:41
1883	26	71	50	●	2019-04-25 18:29:39
1882	26	72	53	●	2019-04-25 18:29:37
1881	26	72	51	●	2019-04-25 18:29:34
1880	26	72	48	●	2019-04-25 18:29:30

图 3－10　面向物联网的多传感器火灾报警系统预警功能

从结果来看，该系统已达到预期的效果，再将互联网数据导入该系统中，就可以进行数据验证和补充。

3.6 本章小结

本章探讨了协同物联网和互联网进行突发事件大数据情报采集的必要性和可行性，试图创建一种既客观又丰富的突发事件大数据情报采集机制。首先，研究了“物联网+互联网”双网协同的突发事件情报验证补充机制，指出时间和地点是物联网和互联网数据建立关联的关键。其次，构建了突发事件的物联网情报源，针对该类情报源，研究了基于ZigBee协议的物联网情报采集的实现方法，详细描述了物联网的搭建方案。再次，针对物联网和互联网数据的特点，构建了基于Flume、Kafka和Storm的双网协同的突发事件大数据情报采集框架；然后，针对采集到的数据，分别研究了基于Storm的大数据实时分析方法和基于Spark的大数据离线分析方法。最后，应用本章设计的方案，以火灾预警为例，开发了基于多传感器的物联网火灾预警系统，并进行了火灾预警实验。虽然实验由于缺乏真实的火灾环境，无法得到有效的互联网数据，未能全面开展实验。但现有实验证明，团队研究的双网协同采集，在信息架构和信息流动机制上是可行的。

第4章

面向资源架构的突发事件情报大数据集成

第3章重点研究了突发事件的情报采集方法，虽然也涉及采集数据的存储，但仅仅是将其存储至数据库或文件中，而对于异构数据的统一结构化、数据清洗和集成却并未涉及。本章引入面向资源架构理论，结合大数据技术特点，构建面向资源架构的突发事件大数据集成框架，并重点研究其中异构情报的集成、面向大数据的情报清洗和检索利用等问题。

4.1 面向资源架构理论概述

在现有的集成技术中，以SOAP Web服务为核心的面向服务架构是目前应用较广泛的一种集成技术[103]。然而，随着学术界对Web本身及HTTP协议的进一步认识，一种更为高效且在Web数据集成方面有天然优势的面向资源架构被逐渐提出。面向资源架构是建立在

RESTful Web 服务之上的软件架构，而 RESTful Web 服务是符合 REST 模式的计算机软件服务，REST 的概念则起源于学术界对 Web 及 HTTP 协议的进一步认识。因此，要对面向资源架构有清晰的认识，需要对 HTTP 协议进行分析。

4.1.1 HTTP 协议分析

HTTP 是基于文档的协议，文档是对请求和响应内容的封装。客户端使用 HTTP 协议向服务器发送请求时，先将请求内容封装成文档，放在信封里发送给服务器；服务器收到信封后，先取出文档并对其解析，得到请求的内容，再根据请求内容将响应封装成文档，放在信封里返回给客户端[104-105]。

HTTP 协议是互联网通信协议之一，由于其简单灵活而被广泛接受和应用，任何基于 HTTP 协议的 Web 应用在请求和响应时均按照以上方法进行。总体来讲，有两个因素决定了 HTTP 请求能否正确执行：作用域信息和方法信息。

作用域信息是客户端指定要操作的数据对象。在 Web 中，作用域信息一般置于网址或 HTTP 文档主体中。前者是指在浏览器里直接输入指定信息的网址，服务器根据网址将相关信息返回给客户端。如网址“http：//www. baidu. com/s?wd = rest”，返回的是百度搜索引擎所有关于 rest 的搜索结果。该请求的作用域信息即为“/s？ wd = rest”，即客户端告诉百度其需要的是“rest”的信息。后者则是保持网址不变，将作用域信息置于 HTTP 文档主体中，SOAP Web 服务即采用这种方法。同样是查找 wd = rest，SOAP Web 服务是把 wd = rest 信息置于 HTTP 文档主体中。服务器接收到该信息后，需要先对 HTTP 文档主体进行解析，得到 wd = rest 信息后，才能进行数据处理。相比第一种方法，该方法多出一个解析步骤。

方法信息即 HTTP 请求方法，规定了操作对象时采取的方法，主要有 GET、POST、PUT、DELETE 四种[106]，分别规定了对服务器数据的获取、增加、更新、删除操作。

这两者的结合足以满足所有 Web 应用的场合。然而，一般的 Web 应用在提交请求时，仅使用 POST 和 GET 方法就实现了所有的 CRUD。如删除操作，通常以 GET 方式提交要删除数据的唯一标识，由服务器端来判断和定位数据，并执行删除操作。SOAP Web 服务则是将作用域信息置于文档主体中，并且一律采用 POST 方法来提交请求。这两种请求方式均没有充分利用 HTTP 协议的特点，在面对复杂的数据请求时，显然会造成请求混乱或请求意义不明确等问题，违背了 HTTP 的设计初衷。事实上，使用 HTTP 方法作为请求的方法，以及将作用域置于网址里的做法，基本可以满足所有 Web 应用场合。为此，罗伊·托马斯·菲尔丁（Roy Thomas Fielding）博士提出了 REST 模式的 Web 架构。

4.1.2 REST 研究

表述性状态转移（representational state transfer，REST），是对良好 Web 应用进行定义的网络架构模式，这一概念由罗伊·托马斯·菲尔丁[107]于 2000 年在其博士论文中首次提出。在一个 REST 模式的 Web 架构中，所有需要操作的事物都被抽象为资源。每种资源均被赋予一个资源标识符 URI，URI 既是资源的名称，也是统一访问地址。用户通过 URI 可以获得资源的表示，即 Web 页面。不同的资源表示中包含了其他资源的 URI，通过这些 URI 可以获得其他资源的表示。其中 Web 页面代表了资源的状态，而 Web 页面之间的切换，即状态转移，将一个 Web 应用设计成 REST 模式应满足以下六条约束。

（1）客户—服务器。该约束将用户接口与数据存储两个关注点分离成客户和服务器，以增加 Web 程序的跨平台性，简化服务器组件，并提高系统的可收缩性。

（2）无状态。该约束要求客户端向服务器发送的每个请求，都必须包含此次请求所需的所有信息，其请求状态全部保存在客户端，而不需要利用服务器上的任何信息，使得客户端和服务器端相对保持独立。

（3）缓存。该约束规定服务器响应的数据需要被隐式地或显示地标记为可缓存或不可缓存，以提高客户端对响应数据的使用效率。

（4）统一接口。该约束要求对每个 Web 组件的操作均通过统一接口进行，以简化 Web 系统架构，明确每次请求的目的。这是 REST 模式区别于其他 Web 模式的核心特征。

（5）分层系统。该约束将 Web 架构分解为若干等级的功能层，并要求各组件只能与紧邻层交互，以使 Web 应用内部结构更清晰，更具目的性。

（6）按需代码。该约束指客户端可以以下载并运行服务器代码（而非数据）的形式对自身功能进行扩展，以增加其灵活性。该约束为可选项。

这六条约束可视为从“零 Web①”推导至 REST 式 Web 所需经历

① 零 Web 指没有明显边界的 Web 应用。

的六个步骤，同时也体现了Web架构的发展过程，如早期静态网页式的Web架构即满足前三条约束的定义，而目前各类动态Web框架则关注于系统分层约束①。但是，罗伊·托马斯·菲尔丁仅仅给出了约束的定义，而并未给出具体的实现方案。在此基础上，伦纳德·理查森等（Leonard Richardson et al.）[108]在其专著*RESTful Web Services*中，对REST给出了更详细的解释，并给出了具体的实现方案。

4.1.3 RESTful Web 服务研究

RESTful Web服务是符合REST模式的Web服务。伦纳德·理查森等（Leonard Richardson et al.）认为符合REST模式即每次Web请求均采取HTTP方法，且所有作用域信息均包含在URI中。在该前提下，RESTful Web服务将一切与业务相关的事物抽象为资源，并为每种资源设计一个唯一标识。该标识即URI，其包含了请求的作用域信息。针对该URI，使用不同的HTTP方法发送请求，则实现对应资源的CRUD操作，从而完成各类业务操作。表4－1为使用不同HTTP方法向同一个URI提交请求时能够实现的功能。

RESTful Web服务对外公开URI即对外发布服务，用户只需按照标准的HTTP方法向URI发送请求即可实现对资源的相应操作。RESTful Web服务的请求和响应如图4－1所示。

① 动态Web架构在关注系统分层的同时，出于对数据持久性等方面的考虑，往往并不严格遵守前三条约束。

表 4 – 1　　请求方法与 URI 功能映射

资源标识	HTTP 请求方法	实现功能
URI	GET	获取资源的表示
	POST	创建新资源
	PUT	修改现有资源
	DELETE	删除已有资源

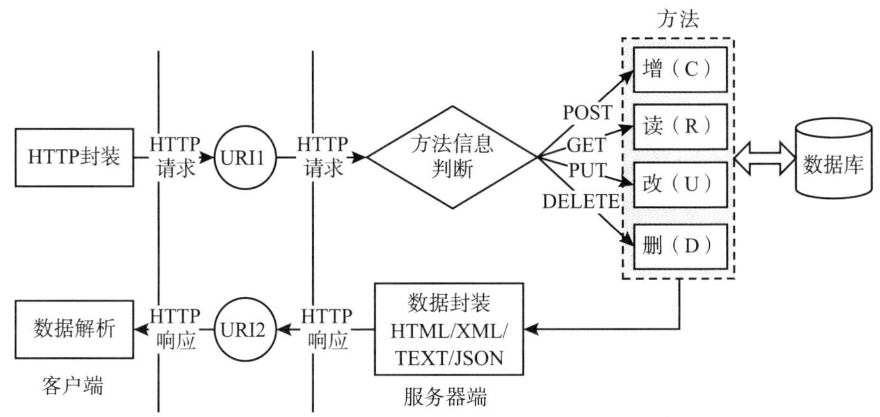

图 4 – 1　RESTful Web 服务的请求和响应

如图 4 – 1 所示，客户端向服务器端发送请求时，先将相关信息进行封装，再使用 HTTP 方法发送至对应的 URI。当服务器接收到该请求后，首先判断请求的方法类型，然后根据不同的方法，执行相应的增加或更新操作。当执行完成后，服务器将响应以 HTML、TEXT 或 JSON 等格式封装后置于 HTTP 文档主体中，返回客户端。客户端获取服务器返回的信息后，先根据不同的格式采取相应方法对其进行解析，最后再展示给用户。从上述过程可以看出，对于资源获取和删除操作，客户端只需知道 URI 即可。而对于增加和更新等操作，除了需要知道 URI 外，客户端还需要知道要提交哪些信息，尽管这些信息可以从现有资源的详细信息中推测得到，但如果靠推测得到信息就违背了软件服务的宗旨。针对这个问题，原 Sun 公司推出了 Web 应用描述语言（web application description language，WADL）[109]，用于描述客户端可以访问的 URI、访问方式、提交请求的格式以及返回的数据格式等请求和响应信息。

与 SOAP Web 服务相比，RESTful Web 服务从以下三个方面进行了优化。

（1）服务请求和响应。SOAP Web 服务使用 SOAP 协议进行服务的请求与响应。使用 SOAP 进行信息传输，不论是客户端还是服务器端，都需要进行 XML 的处理工作。从 HTTP 协议的定义来看，SOAP 相当于创造了一种新的机制来完成 HTTP 本身可以完成的工作。而 RESTful Web 服务则完全遵守 HTTP 协议进行信息传输。在信息传输和解析的效率方面，RESTful Web 服务明显要高于 SOAP Web 服务。

（2）服务描述和发布。SOAP Web 服务使用 WSDL 对服务进行描述和发布。本质上，WSDL 是一个结构复杂的 XML 文档。而与 WSDL 功能类似的 WADL，对于同一种服务方法的描述，WADL 远比 WSDL 简单。如对 public String SayHello（String name）的描述，WSDL 总字符数为 1309，而 WADL 则只有 360。

（3）服务主体的发布。SOAP Web 服务通过 UDDI 来发布。然而，UDDI 由于结构复杂、不便使用，已逐渐被市场遗弃。而 RESTful Web 服务对外公开 URI 即发布服务，不需要借助任何额外的机制。由于 URI 与普通网址类似，也容易被搜索引擎发现。

从以上三个方面可以看出，RESTful Web 服务是一种轻量级的、灵活的 Web 服务，充分利用了 HTTP 协议，体现了“网站就是 Web

服务”的思想[110]。

4.1.4 面向资源架构研究

“面向资源”一词最早由IBM的软件工程师詹姆斯·斯内尔(James Snell)[111]于2004年首次提出，随后面向资源架构（resource-oriented architecture，ROA）的概念由亚历克斯·布纳尔季奇（Alex Bunardzic）[112]正式提出，但他们均没有给出系统的定义和解释，只是作为面向服务架构的对立面提出。真正系统地对ROA进行定义，并给出详细架构的依然是伦纳德·理查森（Leonard Richardson）。伦纳德·理查森将ROA定义成一种将实际问题转换成RESTful Web服务的方法。伦纳德·理查森提出了资源、资源标识、资源表示和资源链接四个概念对ROA进行定义。

4.1.4.1 资源

资源（resource）是用户需要操作对象的核心抽象。一种资源是一组实体的概念化映射，任何可以被命名的事物都可以成为资源，比如一个苹果或一个文件等。在数学领域，资源 R 是以时间 t 为自变量的成员函数，该函数将 t 映射到等价的实体或值的集合中。资源可以随着时间 t 的变化而变化，也可以在某个特定时间段映射到一个空集上。如“2011年世界500强企业排行榜”，在《财富》杂志2011年推出以前，这是一个空集；而“世界500强企业排行榜”则随着年度的不同而不断变化。资源可以不随时间而变化，是静态的，而且静态资源与动态资源在某些情况下会有交集，或完全相同，如“2011年××会议集中的所有论文”和“与Web服务相关的最新论文”。在计算机领域，资源是现实事物的信息表示，通常表现为具有一定格式的文档或数据库表记录等信息实体。资源由“标识”和“表示”两部分组成。

4.1.4.2 资源标识

资源标识（resource identifier）是对在Web组件交互中所涉及资源的唯一标记，也是访问和操作资源的通用接口，每个资源都必须具有一个资源标识。REST使用URI[113]作为资源标识。在Web中，URI既可作为资源的名称，也可作为资源的访问地址。一个URI只代表一种资源，任意两种资源都不能有同一个URI。但是两个不同的URI，在某个时期可能会指向同一种资源所代表的值，比如“软件最新版本”的URI为“http：//xxx/latest”，“当前软件版本”的URI为“http：//xxx/1.0”。当“软件最新版本”为1.0版本时，这两个URI指向同一种资源，但这是两种具有不同意义的资源。由于采用了URI作为资源标识，使得ROA具备了可寻址性和无状态性两个特点。可寻址性是指用户只需在浏览器中输入URI，即可访问到资源，这一点是由URI在Web中的作用决定的。无状态性则是指每次HTTP请求是完全独立的，不依赖之前的请求，这一点也是由URI可以包含调用服务的所有信息的特点决定的。

4.1.4.3 资源表示

“表示”是资源当前状态的数据显示，由资源的数据、表示数据的元数据和描述元数据的元数据组成。资源的数据是指资源的实质内容，表示数据的元数据则是对资源数据的信息描述，描述元数据的元数据则是表示本身的一些控制信息，这两类元数据通常以“名称/值”

对的形式出现。表示的这一数据结构与HTTP协议的结构基本吻合，因此，HTTP协议自然成为资源表示的最佳方法。而在HTTP协议的文档区，则可灵活选择HTML、XML、JSON或TEXT作为资源核心内容的表示格式。资源的表示通常从服务器端传输至客户端，但也可以从客户端传输至服务器端，如新资源发布时，基本信息由客户端提供。一种资源可以有多个表示，如同一篇文章的中文版和英文版，为了不违反“一个URI只能对应一种资源”的原则，通常将中文版和英文版视为两种不同的资源，通过不同的URI来访问。

4.1.4.4 资源链接

在REST式服务中，资源表示通常为超媒体，其中不仅包括核心的数据，还包括通往其他资源的URI即链接。这些URI实现了资源之间的切换，建立了资源之间的联系，是组成面向资源架构的重要组件之一。资源链接的存在，使得面向资源架构具备了连通性的特点。这四个基本概念之间的关系如图4-2所示。

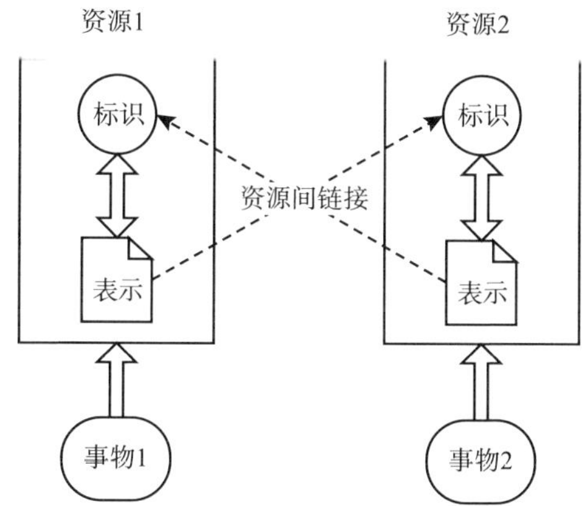

图4-2 面向资源架构概念应用关系

4.1.5 面向资源架构应用研究

从面向资源架构的定义来看，这是一种对原生 Web 的重新认识。而从现有面向资源架构的应用研究来看，其应用主要集中在系统的开放式改造和系统集成两方面，其中前者可视为后者的研究基础，后者可视为前者的研究目的。根据面向资源架构的特点，其在系统开放改造和集成方面的主要应用过程如图 4－3 所示。

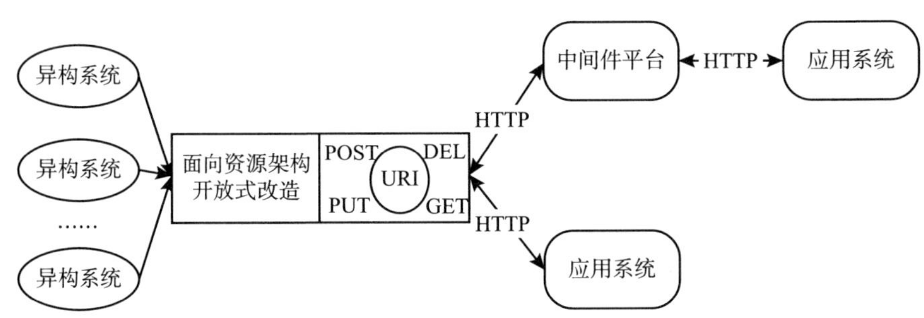

图 4－3 基于面向资源架构的系统开放式改造与系统集成应用过程

如图 4－3 所示，应用面向资源架构对异构系统进行改造后，系统的各类信息分别以各自的 URI 对外开放，任何应用程序只要遵守 HTTP 协议，向对应的 URI 发送 HTTP 请求，即可实现相应的 CRUD。在这种情况下，第三方应用系统可以方便地对异构系统进行访问，在此基础上，可以方便地构建中间件实现异构系统的集成。在互联网普及的信息环境下，这种方式的系统集成与访问，无疑是最符合目前 Web 应用现状的。从这一视角来看，面向资源架构原生支持 Web，而在大数据时代，突发事件情报绝大部分以 Web 形式存在，即便是物联网数据，也通过HTTP协议传输，因此，这一框架在突发事件情报集成上具有天然优势。

4.2 面向资源架构的突发事件情报大数据集成

根据研究设计，突发事件情报源分为物联网情报源和互联网情报源。由此，突发事件情报源的集成要同时集成这两类情报源。应用面向资源架构来同时集成这两类情报源，首先需要分别实现同类情报源的集成，再实现总的集成。

4.2.1 突发事件物联网情报源的面向资源化

物联网情报源，理论上由应急部门部署和设计，其结构在可控制范围内，可从顶层设计上统一其信息结构。因此，物联网情报源的集成并不存在巨大的障碍。物联网情报源最终需要与互联网情报源集成，对于物联网情报源，同样需要满足其信息可获取并且易解析的条件。为了保证这一点，本书团队认为，对于接收到的物联网传感器数据，应使用面向资源架构来管理，这样可以使得传感器数据满足可获取和易解析的条件，从而为集成创造条件。应用面向资源架构，突发事件物联网情报源的架构如图4-4所示。

如图4-4所示，对比第3章中图3-8的物联网系统架构，传感器和数据层保持不变。传感器数据只能通过协调器读取。当系统获取传感器数据并存储至数据库中以后，才能进行面向资源化的改造。这一

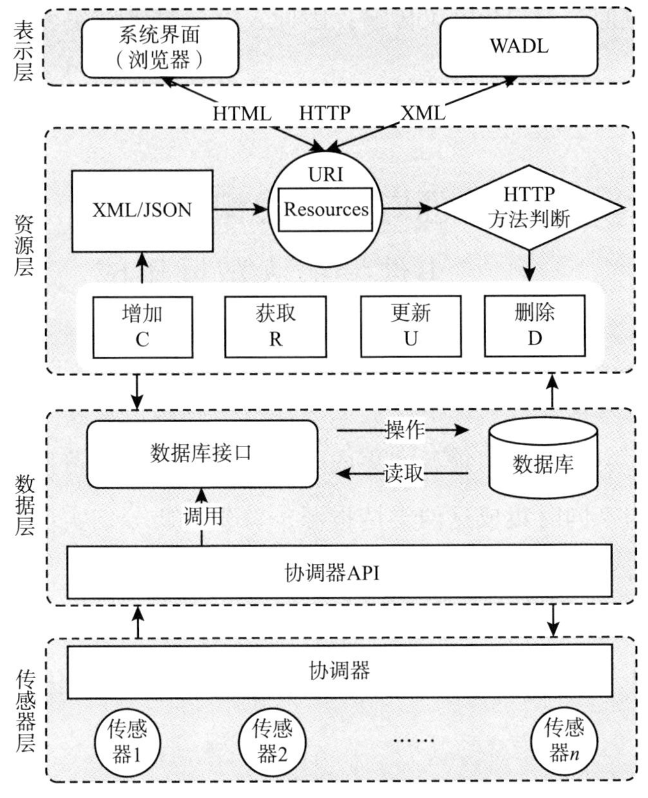

图 4-4　面向资源化的物联网情报源架构

改造体现在与数据层对接的资源层中。在资源层中，应用面向资源架构将数据库中的数据被封装成具有唯一标识 URI 的资源。对资源的操作称为资源服务，通过对外公开资源 URI 的方法来发布。至此，任何用户，只要遵守 HTTP 协议的规则向 URI 发送请求，即可访问数据库中存储的传感器数据。此处的用户可分为系统内用户和系统外用户：系统内用户是指通过浏览器来访问系统的用户，是自然人；而系统外用户则通常为独立于该系统的第三方程序。不同类型的用户，其发送请求和接受响应的方式也略有不同。对于系统内用户，资源层返回操作友好的 HTML 页面，而对于系统外用户，出于对轻量级数据传输的考虑，直接使用 JSON 格式作为数据传输格式。

上述架构实现的关键是如何将数据封装成资源，为此，本章根据面向资源架构的特点，提出了面向资源的系统开发方法。该方法是研究如何将实际问题转换成资源，并对资源进行分析和设计，使得开发出来的系统满足面向资源架构的方法论。面向资源的系统开发以资源为中心，资源是指一类特定的事物，事物也可视为特定的对象。因此，面向资源的系统开发方法，可认为是面向对象系统开发方法的特例，只是更侧重于对资源的管理和 REST 的实现，其过程主要分为资源分析、设计和实现三个阶段，如图 4－5 所示。

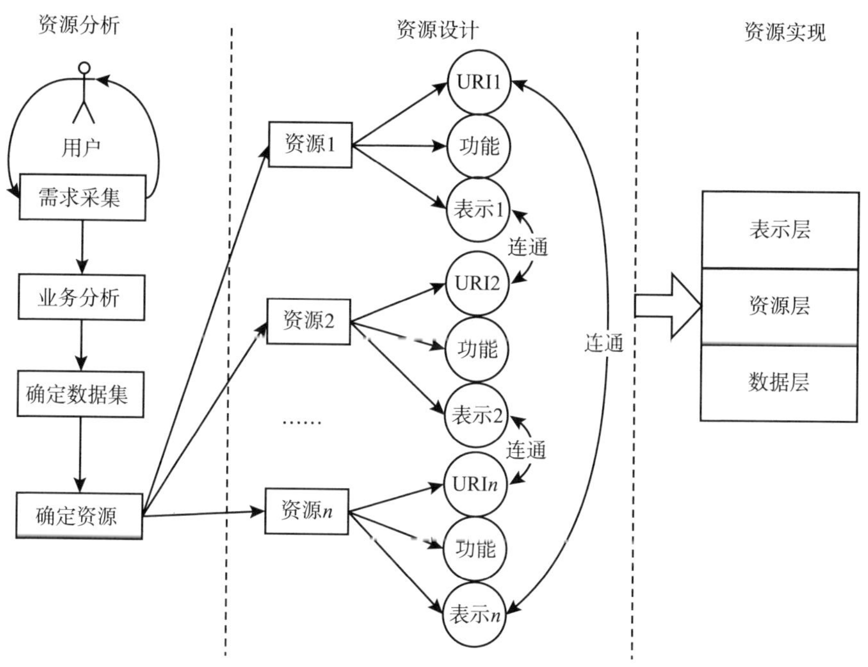

图 4－5　面向资源的系统开发方法

这一开发方法总体上分为资源分析、资源设计和资源实现三个阶段。

4.2.1.1 资源分析

资源分析的目标是将用户的需求按照面向资源的思想进行业务分析，确定业务中涉及的资源，资源分析的基本步骤有以下几个方面。

（1）需求采集。系统分析人员与用户进行沟通，确定系统开发的目标、功能和流程等开发要素，这一过程决定了系统最终的功能形态和运行方式。由于用户与系统分析人员通常存在认识上的差异，一般需要与用户多次沟通后才能确定用户的需求，完成需求采集。

（2）业务分析。根据采集到的用户需求，系统分析人员利用建模工具，使用形式化或过程化的方式对需求进行描述，确定系统的业务功能以及业务处理过程等内容。

（3）确定数据集。对业务过程中涉及的数据进行分析，以业务为单位确定数据集。

（4）确定资源。对数据集进行分析，从中归纳出可以通过 HTTP 发布的特定数据，将其抽象成资源，资源是系统用户直接操作对象。虽然资源是任何可以被引用的对象，但本书团队认为在 B/S 系统中，资源总体可分为三类：对象性资源、集合性资源、管理性资源。对象性资源是与数据对象直接相关的资源，是最小单位的资源，如一条新闻；集合性资源则是指由多个对象性资源组成的资源，如新闻列表；管理性资源则通常与业务无直接的逻辑关系，只是出于某种特殊需要，对多个无直接关联的资源进行统一引用而形成的资源，如包含了热点新闻、最新新闻列表的网站首页。按照 B/S 模式的用户访问习惯，通常是先访问首页，然后再一级一级进行业务操作。这三类资源的访问顺序通常为：先访问管理性资源，再访问集合性资源，最后访问对象性资源。

4.2.1.2 资源设计

资源设计的目标是对资源分析阶段确定资源的属性、功能以及资源之间的关系进行配置，资源设计的基本步骤包括以下几个方面。

（1）命名资源。确定资源后，需要给资源一个唯一标识，作为资源的访问地址。资源是以 URI 命名的，在 RESTful Web 服务中，URI 应该包括所有请求的作用域信息，因此给资源命名即设计资源的 URI。URI 通常由域名、路径和请求参数共同组成。对于具有层次关系的资源，则直接采用域名和路径的 URI 对其命名，格式为"http//hostname/{path1}[/{path2}/{…}]"。如新闻列表的 URI 为"http：//hostname/newslist"，而该列表下某条新闻的 URI 为"http：//hostname/newslist/11"，"11"通常为新闻在数据库对应表中的唯一标识。对于同一个 URI，使用同一种方法，但仅请求其中部分资源的情况，一般通过在原 URI 的基础上增加 URI 参数的方法来对该资源命名，格式为"http：//hostname/{path1}[/{path2}/{…}]？{para}={value}[&{para}={value}……]"，如以 REST 为关键词对新闻列表进行查询得到的资源，其 URI 为"http：//hostname/newslist？keyword=REST"。

（2）确定资源需要开放的功能。根据业务分析结果，确定一个 URI 需要实现的功能，为这些功能确定数据的输入、输出及实现过程。由于一个 URI 通常只对应四个功能，因此面对同一个 URI，同一个 HTTP 方法时，通常使用请求参数来实现更多的功能。事实上，添加参数后获得的资源可以视为原资源的衍生资源，如所有新闻列表和检索到的新闻列表。

（3）设计资源表示。根据资源的功能，设计服务器返回的数据格式及内容，对系统内用户采取 HTML 作为资源表示格式；而对系统外用户，数据格式则为 JSON。数据内容即资源的状态表示，是对资源的详细描述。

（4）连通各资源。将各资源按照业务流程连接起来，体现完整的业务处理过程，一般通过超链接和表单来实现。超链接即资源的 URI，在一种资源表示中加入其他资源的 URI，通过该 URI 即可跳转到其他资源表示，从而实现连通。而表单则是普通的 HTML 表示，一般与资源信息无直接关系。表单可以置于资源表示中，也可以作为单独的 HTML 页面存在，通常用于接收用户的请求数据，并提交至服务器端，服务器处理完请求后再根据业务跳转至相应的资源 URI，实现连通。超链接的连通方式适用于资源的只读请求，如查看资源，而对于需要与用户交互的资源请求则通过表单来实现，如资源的创建和条件检索等。

4.2.1.3 资源实现

资源实现的目标是根据设计好的资源，选择相关的编程语言及数据库，按照先实现数据层，再实现资源层，最后实现表示层的顺序完成系统的开发。基于 Java 的 Restlet 开发框架是实现面向资源架构的主流开发工具。

按照上述架构和开发方法，对采集后的传感器数据进行二次开发，这样就形成了面向资源架构的突发事件物联网情报源。在进行突发事件情报源的集成时，其他系统只要遵守 HTTP 协议，就可以方便地获取传感器中的数据，只要传感器和数据库服务器不出故障，就可以实时访问传感器数据，这为集成创造了便利条件。

4.2.2 突发事件互联网情报源异构性成因分析及集成对策

突发事件互联网情报主要由突发事件互联网数据组成，突发事件互联网数据是指通过互联网传播的，人们对突发事件的所有认知、态度、情感和行为倾向的集合[114]。由于近年来移动设备的快速发展，微博和微信成为互联网个人信息发布的主要媒体，而社交网站和论坛则依然有一部分活跃老用户。这四类互联网媒体基本囊括了个人信息发布的主流载体，成为突发事件互联网数据的主要信息来源。用户平时发布与个人相关的信息，而一旦这些用户亲身接触突发事件，往往会第一时间发布在微博或微信上，然后通过转发、论坛讨论等方式迅速传播。这四类互联网媒体本质上是信息系统的一种，不同的媒体由于开发技术的不同，其数据管理方式也不尽相同，这就形成了互联网数据源之间的异构性，为信息的统一访问增加了障碍。因此，要实现对突发事件互联网情报的集成，则需要对这四类媒体的信息获取方式和信息结构进行分析。

本书以用户活跃度为依据，分别选择新浪微博、腾讯微信、人人网和百度贴吧作为研究对象，调查分析结果如表 4 - 2 所示。

以上数据获取方式中，凡是提供开放平台 API 的，按照 API 编写程序即可获取所需数据。其中，XML 和 JSON 均为具有自描述性的结构化数据[115]，与开发平台无关，因此，获取到这一类数据后，进行简单解析即可从中得出所需的文本数据。对于不同平台的数据，统一表示格式后即可消除它们之间的异构性，实现异构数据集成，其总体过程如图 4 - 6 所示。

表 4－2　　主流互联网数据源数据结构分析

媒体名称	类型	开放 API	功能	数据格式
新浪微博	微博	新浪微博开放平台	可获取所有微博的数据	JSON
腾讯微信	微信	微信开放平台	仅支持微信公众号信息的获取	XML
人人网	社交网络	人人网开放平台	以分页的方式获取某个用户的日志列表和某篇日志	JSON

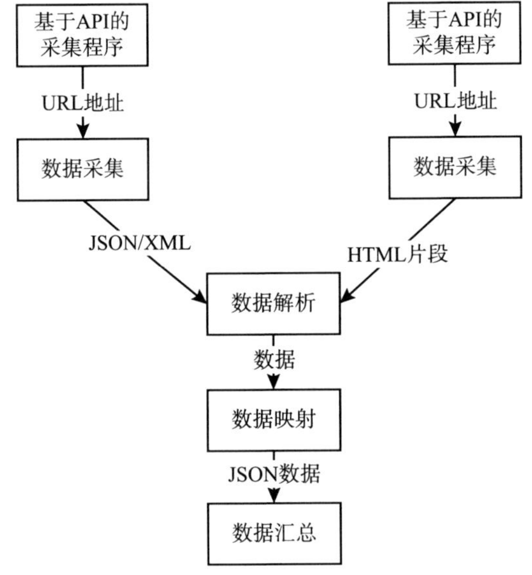

图 4－6　互联网数据采集及集成过程

互联网数据的获取特点，完全适合使用面向资源架构来构建集成中间件，通过这种方式可以实现轻量并且能够提供便捷实时访问的突发事件情报集成方法。

4.2.3　面向大数据的突发事件情报集成

前两节已经分别论证了物联网情报源和互联网情报源各自集成的

可能性。但在真正面临突发事件时，只有同时集成这两类数据，才可能较为全面客观地掌握突发事件的情报。在大数据时代，这两类数据均是海量的。这就使得突发事件的情报集成，必须与大数据采集方法结合起来。这就需要使用非关系型数据库（NoSQL）。与关系型数据库不同的是，非关系型数据库通常是按列动态存储的，以典型的非关系型数据库 HBase 为例。在 HBase 中，任何一条记录可表示为{RowKey，Column Family}的组合。RowKey 即主键，唯一确定该记录；Column Family 为列族。假设关于突发事件 A 采集到的突发事件情报有三条，其属性分别是“信息来源，网址，内容，发布时间”“信息来源，网址，内容”“信息来源，网址，发布人”，在 HBase 中，其结构如表 4－3 所示。

表 4－3　　非关系数据库表结构——以 HBase 为例

<table>
<tr><th>Rowkey</th><th colspan="3">Column Family</th></tr>
<tr><td rowspan="10">事件 A</td><td rowspan="10">列 A</td><td rowspan="4">列 A1</td><td>列 A11：信息来源</td></tr>
<tr><td>列 A12：网址</td></tr>
<tr><td>列 A13：内容</td></tr>
<tr><td>列 A14：发布时间</td></tr>
<tr><td rowspan="3">列 A2</td><td>列 A21：信息来源</td></tr>
<tr><td>列 A22：网址</td></tr>
<tr><td>列 A23：内容</td></tr>
<tr><td rowspan="3">列 A3</td><td>列 A31：信息来源</td></tr>
<tr><td>列 A32：网址</td></tr>
<tr><td>列 A33：发布人</td></tr>
</table>

与传统的关系型数据库不同的是，其列并不是实现设计好的，而是以｛key：value｝的方式动态插入的。一条情报有几条属性就设置几条，无须事先设计好。而在取数据时，也是根据列来取。突发事件情报来源和属性呈多样化，比较适合使用这种方式来存储。这种模式不存在具体的表结构，对集成框架采集到的数据也同样不存在格式化的问题，仅需清理部分无效数据后，直接存入 HBase 即可。而对于需要实时处理的数据，则转换成 Storm 规定的消息队列提交，即可开始实时分析。HBase 的数据管理模式，类似于创建了一个具有多个索引的稀疏矩阵，不再局限于结构和值的类型，这一机制大大降低了数据集成后因量大存在的存储困难。提取其中存储的数据时，也不再像传统的关系型数据库使用 SQL 语句进行数据提取，而是根据索引直接进行数据的读取。非关系型数据库通常采用分布式管理方式，极大地提高了存储的容量和效率，可以高效地处理海量并发数据的场合。

在解决了大容量数据的采集和存储后，再应用面向资源架构构建集成中间件，即可实现面向资源架构的突发事件情报大数据集成，其架构如图 4-7 所示。整个架构从底部向上分为突发事件情报源、采集终端、集成中间件和情报应用，其中集成中间件是实现集成的关键，中间件对下采集突发事件情报，对上则提供情报的访问接口。各部分具体职能如下。

（1）突发事件情报源。由互联网情报源和物联网情报源组成。互联网情报源主要为各类社交媒体，如论坛、微博和微信等。物联网情报源则主要是由经过 REST 改造后的物联网应用为主，即已按照图 4-4 架构集成后的物联网集成情报源。

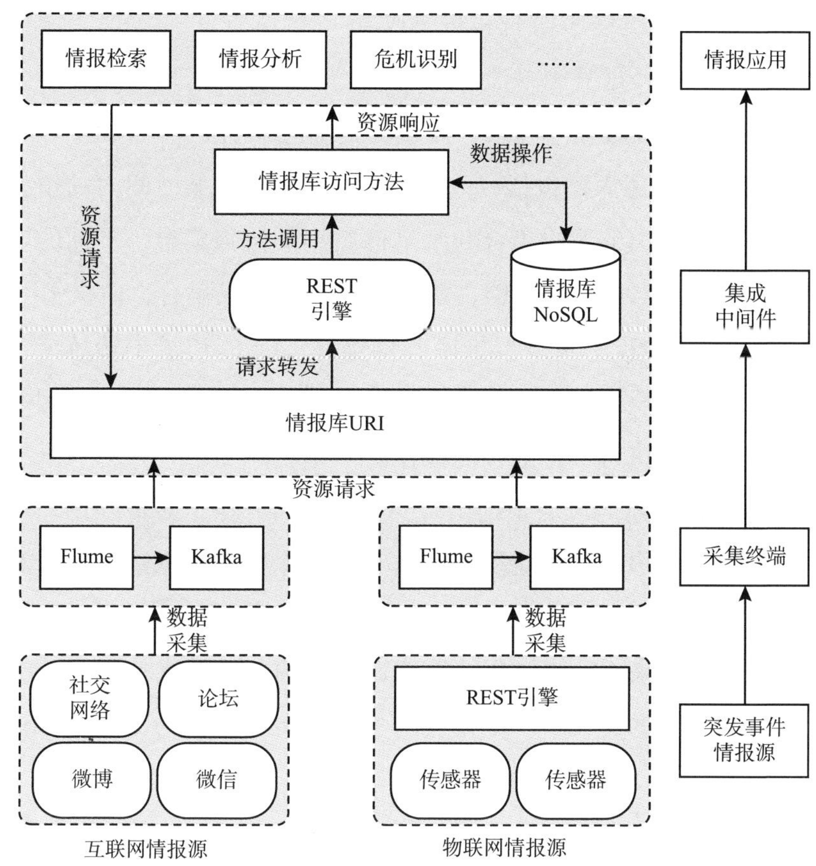

图4－7　面向资源架构的突发事件情报大数据集成架构

（2）采集终端。完成对互联网情报源和物联网情报源的采集，这两部分采集独立进行，但均使用 Flume 和 Kafka 的大数据应用集合，可以高效完成突发事件情报采集。对于采集后的数据则需要通过访问对应的资源 URI，以 POST 方式发送请求即可。

（3）集成中间件。该层由 NoSQL 结构的情报库、情报库访问方法、情报库 URI、REST 引擎四个主要组件构成。其中情报库即存储的突发事件情报，具体结构可参考表4－3。情报库访问方法是针对 NoSQL 数据库的基本操作，由于是 NoSQL 数据库，其操作一般需要通过支持该数据库的程序语言根据 API 编写对应方法来实现。情报库 URI 是情报库中经过资源封装后的情报，每条情报记录均会有一个唯一标识 URI。在大数据环境下，注重的是数据整体的分析和操作，因此，情报库 URI 还需要包括一些集合性的资源，如某时间内的情报集合、某地点范围内的情报集合和某事件类型的情报集合。不同的资源或集合，均有各自唯一的 URI，要访问这些资源或集合，向该 URI 发送请求即可。REST 引擎是情报库和情报库 URI 的请求中转桥梁，负责判断终端和用户提交的数据请求是哪种类型，根据不同的类型来调用响应的方法，执行不同的资源操作。

（4）情报应用。该层是提供访问情报库的方法，对最终用户即应急人员开放。用户层面的应用主要是对情报库中的数据进行分析和利用，根据不同的需要展开情报检索、情报分析和危机识别等工作。

从各层职能来看，应该用该框架，可以构建一个支持海量数据采集、存储和访问的突发事件情报实时集成平台，从而为突发事件情报分析奠定基础。

4.3 实例分析——面向资源架构的异构信息集成原型平台

本节将探讨面向资源架构的实现方法，并开发原型系统对集成效果进行验证。

4.3.1 关键技术的实现

面向资源架构本质上是一种 Web 应用，在实现面向资源架构的系

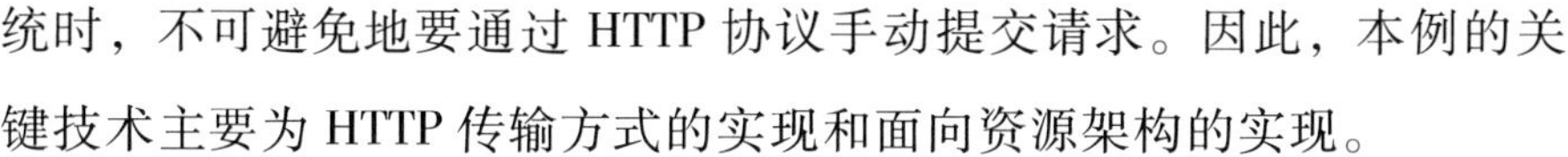

统时，不可避免地要通过 HTTP 协议手动提交请求。因此，本例的关键技术主要为 HTTP 传输方式的实现和面向资源架构的实现。

4.3.1.1 HTTP 传输方式的实现

集成框架中，用户对中间件发起的所有请求，均为 HTTP 请求。该类请求只有由用户端程序独立发起和响应，才能在程序层面上读懂中间件返回的资源。HTTP 是 W3C 制定的开放协议，任何人都可以获取协议的细节，并据此手动编程实现。在程序设计领域，实现 HTTP 协议的开发包数不胜数。通过这些资源，可以顺利地在程序中实现 HTTP 的传输。

4.3.1.2 面向资源架构的实现

面向资源架构实现的核心为 RESTful Web 服务，REST 框架是实现 RESTful Web 服务的有效工具。目前，主流的 REST 多使用 Java 语言开发，其中以诺埃利奥斯咨询（Noelios consulting）组织开发的 Restlet 框架最为著名，该框架最大程度地遵守了罗伊·托马斯·菲尔丁博士所阐述的 REST 目标。Reslet 由 Router、Application、Resource 和 Representation 四个核心类组成。Router 类负责接收用户请求，并根据 HTTP 方法调用相应的功能，起到路由的作用；Application 将 Router 类注册至项目中，起到管理 Router 类的作用；Resource 用于构建资源；Representation 用于表示数据，几乎所有数据的返回均是通过 Representation 来实现的。使用 Restlet 构建 RESTful Web 服务的主要步骤为：（1）定义基本功能类，包括业务方法以及数据访问接口；（2）设计 URI；（3）通过继承 Resource 类来构建资源类，实现资源的发布以及功能的调用；（4）通过继承 Application 类构建应用程序类，其中使用

Router 类建立资源类和 URI 之间的映射关系，起到请求路由的作用；(5) 将创建好的项目发布至 Web 容器。

4.3.2 集成效果验证

为验证本章提出的集成中间件在异构信息集成方面的有效性，本书作者团队开发了两个面向资源架构的原型系统以及对应的集成中间件。这两个系统即可视为经过面向资源架构改造的物联网情报源和经过集成后的互联网情报源。两个系统的运行界面分别如图 4－8 和图 4－9 所示。

图 4－8 面向资源架构的原型系统 1

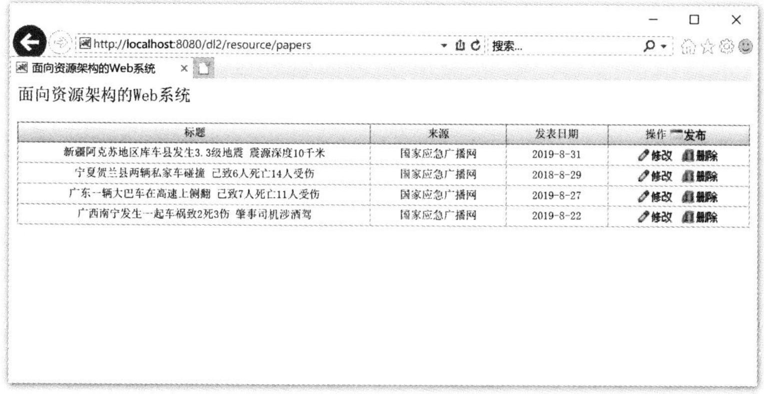

图 4－9　面向资源架构的原型系统 2

如图 4－9 所示，由浏览器地址可以看出，这是两个不同的系统，这两个原型均采用面向资源架构构建，其数据结构类似，只是数据内容不同。中间件的初始界面如图 4－10 所示。

图 4－10　集成中间件初始界面

点击其中的“获取远程数据”按钮，则出现如图 4－11 所示界面。

集成中间件

获取远程数据

题名	来源	发表日期
山东滨州：村庄被淹 消防员成功营救10余名妇女老人	国家突发事件预警信息发布网	2019-08-13
浙江甬台温高速三门段突发泥石流 当地连夜抢通	国家突发事件预警信息发布网	2019-08-10
迎战台风“利奇马” 宁波消防救援组建46支抗洪突击队	国家突发事件预警信息发布网	2019-08-09
云南永胜县一轿车翻下山崖坠河 3人不幸遇难	国家突发事件预警信息发布网	2019-08-17
新疆阿克苏地区库车县发生3.3级地震 震源深度10千米	国家应急广播网	2019-08-31
宁夏贺兰县两辆私家车碰撞 已致6人死亡14人受伤	国家应急广播网	2018-08-29
广东一辆大巴车在高速上侧翻 已致7人死亡11人受伤	国家应急广播网	2019-08-27
广西南宁发生一起车祸致2死3伤 肇事司机涉酒驾	国家应急广播网	2019-08-22

图 4－11　集成中间件数据集成效果

如图 4－11 所示，集成中间件成功获取并集成了两个原型系统的数据。实验结果表明，本章提出的面向资源架构的集成方法是可行的，这就为突发事件的集成奠定了基础。需要说明的是，本章重点是信息集成，因此为了重点突出面向资源架构的集成和集成信息的访问，本例并不涉及大数据的采集、存储和访问。关于大数据的部分，可参考第 2 章和第 3 章的相关内容。

4.4 本章小结

本章结合面向资源架构和大数据，研究突发事件情报的大数据集成方法，试图创建一种能够对接突发事件海量数据的轻量级集成方法。本章介绍了面向资源架构理论的起源、定义及应用研究，结合双网协同的突发事件情报采集，分析了突发事件物联网情报源和互联网情报源异构性成因，探讨了应用资源架构进行突发事件情报集成的可能性，论证了大数据技术在突发事件情报集成中的必要性，指出了非关系型数据库在面向海量数据存储时的优势。本章结合大数据和面向资源架构，构建了面向资源架构的突发事件情报大数据集成框架，实现了一个面向资源架构的异构信息集成中间件及两个异构系统，并进行了异构数据集成的实验，验证了提出方法的有效性。

第5章

面向知识服务的突发事件知识组织

突发事件应急决策是在集成的突发事件情报基础上，应用应急知识对突发事件情报进行分析和挖掘，从而形成有效应急方案的过程。知识与一般数据不同的是，知识虽然来源于数据，但有其特殊的数据结构，以及特定的运作逻辑。本章重点研究的是应用知识组织相关理论与方法，对突发事件情报进行知识层面的解读。首先将分别研究构建突发事件案例知识库和突发事件应急决策知识库，再针对集成的突发事件情报，研究双库协同下包括突发事件策略推理和情景演化推演在内的知识服务。

5.1 本体驱动的突发事件案例知识库

知识库从本质上来说属于一种知识管理系统。该系统通过对常规信息的知识组织，构建信息与信息之间的知识联系，再通过分析这种联系产生新的知识，以指导实践活动。突发事件案例既是应急管理人员在面临新的突发事件时可供决策参考的宝贵经验，也是科研人员建立突发事件决策模型的重要依据。因此，将突发事件案例以知识组织的方式构建，形成突发事件案例知识库，使原本静态的案例知识动态化，使其具有推理功能，对于突发事件应急决策将具有明显的促进作用。而本体是建立知识关系，展开知识推理的重要工具。因此，本节将创建基于本体的突发事件知识库，研究基于本体的知识表示以及知识操纵。为后续知识服务的研究提供基本框架。

5.1.1 总体架构

知识与普通数据或信息的区别在于，知识可以衍生出信息或新的知识。这一特点建立在知识传递及知识推理的基础之上。它们之间的关系如图 5－1 所示。

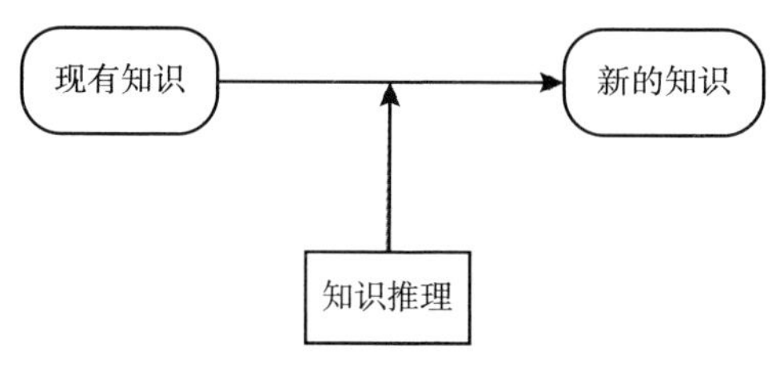

图 5－1　知识衍生关系

在突发事件应急响应领域，应用突发事件现有知识的主要目的是产生针对新发生突发事件的应急决策知识。合理有效的应急决策必然与决策者的经验和应急知识储备有关，每一次处理突发事件的经验是应急知识的综合应用，这些经验通过整理就形成了突发事件的案例。但案例本身是静态的文本，不具备推理功能。应用本体进行案例的重构，再构建知识推理机制，就可以为知识推理创造条件。基于这一思路，本体驱动的突发事件案例知识库的总体架构如图5-2所示。

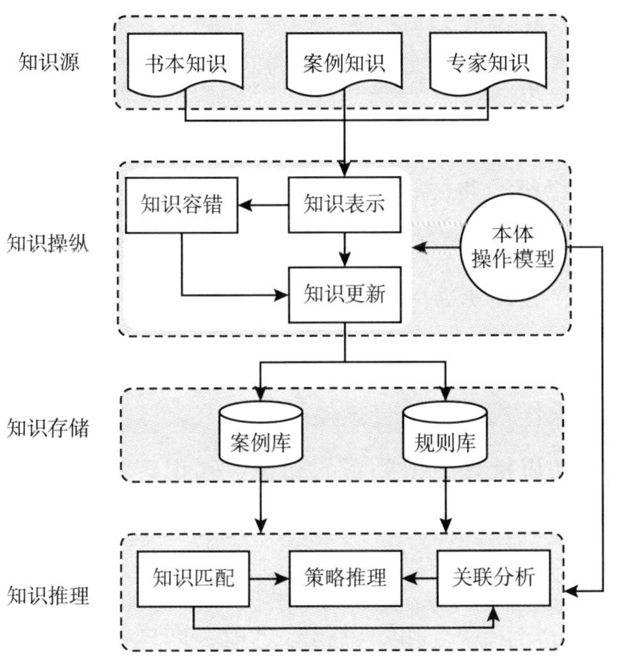

图5-2　本体驱动的突发事件案例知识库总体架构

如图5-2所示，本体驱动的突发事件案例知识库总体上可分为知识源、知识操纵、知识存储和知识推理四个部分。

（1）知识源。突发事件知识库的作用在于利用现有应急知识，推理产生新的应急知识，以供应急决策，其包含的内容越多越全面，推理产生的新的应急知识则越具有参考价值。在前述章节中，案例和策略知识是进行应急决策的基础。这两方面知识分别对应了已经形成的著作或正式文件和应急响应专家的经验性知识。前者以书面形式存在，而专家的经验性知识则比较特殊，侧重的是对具体突发事件应急问题的一种策略，是对书面知识的综合应用，是专家在其应急知识储备和经验基础上的一种判断，同时还包含了一些尚未记录入书本中的最新的应急知识和案例知识。这与专家的应急知识和应急响应经验相关。其中，书本知识和案例知识较为容易收集，专家知识则需要组织专家开会讨论，将专家的经验和最新的知识，形成可操作的最新的书面知识。

（2）知识操纵。将知识源中的异构知识，经过基本的结构和关系处理，更新至知识库中，这一过程由知识表示、知识容错和知识更新三个过程组成。知识表示是根据规则，将原先异构的案例知识和专家知识进行统一格式化。在本章创建的知识库中，知识表示的规则和结构取决于本体操作模型。符合该模型的定义，才能够利用该模型的相关算法，进行知识推理，得到新的知识。知识容错则是在将新知识添加至知识库中之前，对知识库中的知识进行冗余性和相容性检查。冗余性检查是确保知识不重复，相容性检查是检查知识在内容上是否存在矛盾。在进行知识修改和知识删除之前，同样需要先进行这一步的工作。知识更新则是围绕知识库进行的知识增加或删减。这一点与数据库类似，只不过知识库存储的是经过知识表示封装后的数据，不是普通的纯文本，其包含了知识的结构以及知识与知识之间的关系。本体操作模型则是知识操纵的引擎，其以本体的形式，规定了知识表示的结构，通过提供本体中节点与节点之间关系计算的各类算法，来支持知识表示、知识容错和知识更新等操作。本体操作模型，还对最终进行的知识推理提供基本的算法支持。

（3）知识存储。将知识根据不同的类别，存储至知识库中。经过前述分析，将突发事件案例知识库细分为突发事件案例库和突发事件规则库。其中，案例库即存储的突发事件案例知识，是知识源中的突发事件案例经过知识表示格式化后的数据集合。规则库则主要存储突发事件的处理规则，其内容来源于突发事件案例的应急方案以及专家的应急经验知识。因此，规则库的知识内容需要对原始的书本知识和案例知识按照知识表示的方式进行知识抽取，再补充专家知识形成。其中，案例库相对独立，而策略库的原始内容来源于书本、案例和专家知识。

（4）知识推理。知识推理是知识库的应用层，也是知识库区分于数据库的关键。突发事件知识库构建的主要目的在于通过知识组织和应用，可以获得新发生突发事件的应急方案。而这一目标的实现，则是知识推理层的主要职能。上述目标，需要通过知识匹配、规则推理和关联分析来实现。知识匹配是指根据突发事件情报的特征，从案例库中寻找具有相似特征的案例。策略推理则是指结合具有类似特征的案例及突发事件情报，根据特征进行应急方案的推理，向用户推荐当前突发事件的应急策略。关联分析则在推荐的应急策略中，对涉及的突发事件案例进行逆向引用，以供用户查看相关知识。

5.1.2 知识源知识表示

突发事件知识库的原始知识来源于书本知识、案例知识和专家知识。这三类知识的内容和结构均可能存在较大差异。书本知识和案例知识一般均是形成于纸面的纯文本知识，但两者在文字组织上可能存在一定差异。书本知识一般是纯文字的、客观性的应急知识描述。案例知识虽然也是纯文本，但通常会存在固定的结构。专家知识则相对来说更为抽象，一般存在于专家的意识中，并未形成书面的文字。案例知识本质上是书本知识和专家知识的综合应用，而书本知识和专家知识则可以作为案例知识的纠正和补充。

由图5－3可知，书本知识和专家知识可作为现有案例知识的纠正和补充，最终融入案例知识中，形成相对完善的案例知识。案例知识的结构是知识表示的研究重点，确定其知识表示的结构之后，才可以按照结构将书本知识和专家知识融入案例知识中。通常，一个突发事件案例可抽象成｛案例名称 C、事件主体 B、事件地点 W、开始时间 BT、结束时间 ET、特征描述 P、处理方法 M、产生影响 R｝，以发生于2015年9月30日至2015年10月1日期间的柳州爆炸事件为例①，其知识表示见表5－1。

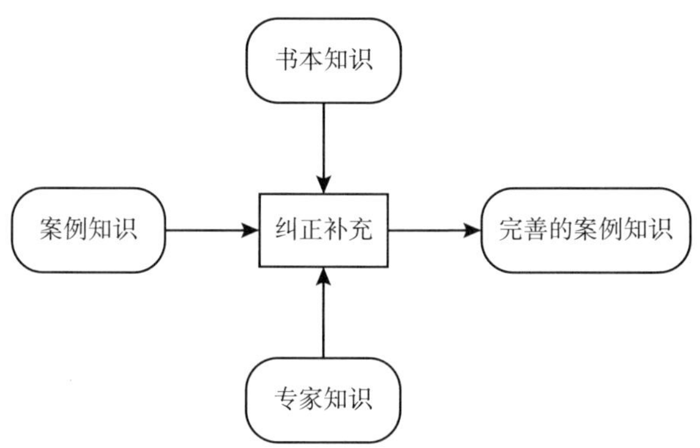

图5－3　书本知识、案例知识和专家知识的应用关系

表5－1中，事件主体 B、特征描述 P 和处理方法 M 是进行知识推理的重要属性，可将这一部分属性集合成一个三元组 $C=\{B, P, M\}$，这三个属性在突发事件情报识别、特征对比和情景推演中具有重要作用。其中，事件主体 B 可作为突发事件情报发生主体的识别，特征描述 P 则可作为突发事件情报特征的参考标准，处理方法 M 则

① 本案例数据来源于《工人日报》2015年9月30日电，记者庞慧敏报道的《广西柳城发生快递包裹爆炸事件》。

是生成可进行知识推理的应急策略的重要原始依据。

表5-1　　柳州爆炸事件知识表示

属性	定义	示例片段
案例名称 C	对突发事件的标题性概括	柳州爆炸事件
事件主体 B	引起突发事件的主要载体	快递包裹
事件地点 W	事件发生的主要地区，包括首发地区和主要影响地区	广西柳州市柳城县商贸城、县畜牧局宿舍楼等多处
开始时间 BT	事件的开始时间	2015年9月30日
结束时间 ET	事件的结束时间	2015年10月1日
特征描述 P	对事件产生、演变及终止整个过程的特征性描述	2015年9月30日至10月1日，柳城县犯罪嫌疑人雇用他人以送包裹的方式投放爆炸品，陆续发生17起包裹爆炸事件，致7人死亡，2人失联，51人不同程度受伤。警方通过调查，已确定犯罪嫌疑人身份
处理方法 M	在事发期间，针对该事件采取的各种处理方法，以及事后的预防方法。不同的方法采取“##”分割	柳州警方通过微博等途径提示公众不要随意接受非正规途径或陌生人委托传递的包裹##邮政部门加强对包裹的安全检查，并在10月3日之前暂停派件##警方开展甄别调查核实，排除暴恐事件，确定犯罪嫌疑人身份
产生影响 R	人员伤亡、建筑或自然环境的破坏和造成的经济损失	造成7人死亡，2人失联，51人不同程度受伤，一栋6层居民楼房受损

5.1.3　本体驱动的知识容错

知识容错主要包含知识的冗余性和相容性检查。知识冗余性的判断较易实现，可通过案例名称、事件主体、事件地点、开始时间和结束时间等多项属性组合来共同确定。知识相容性主要检查知识之间是否存在逻辑矛盾，这是知识容错的主要工作及难点。突发事件案例知识可能存在的逻辑矛盾之处在于针对某个主体 B 的处理方法 M 的矛盾。解决这一问题的关键在于对主体 B 和处理方法 M 的分析，从中挖掘出处理规则 R，再通过与现有规则比较的方式来判断是否相容。

首先，建立规则本体。规则本体存储的是应急决策的规则，如“邮政部门和包裹，存在收件、派送和暂停派送关系”“包裹与‘飞机、汽车和火车’存在运输关系”“含电池的包裹与不能空运”等规则，该规则本体如图 5－4 所示。

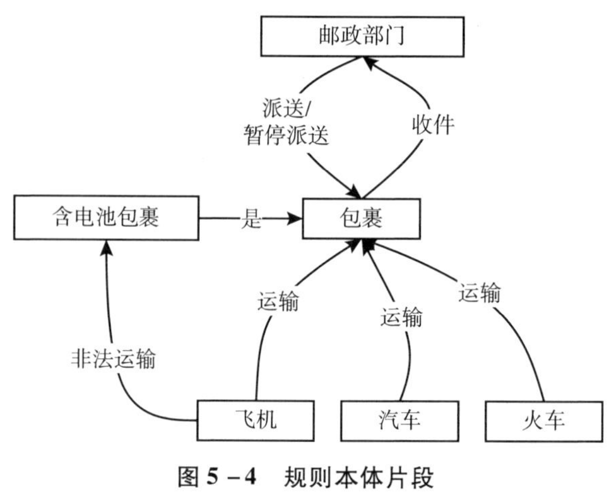

图 5－4　规则本体片段

初始规则本体不包含任何规则，其内容来源于案例的处理方法，大小随着案例数量的变化而变化。在知识容错中，概念本体用于主体与主体关系的分析，而规则本体则用于新案例处理方法是否与现有方法矛盾的判断。

其次，对突发事件进行分析，根据表 5－1 的定义，以“##”为分割符，突发事件的处理方法 M 可表示由多种方法组成的集合 $\{M_1, M_2, \cdots, M_n\}$，每种方法经过文本分析可得到一个由主谓宾组成的词

组 $s_{n^-} \to p_{n^-} \to o_n$，进而 M 又可以表示为 $\{s_{1^-} \to p_{1^-} \to o_1, s_{2^-} \to p_{2^-} \to o_2, \cdots, s_{n^-} \to p_{n^-} \to o_n\}$，该集合为去掉噪声后的核心处理方法集合，任意一个词组均可表示成一个本体片段，即处理规则 R。如表 5－1 所示的案例处理方法，可转换成图 5－5 所示的本体片段。

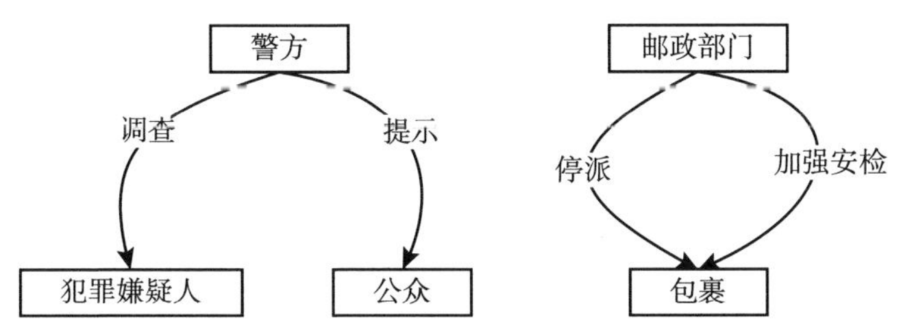

图 5－5　案例处理方法规则本体示例

将处理规则 R 与规则库中本体规则进行遍历比较，在规则本体中获取与处理规则 R 主语相同的主谓宾，分别与处理规则 R 的主谓宾做比较，如果不矛盾，则将处理规则 R 加上事件名称作为新规则加入规则库中，再将案例存入案例库中，否则不予入库。如果规则本体不存在，则视为新规则并添加事件标识后加入规则库中。具体算法如图 5－6 所示。

判断主谓宾是否矛盾的主要依据取决于主谓宾在概念本体中的语义关系。在本知识库中，概念本体侧重描述两个概念之间是否存在矛盾关系。在进行遍历比较时，先获取主语和宾语，在主语与宾语分别相同的情况下，谓语表达意思完全相反，则视为矛盾。如宾语不同，则通过概念本体分析两个宾语所表达的实体是否存在相克关系，存在则矛盾。知识容错是知识更新的先导工作，是知识操纵的基础，也是难点。解决知识容错后，知识更新的实现则参考一般关系型数据库表记录的插入、修改和删除即可。

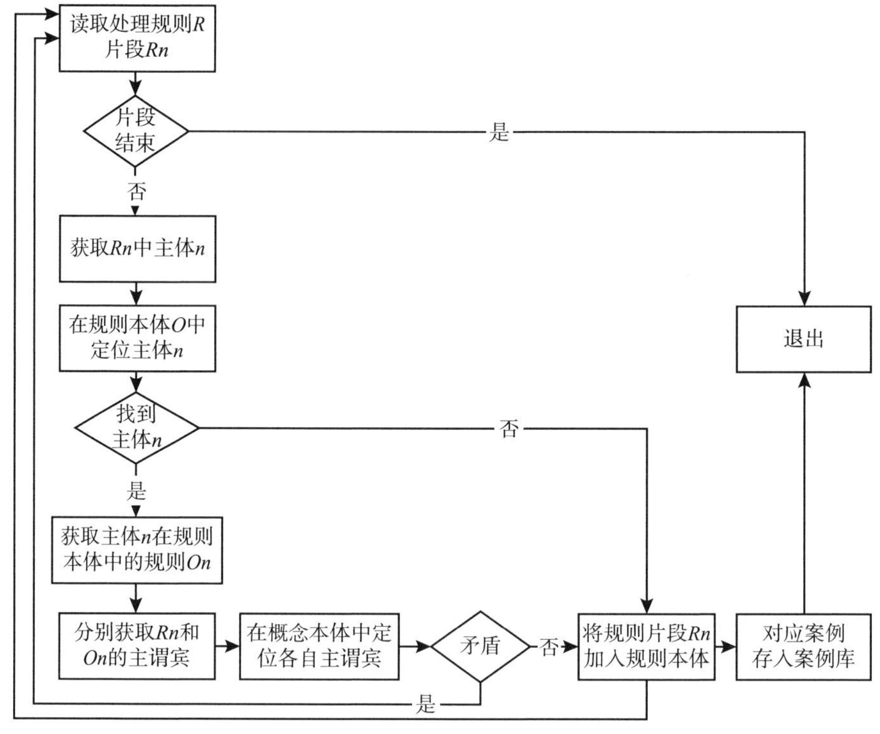

图 5-6　知识相容性算法

5.1.4　关键技术的实现

从上述章节可知，本体驱动的突发事件案例知识库实现的关键在于文本分析以及本体的操作，这两个关键点分别涉及中文分词及本体建模与操纵。

5.1.4.1　中文分词

中文分词技术是以词为单位，利用特定的算法把一段中文内容进行划分[116]。在知识库中，中文分词技术被用于书本知识和案例知识的文本解析，从中提取知识表示的各个标注内容，进而再应用至规则提取中。分词技术的好坏，直接决定了案例文本的解析效果，从而影响案例特征及处理规则的提取。中文分词技术比较复杂，国内外已涌现出了一批较为成熟的中文分词开发工具。本章采用由林良益等开发的IKAnalyzer中文分词工具包来进行分词，IKAnalyzer是以开源项目Lucene[117]为主体的，基于Java语言的轻量级中文分词工具包。表5－2为IKAnalyzer的中文分词效果示例。

表5－2　　IKAnalyzer中文分词效果示例

文本原文	分词结果
各国的创新驿站是推进跨国技术合作的出发点，为跨国技术转移和类似的协作作出了重大的贡献	各国，的，创新，驿站，是，推进，跨国，技术合作，技术，合作，的，出发点，出发，发点，为，跨国，技术，转移，和，类似，似的，协作，做出，出了，重大，的，贡献

从该例可以看出，IKAnalyzer的分词效果显著，能够满足一般的分词需求。进行初步分词后，还需要去除如“个”“的”“了”等高频词汇，以提取其核心内容。

5.1.4.2　本体操作模型

知识容错给出的是针对本体的高级算法，在这之前需构建本体操作模型，这是进行知识表示和容错的基础。根据本体的片段，此处的本体应为网状结构，一般具有如图5－7所示结构。

如图5－7所示，为了便于操作，假定模型具有一个根节点R，这是进行本体基本操作的起点。根节点R只有子节点，但没有父节点。但其他节点既可以有父节点，也可以有子节点。当某个节点，其父节点指向该节点的其他子节点或孙节点时，就构成了网状结构。

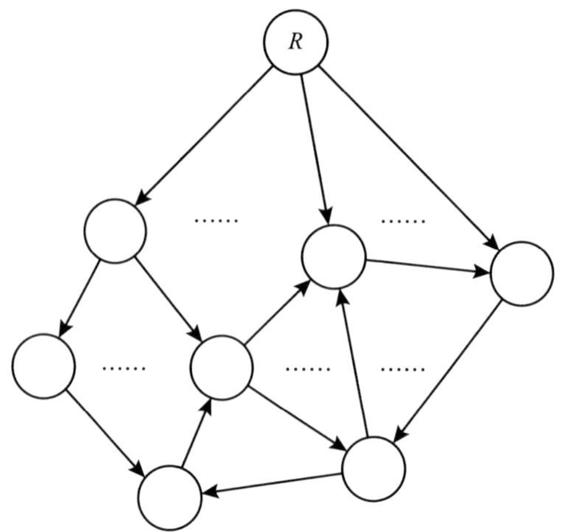

图 5 –7　网状本体理论模型

确定网状本体的理论模型后，需要将其转换成程序可操作的实践模型。目前，OWL 是主流的本体建模语言，W3C 等众多非营利组织开发了多个基于 OWL 的本体建模工具。经过对比，本章选择斯坦福大学开发的 Protégé 作为本体建模工具，使用该工具可以以可视化的方式建立基于 OWL 的本体模型。同时，Protégé 还提供了基于 Java 的 Protégé – OWL 开发包，可以实现通过程序灵活地加载和访问本体中的节点、关系及属性，从而实现对本体的操纵。其中，在知识相容性算法中，实现某个词在本体中的定位是知识库中是最基础的操作。具体算法见图 5 – 8。

如图 5 –8 所示，该算法是本体操作模型的最基本算法，其主要目的是从网状本体中查找关键词，为知识相容性算法提供支撑。在本体中匹配到目标节点后，就可以利用 Protégé – OWL 获取其关系节点，最终参与相容性分析。

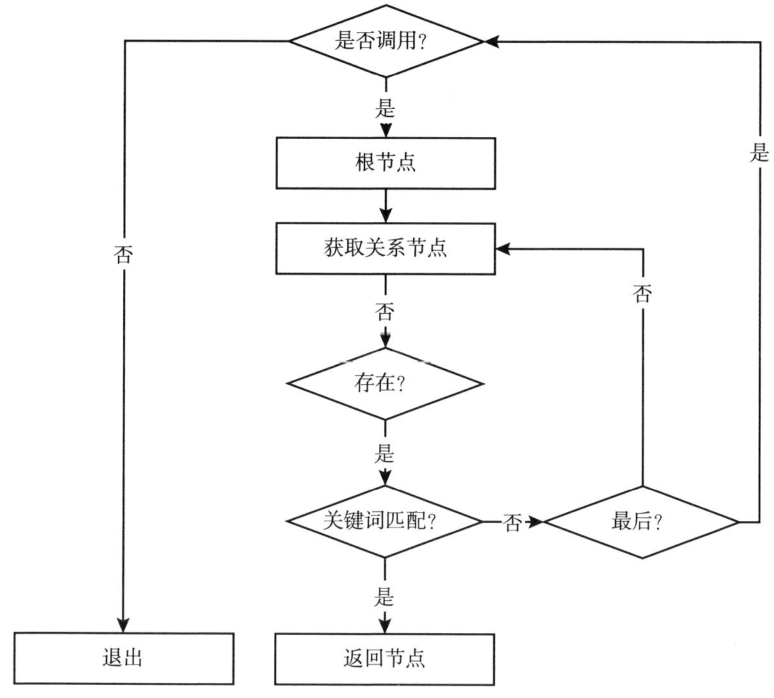

图5-8 本体关键词定位算法

5.2 基于情景划分的突发事件应急策略知识库

案例知识库是对现有突发事件案例的利用，是进行突发事件情报识别和应急决策的重要参考标准。由于突发事件影响因素较多且难以预测，因此单纯依靠案例知识进行应急决策未必能够应对复杂多变的突发事件场合。本节将借助“情景—应对”的应急理念，构建基于情景划分的突发事件策略库，并考虑突发事件情景点特征值静态相似度和情景演化过程动态相似度的策略评价方法，以便实现策略复用。

5.2.1 总体架构

“情景—应对”是基于对情景表现、情景要素和情景之间关系的认识，从全过程处理非常规突发事件的角度入手，强调其过程研究，解决在应对非常规突发事件中信息的准确性和难以预测性等问题[118~119]。本应急策略知识库基于相似案例推荐应对策略的思想来构建[120~122]，其总体架构如图5-9所示。

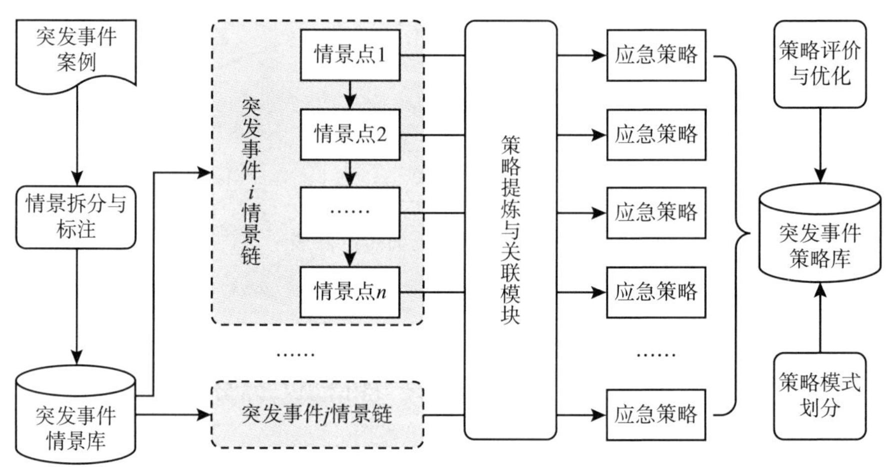

图5-9 基于情景划分的突发事件应急策略知识库总体架构

根据突发事件案例库构建情景库，将情景库内的情景划分为时间轴上的若干情景点，从而构成情景链；记录下情景链上的每个情景点对应的应急响应策略，存入突发事件策略库；对策略库中的策略按相应情景点的相似度进行聚类，开展策略评价和优化，分析出每个策略类里的最佳策略；为新发生的突发事件寻找适用的策略，提供最优策略。

5.2.2 突发事件情景库的构建

不同的突发事件，呈现出不同的特征，随着时间点的变化，其特征也会相应地发生变化。因此，利用突发事件案例库中存储的结构化的突发事件案例信息，选取需要的时间点，获取这些时间点上的突发事件情景片段，并标注其属性信息，再将每个事件下的所有情景点组成情景链，存入突发事件情景库。

5.2.2.1 突发事件情景的特征属性

总体来说，可以从事件的“分类”“分级”“分期”三个维度来界定突发事件[123]，《国家突发公共事件总体应急预案》[124]主要依据这三个方面的属性进行编制。类似地，突发事件情景的属性，也可以从这三个维度来探讨，通过事件情景的“分类”“分级”“分期”特征信息，对事件情景进行界定。根据突发事件的发生过程、性质和机理，《国家突发公共事件总体应急预案》将突发事件分为自然灾害、事故灾难、公共卫生事件、社会安全事件四类，每类再细分为更多的层次和子类。“分类”属性是事件类别、发生时间、地点等的综合体现，由这些特征共同决定。各类突发事件按照其性质、严重程度、可控性和影响范围等因素，可以分为四级，反映了事件的严重程度。突发事件通常遵循特定的生命周期，针对每一级别下每一个突发事件的发生、发展和减缓的阶段，需要采取不同的应急措施[125]。

5.2.2.2 情景点标注

突发事件发展过程中随着时间的演化，其分类、分级、分期属性会相应地发生变化。在将突发事件情景划分为若干情景点时，确定情景划分时间点的原则为：保证突发事件发展过程中的每个特征值信息一旦有所变化，就有相应的情景点来反映。利用突发事件案例库，提取反映突发事件三个维度属性的特征信息，可以完成对突发事件情景点的标注。具体描述如下：针对某一突发事件情景 A，提取其生命周期内所有的特征信息，利用情景标注模块，将这些信息划分为规范的分类、分级、分期信息，组成分类信息集 $C=\{C_1, C_2, \cdots, C_n\}$、分级信息集合 $G=\{G_1, G_2, \cdots, G_p\}$、分期信息集合 $P=\{P_1, P_2, \cdots, P_q\}$，再依次抽取这三类信息中的所有值，进行不同的组合，即可标注为突发事件情景的一个情景点 $A_r=\langle C_i, G_j, P_k\rangle$，其中 $i\in[1, n]$，$j\in[1, p]$，$k\in[1, q]$。因此，突发事件情景 A 可划分为 m 个情景点，即 $A=\{A_1, A_2, \cdots, A_m\}$，其中 $m=n\times p\times q$。

5.2.2.3 情景链描述

针对每一突发事件情景，利用生成的突发事件情景点信息，将这些情景点按发生时间的先后次序进行排列，从而生成突发事件情景链。若出现生成的情景点无法找到对应的时间点，则表示该情景点实际上不存在，应舍弃。其数据格式如表 5－3 所示。

ID 表示情景点的编号，情景标注信息记录了情景点的“分类”“分级”“分期”信息。若某情景点不存在，则为 ϕ。

表5－3　突发事件情景链数据格式

当前情景点		前向情景点		后向情景点	
ID	情景标注信息	ID	情景标注信息	ID	情景标注信息

5.2.3　突发事件策略库的生成

突发事件策略库提取情景链上每个情景点对应的策略，按一定规则进行组织、存储，并进行分类和评价优化，以便于新的突发事件发生时可以复用已有事件的应急策略。主要分为“策略提炼与描述”“策略模式划分”“策略评价与优化”三个主要过程。

5.2.3.1　策略提炼与描述

针对每个情景点，提取其对应的策略，并将提炼出的策略与策略库中已有策略进行比较，若没有相同策略，则将新策略进行编号并存储进策略库中，这一过程可再分为策略提料与存储及策略描述。

（1）策略提料与存储。本节将策略内容分为两个大的方面：一是解决问题的方法，即选用的应急预案；二是具体的实施细节。突发事件的应急处理通常会根据一定的应急预案来进行，策略提炼时需将每个情景点对应的应急预案信息提炼出来。不同的突发事件，在应急预案的具体实施细节上会具有较大的差异，随着突发事件情景的演化，这些实施细节可能有进一步的变化。比如，应急响应的组织指挥体系，在不同的事件中具有不同的安排，且随着事件的演化，指挥体系会进一步变化，因此需要针对每一个情景点进行具体的实施细节提炼。

（2）策略描述。通过对策略的数据结构进行规范定义，将策略用其“对应的情景点”“策略执行后的效果”两种属性进行描述。每种策略有一个编号信息（ID）以及策略名称，策略所属情景点名称及代码ID是策略模式划分的依据，策略执行后的效果信息是策略评价的依据。策略描述的具体数据结构如图5-10所示。

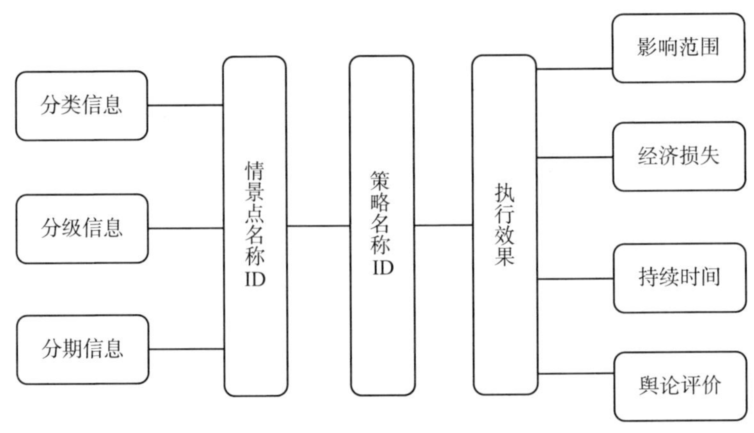

图5-10　突发事件策略结构描述

按照图5-10所显示的数据结构信息，可以完成对策略的“对应的情景点”及“策略执行后的效果”两种属性的形象描述。

5.2.3.2　策略模式划分

策略模式划分的目的是识别出可以用来处理同一类别突发事件的策略，并归到同一模式下，以便复用。策略之间的相似度，可以通过计算策略所属的突发事件情景点的相似度来获取。由于每个情景点包含分类、分级、分期三个维度的特征值，可以根据这些特征值建立特征词典，通过特征词典计算这些特征值之间的相似度来获取情景点相似度，进而对策略进行模式划分。随着新案例的加入，模式划分结果将按照上述方法保持动态更新。

（1）特征词典建立。本章构建的特征词典的基本组成单位是词，词的来源为情景标注模块中定义的所有关于分类、分级、分期信息的描述词汇，并能够随情景标注模块中词的更新而更新。概念间语义关系主要是上下位关系，可以从情景标注模块直接获取，上下位主关系将概念构成了树形结构。图5-11显示了截取的突发事件特征词典中，公共卫生事件子类中的部分概念及其关系组成的概念层次结构图。

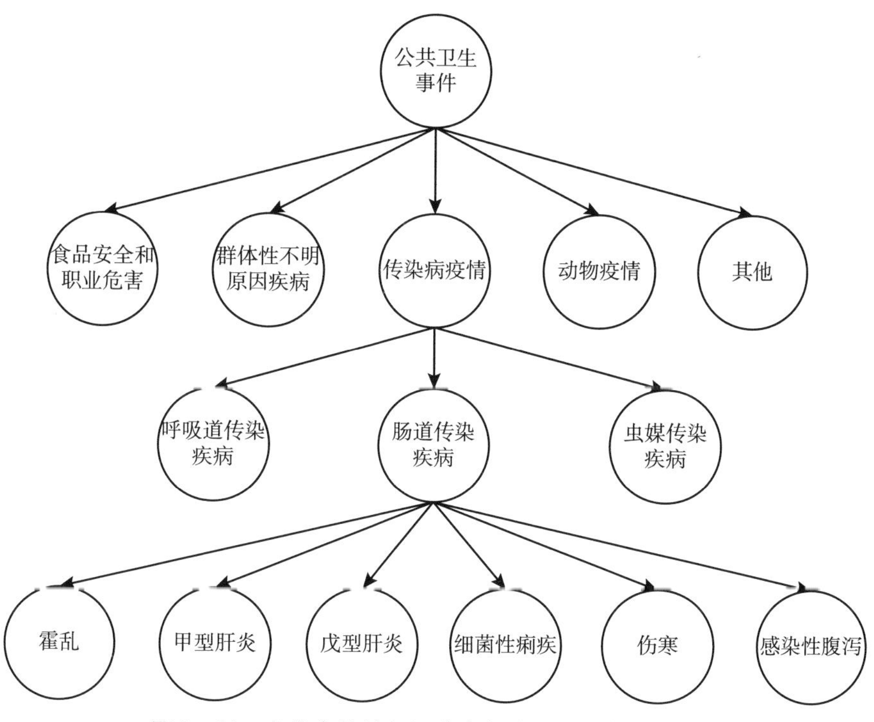

图5-11　突发事件特征词典中部分词语概念层次关系

（2）情景点相似度计算。突发事件在其生命周期里是一个快速演化的动态过程，计算情景点相似度时，不但要考虑当前的相似度，还应考虑其动态演化过程的相似度。基于此，本章的情景点相似度计算主要从两个方面进行考虑：一是情景点之间直接的相似度，即情景点的各个维度特征值的概念相似度；二是两个情景演化过程的动态相似度，即计算两个情景点的前向情景点的相似度。因此，情景点相似度计算是一个迭代的过程，表示如下：

若存在两个情景点：$A_x = \langle C_x, G_x, P_x \rangle$；$B_y = \langle C_y, G_y, P_y \rangle$，其前向情景点分别为 $A_{x-1} = \langle C_{x-1}, G_{x-1}, P_{x-1} \rangle$，$A_{y-1} = \langle C_{y-1}, G_{y-1}, P_{y-1} \rangle$，则这两个情景点相似度计算方法如式（5.1）所示：

$$Sim(A_x, B_y) = w \times Sim(\langle C_x, C_y \rangle, \langle G_x, G_y \rangle, \langle P_x, P_y \rangle) + (1-w) \times Sim(A_{x-1}, B_{y-1}) \tag{5.1}$$

其中，$Sim(A_x, B_y)$ 表示情景点 A_x 与 B_y 的相似度；$Sim(\langle C_x, C_y \rangle, \langle G_x, G_y \rangle, \langle P_x, P_y \rangle)$ 表示情景点 A_x 与 B_y 的各个维度的特征值之间概念的相似度；w 为权重，反映了静态的情景点特征值概念的相似度与动态演化过程相似度在情景点相似度计算中各占的比重，可根据不同的适用情况进行动态调整。每个维度的特征值概念之间的相似度，可以利用 Wu - Palmer similarity[126] 相似度计算方法获取，如式（5.2）所示：

$$\sigma(c, c') = \frac{2 \times \delta(c \wedge c', \rho)}{\delta(c, c \wedge c') + \delta(c', c \wedge c') + 2 \times \delta(c \wedge c', \rho)} \tag{5.2}$$

其中，$\sigma(c, c')$ 是概念层次树中概念 c 和 c' 的相似度，ρ 是层次树的根节点，$\delta(c, c')$ 是概念 c 和概念 c' 之间间隔的边的条数，$c \wedge c'$ 是 c 和 c' 的最近公共祖先节点。

对各个维度特征值概念相似度迭代求和以后，可以获得各个维度属性的相似度。将情景点之间的相似度表示为 $Sim(A_x, B_y) = \langle Sim(C_{Ax}, C_{By}), Sim(G_{Ax}, G_{By}), Sim(P_{Ax}, P_{By})\rangle$，其中，$Sim(C_{Ax}, C_{By})$ 表示情景点 A_x 与 B_y 分类属性的相似度，$Sim(G_{Ax}, G_{By})$ 表示情景点 A_x 与 B_y 分级属性的相似度，$Sim(G_{Ax}, G_{By})$ 表示情景点 A_x 与 B_y 分期属性的相似度。参照式（5.1），单个属性相似度的计算方法如式（5.3）、式（5.4）、式（5.5）所示。

$$Sim(C_{Ax}, C_{By}) = w_C \times Sim(C_x, C_y) + (1 - w_C) \times Sim(C_{Ax-1}, C_{By-1}) \tag{5.3}$$

$$Sim(G_{Ax}, G_{By}) = w_G \times Sim(G_x, G_y) + (1 - w_G) \times Sim(G_{Ax-1}, G_{By-1}) \tag{5.4}$$

$$Sim(P_{Ax}, P_{By}) = w_P \times Sim(P_x, P_y) + (1 - w_P) \times Sim(P_{Ax-1}, P_{By-1}) \tag{5.5}$$

（3）策略聚类算法。在进行策略聚类时，可能面临某种策略同时属于不同策略类的情况，为了实现模糊划分，在算法设计时参考了于洪等人提出的模糊聚类方法[127]，引入截集来解决聚类中对象与多个簇都很接近或模糊的情况下如何划分的问题。为了减小算法的复杂度，根据突发事件的相关特征，先将事件按“自然灾害、事故灾难、公共卫生事件、社会安全事件”四大类进行划分，再在其所属类别内逐级按“分类、分级、分期”属性进行详细的聚类，属性的相似度利用式（5.3）、式（5.4）和式（5.5）计算。算法具体步骤如下。

输入：策略集合 S，“分类、分级、分期”相似度矩阵 U_C、U_G、U_P，截取水平 λ_C、λ_G、λ_P。

输出：策略聚类集合 L。

步骤 1：基于“分类”维度进行聚类。

步骤 1.1　以任意一个策略对象 S_f 为初始的 Leader 对象 $L_{C1}=\{S_f\}$。

步骤 1.2　$N_t=1$；//N_t 记录 leader 集的个数。

步骤 1.3　对策略集中的所有策略，计算当前 S_v 的“分类”属性与所有已存在的 leader 集的“分类”属性的相似度，具体为：若 S_v 的“分类”属性与某个 leader 集内的每个元素的“分类”属性的相似度均大于等于 λ_C，则将 S_v 归入该 leader 集；若 S_v 不能归入现存的任何 leader 集，则 $N_t=N_t+1$，S_v 作为一个新的 leader 对象。

步骤 1.4　输出所有 leader 集 L_{Ca}代表的簇，即为策略的“分类”维度聚类集合 L_C。

步骤 2：基于“分级”维度进行聚类。

for $C=1$ to N_t；$C++$；对 L_C 中的 N_t 个 leader 集基于“分级”维度在 leader 集内部再逐一进行二次聚类，方法同步骤 1 中的四个子步骤，聚类属性设定为“分级”属性，截取水平 λ_G。

步骤 3：基于“分期”维度进行聚类。

在经过“分类”“分级”两次聚类的所有 leader 集内部，基于“分期”属性再次进行聚类，截取水平 λ_P，方法同步骤 2。

步骤 4：输出所有的 leader 集代表的簇，即为策略聚类集合 L。

5.2.3.3　策略评价与优化

策略评价和优化的目的是分析出每个策略类里的最佳应对策略，以便发生可以适用该策略类的突发事件时，能够及时提供最优的策略。

(1) 策略评价。将策略归入某个策略类以后，参照郭泳亨等对应急效果评价指标的研究[128]，设置“影响范围”“经济损失”“持续时间”“舆论评价”四个指标，对同一策略模式下的所有策略进行评价。通过当前情景点与目标情景点评价指标的取值区间[129]的差值，对策略的相对效果进行评价。其中，“影响范围”取值为当前情景点影响人数与目标情景点影响人数的差值，“经济损失”取值为当前情景点已造成的经济损失和目标情景点已造成的经济损失的差值，“持续时间”为当前情景点与目标情景点之间间隔的时间，“舆论评价”取值为当前情景点舆论影响与目标情景点舆论影响之间的差别。

由于每个指标的数据差异较大，需要对指标进行归一化处理，以期能够将这些指标数据放在同一数量级的数据平台上。鉴于策略评价是对每个策略类里的有限种策略进行评价，并采用评价等级值进行数据归一化处理，具体评价操作方法为：首先，分别针对“影响范围”“经济损失”“持续时间”“舆论评价”四个指标，对待评价的 n 个策略根据单个指标上的优劣进行排序。排序最靠前的，即在该指标上表现最好的策略赋予分值 n，依次递减，最差的指标赋予分值 1，由此获得每个待评价策略在四个指标上的分值。其次，设某个待评价策略 S_i 在“影响范围”指标（表示为 V）上得分为 V_i，在“经济损失”指标（表示为 E）上得分为 E_i，在“持续时间”指标（表示为 T）上得分为 T_i，在“舆论评价”指标（表示为 F）上得分为 F_i；再次，针对某次具体的评价，设定每个评价指标的权值为 WV、WE、WT、WF，则待评价策略 S_i 得分为 $S_i = V_i \times WV + E_i \times WE + T_i \times WT + F_i \times WF$。最后，按得分从高到低对策略进行排序，即是该策略类里所有策略的优劣情况排序。

（2）策略优化。若从策略库中检索到的推荐策略对应的情景点与新事件的情景点一致，则可以将其直接作为新事件的解决方案输出。

当情景点的特征信息有差异时，则需要根据新事件的属性表述，修正推荐的策略，获得一个最优解作为新方案推荐给用户，再根据新方案被用户使用后的反馈信息，描述新方案的执行效果，并将该新方案按照策略库的数据结构进行存储，添加为新的策略，修正策略库。

5.3 案例知识库和策略知识库驱动的突发事件知识服务

前两节构建的突发事件案例知识库和策略知识库，侧重的是知识组织和知识结构。案例知识库侧重的是案例知识的表示和收集，策略知识库侧重的是策略的推理，这两者的协同工作可以取长补短，达到更好的应急效果。本节重点研究在这两个知识库支撑下的突发事件知识服务。

5.3.1 突发事件应急策略生成

突发事件应急策略生成是指在现有突发事件应急策略的基础上，根据新突发事件的情景特征，应用基于情景划分的应急知识库，进行“情景—应对”的策略推理，自动生成新突发事件应急决策的知识服务。本节将抽象的表示5个突发事件情景，展示突发事件应急策略生成的知识服务。

假设有 T_1、T_2、T_3、T_4、T_5 5个突发事件场景，通过情景划分及标注、策略属性描述，得到5个关联了策略的情景链，其中圆形节点代表情景点，矩形节点代表对应的策略，如图5-12所示。

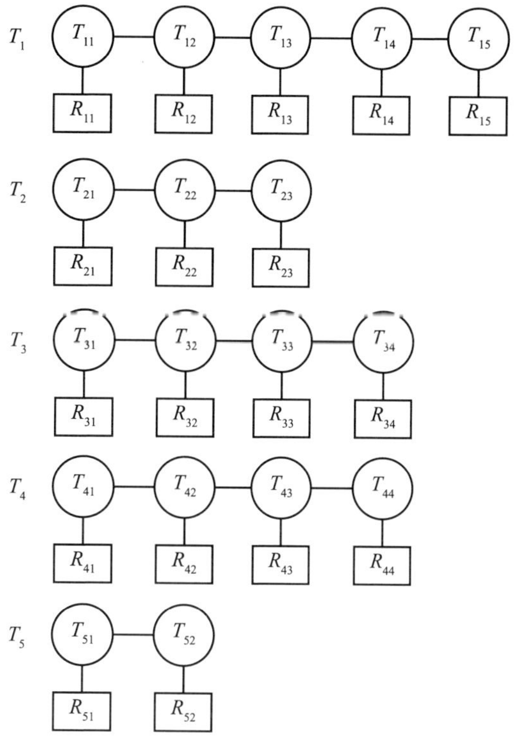

图 5 – 12　突发事件应急策略示例情景链

根据情景链，生成相应的示例情景点相似度矩阵，如表 5 – 4 所示。

表 5 – 4　　突发事件应急策略示例情景点相似度矩阵

	R_{11}	…	R_{21}	…	R_{52}
R_{11}	<1, 1, 1>	…	<0.67, 0.86, 0.4>	…	<0, 0.67, 0.2>
R_{12}	<1, 0.86, 0.67>	…	<0.67, 0.6, 0.4>	…	<0, 0.78, 0.2>
R_{13}	<1, 0.67, 0.4>	…	<0.67, 0.6, 0.2>	…	<0, 0.37, 0.2>
…	…	…	…	…	…
R_{52}	<0, 0.67, 0.2>	…	<0.37, 0.4, 0.2>	…	<1, 1, 1>

利用情景点相似度矩阵，构造相应的分类、分级、分期三个维度的相似度矩阵，通过策略聚类算法对各个情景点对应的策略进行聚类，得到策略模式划分结果。设置不同 λ 值可以得到不同的划分结果，可根据需要进行调整。

对其中的一种策略类 $\{R_{13},\ R_{22},\ R_{33},\ R_{42}\}$ 进行分析，评价该策略类下的各种策略，每种策略的“影响范围”“经济损失”“持续时间”“舆论评价”四个指标依次得分情况如图 5－13 所示。

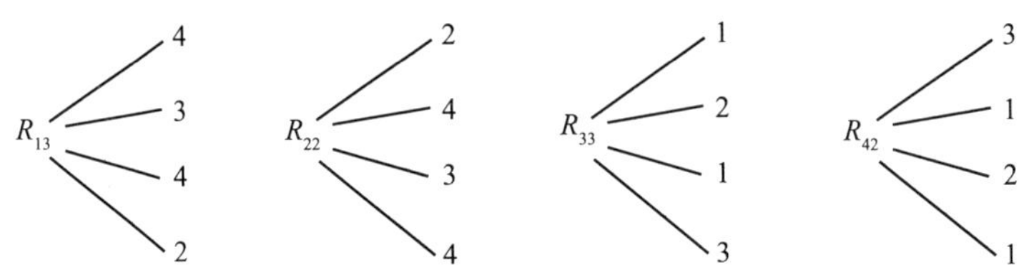

图 5－13　突发事件应急策略各项得分指标

设置指标的权重，根据每种策略各指标得分情况，即可对策略的优劣进行比较。根据图 5－13，若有新突发事件可以适用该策略类，若决策者将指标“影响范围”设置较大权重，则 R_{13} 为最佳推荐策略；若决策者将指标“舆论评价”设置较大权重，则 R_{22} 为最佳推荐策略。可见，权重的设置对策略评价也具有较大的影响，实际使用中应根据应用场合的不同进行调整。决策者根据新突发事件可以适用的所有策略类返回的推荐策略，经过组合与优化，就可以生成新突发事件的应急响应策略。

5.3.2　突发事件情景演化推演

突发事件情景演化推演是指在汇总突发事件案例知识库静态知

识和应急策略知识库动态知识的基础上，将静态知识与动态知识匹配，以实时处理事态发展演化过程中各情景蕴含的问题特征，推演生成的各种情景趋势，并及时给出演化关联情景的突发事件应急决策知识服务。这一工作，显然需要突发事件案例知识库和策略知识库协同完成。

5.3.2.1 案例库和策略库的协同架构

案例库侧重的是突发事件案例的静态知识，而策略库则是侧重应急策略的动态知识。两者协同的关键在于建立两库之间的映射关系。案例库中的事件特征和策略库中的情景点是两者建立映射关系的关键，如图 5－14 所示。

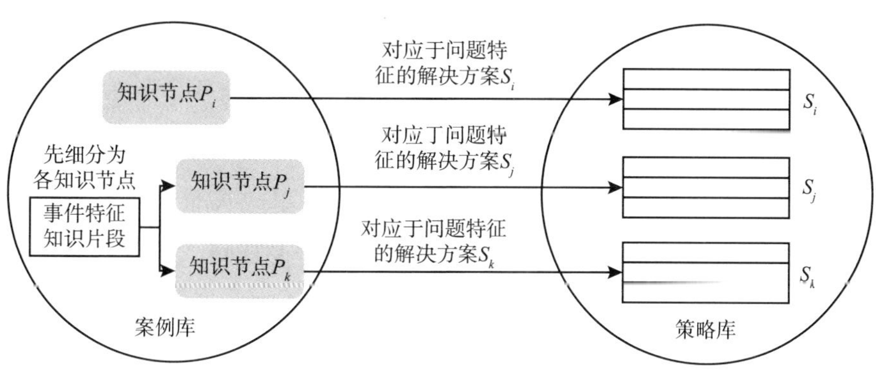

图 5－14　突发事件案例库与策略库的映射

这一映射关联打破传统知识库解决方案知识发现的封闭系统，使数据挖掘从知识库的高度，获取并整序情景演化中蕴含的更深层次知识。情景演化与知识库在知识获取过程中的映射对应关系，构建了适应突发事件演化知识获取的“通道”，为最大限度地克服大数据增加引起的算法失效及固有的知识库实时知识获取困难的问题。这一系统化的关联将研究的焦点对准了知识库的知识语义揭示与相关组织方法，使得知识库在结构和功能上将形成一个开放、优化的可扩体（知识库能与多个相关情景关联，构建协同模型），有助于实现知识推理和知识挖掘，并使所获得的知识在使用过程中保持着有效性、一致性、完备性及共享性，以此为基础能拓展应急决策领域，将提高应急决策质量的稳定性，为知识库解决方案的快速产生提供创新思路。

5.3.2.2 面向情景演化问题特征的知识表示

情景蕴含的问题特征包含三个部分：问题的描述、问题所采取解决方案的描述及该解决方案的实施效果的描述。为精确描述案例知识库中的知识节点，需要对突发事件应急决策问题清晰地表达。在上一节的基础上，进一步刻画出应急决策的问题特征，对案例知识库中刻画出的事件特征进行知识表示。自然灾害、事故灾难、社会安全事件、公共卫生事件等不同突发事件有共性部分的刻画特征，如发生时间、地点等，也有各自领域性的刻画特征，以事故灾难中煤矿瓦斯爆炸为例，可由煤矿类型、瓦斯浓度等问题特征来刻画。对各自领域性的问题特征，先通过包裹算法、过滤算法、属性排列算法、最小集算法的研究识别出对应的突发事件应急决策的问题特征；再研究并给出问题特征向量的表示；深入研究由现场获取的实时数据，经知识库对其加工解析出问题特征向量对应的特征值，最终能实时与情景映射关联形成突发事件演化的同步刻画。

5.3.2.3 刻画情景的语义知识获取

从案例知识库底层结构中的关系数据库直接获取的信息是表定义

和表的数据记录，并识别出 E－R 模式中重要的语义信息。其语义信息包括：主键、外键（表关系）、表属性和完整性约束等信息。通过进一步分析，识别出各种情景的结构性元素，在图 5－14 中的映射规则 S_k 中进行定义，为下一步 ER 与本体映射做铺垫。通过表数据逆向获取语义，主要是从两个或更多个表中的数据记录进行分析，获取隐藏于情景中的隐形语义关系。主键属性反映了表记录的唯一性，所以一般选取主键属性值域集关系作为获取语义的目标数据集，以一些非主键属性值域作为补充。主键属性值域集的关系包括了相等、包含、相交和分离四种，整体过程如图 5－15 所示。

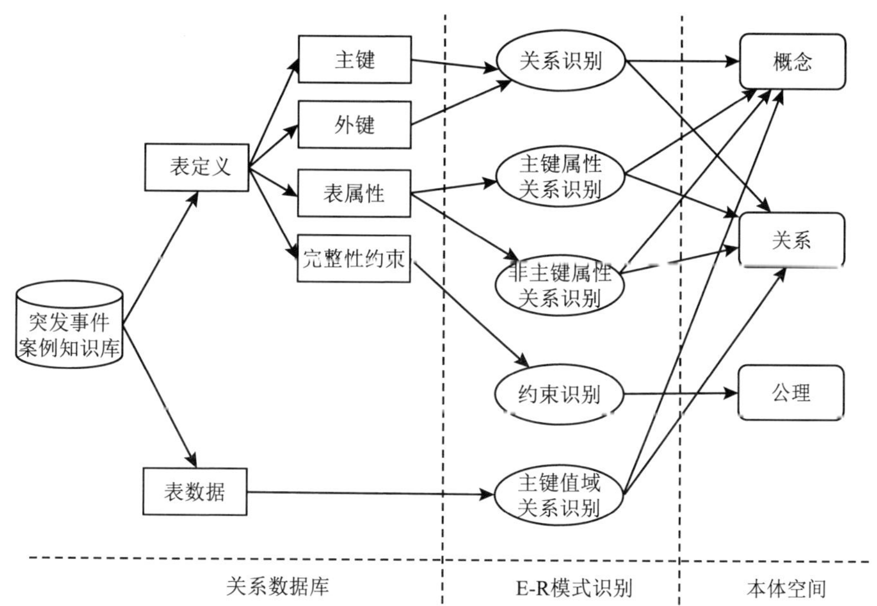

图 5－15　突发事件案例知识库中语义获取模型

5.3.2.4　面向问题特征的特征词典构建

每一突发事件总是属于特定的事件分类，具有特定的危害等级，遵循特定的演化规律，在不同的时间段处于事件的不同发展阶段，因此可以用突发事件的分类、分级、分期属性来进行突发事件的特征描述，构建突发事件特征词典。特征词典构建时，根据突发事件分类属性、分级属性、分期属性三个维度的特征属性，抽取相应的规范化词汇进行准确地概念描述，并建立分类概念间的层级关系，同时设定分级、分期标准，完成对具体的突发事件情景的编码，实现对突发事件情景的类别划分。

（1）分类词表构建方法。分类词表记录着突发事件情景特征信息中抽取出来的代表事件分类的特征词以及特征词之间的关系，特征词之间的主要关系为上下位关系，次要关系为指代关系。分类词表数据结构如表 5 – 5 所示。

表 5 – 5　　分类词表数据结构

序号	字段名	数据类型	长度（字符）	属性	备注
1	编码	字符型	30	非空	主键，体现特征词在词表中所处的层级结构
2	特征词	字符型	30	非空	当前特征词的规范化表达
3	上位词	字符型	30	可空	特征词的上位概念
4	备注	字符型	200	可空	特征词的同义词，或特征词概念所指代的不便继续细分的下级概念等的规范化说明

从面向应急决策的目的出发，进行突发事件分类时的首要原则是能将应对方式具有较大相似性的事件划分到同一分类下，将应对方式具有较大差异性的事件划分到不同的分类下，在确定分类词表中的特征词类目时以此为依据。在分类词表中，每个特征词被赋予唯一的“编码”，“编码”是对特征词在分类词表中所处的概念层级结构的直

观反映。“上位词”字段描述上下位关系，反映了特征词概念之间的包含关系。“备注”字段描述指代关系，是对相同特征词概念的不同表达形式，或者特征词概念所指代的不便继续细分的下级概念等进行的规范化说明。而分类词表构建模型如图 5－16 所示。

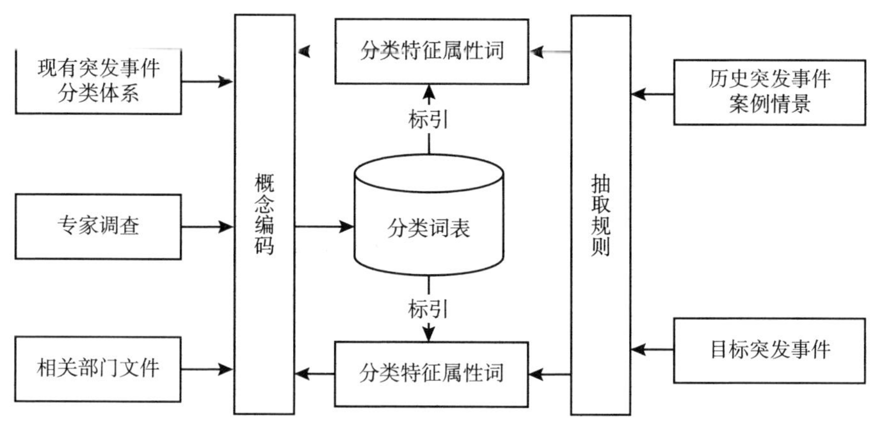

图 5－16　突发事件分类词表构建模型

由图 5－16 分类词表构建模型可知，分类词表构建过程为：利用现有突发事件分类体系中的分类概念，以及从相关部门文件中抽取的突发事件分类概念，结合专家意见，再以具体的突发事件情景中抽取的分类词汇为补充，得到完整的分类概念集合并设计规则进行编码，最终生成完善的分类词表。

（2）各类突发事件分级、分期标准制定。根据构建的突发事件分类词表，针对每个分类概念设定其对应的分级标准和编码，再对每个分级设定相应的分期标准和编码，“分类”“分级”“分期”编码之间用“：”进行连接，得到完整的突发事件特征编码。这一过程分为分级标准设定和分期标准设定。

分级标准设定：按照《国家突发公共事件总体应急预案》各类突发事件的性质、严重程度、可控性和影响范围等因素，将突发事件分为4级：Ⅰ级（特别重大）、Ⅱ级（重大）、Ⅲ级（较大）和Ⅳ级（一般）。本节沿用这4个分级并据此对各个具体的突发事件分类进行分级标准设定。具体的某个突发事件分类概念的分级标准，描述格式为“突发事件分类（与分类词表相对应）分级：标准描述”。在具体分级标准设定过程中，广泛参考了各级、各类部门关于普遍的突发事件分级的不同文件，诸如《国家特别重大、重大突发公共事件分级标准》关于各类特别重大、重大突发事件的划分标准，《突发公共事件分级标准》关于各类突发事件的分级标准。同时，参考了各级、各类部门的专门应急预案和文件中对特定类别突发事件的分级标准，如《广东省突发公共卫生事件应急预案》等，设定具体分类下的分级标准。

分期标准设定：每个分类的突发事件，对应着一定的分级，在每一分级下，随着突发事件的不同发展阶段，属于事件的不同发展时期，简称分期。根据突发事件的生命周期理论以及突发事件阶段划分研究的探讨，将突发事件的分期界定为：1（预警期）、2（爆发期）、3（缓解期）、4（重建期），并制定了相应的分期标准。1（预警期）：突发事件已经开始出现，或者出现了苗头，导致突发事件发生的因素显现。2（爆发期）：突发事件大量出现，影响范围或者造成的损失快速扩大。3（缓解期）：突发事件造成的损失或影响范围开始减小，或者突发事件造成的损失或影响范围增长的速度开始减缓。4（重建期）：突发事件完全得到控制，造成的损失或者影响范围不再扩大，突发事件趋于结束。具体的突发事件分期划分时，结合事件自身的描述特征，适当调整分期标准描述文本，以便与事件相适应。

5.3.2.5 案例库和策略库协同的情景推演

案例库和策略库协同架构，再加上特征词典的支持，在面临突发事件时，应对当前时刻 t 的情景，可以应对推演出短期 $t+\Delta t$ 时刻的情景，最终进行应急决策方案的匹配和最优化选择，流程如图 5－17 所示。

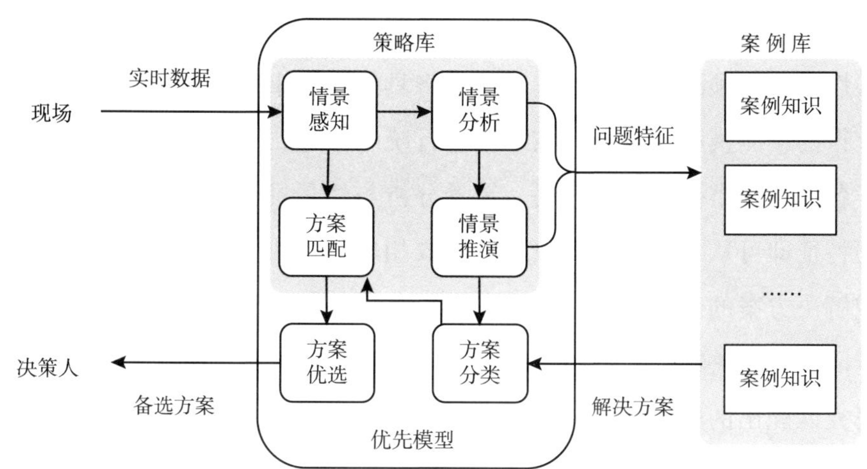

图 5－17 基于情景推演的应急决策方案优选模型

如图 5－17 所示，情景感知是进行推演的第一步。在大数据环境下，政府的应急决策活动呈现出高频实时、深度定制化、全周期沉浸式交互等特性。探究在大数据环境下进行专题化数据采集、数据清洗、语义分析，在数据基础上深入研究主题自动提取、聚类分析等获得突发事件情景的精确的知识刻画，从而得到突发事件的基本状况，为下一步工作定下基本的格调框架。情景分析是在情景感知基础上，从时空要素、确定因素集、关键因素三个方面展开对感知情景的分析。时空要素分析主要为事件发生的时间和空间（地理、地形要素）的定位，以避免构造出的情景脱离实际；确定因素集分析探究影响事件的自然因素、社会因素、人为因素等，确定因素集的研究为提取并分析关键因素分析做了准备；关键因素分析针对事件影响最大、不确定因素最高，这些因素往往对事件的演化起着决定性作用。考虑到情景随时变化，导致演化的关键因素也可能发生变化，故关键因素的研究是实时的，将采用决策树的研究方法深入探究。情景推演的研究则首先将根据四类突发事件共性部分的刻画特征，研究适合于各类事件共性规律的预测模型与方法；其次将具体突发事件视为一个系统，将获得的预测模型与方法对该系统进行统一描述，在此基础上研究适合于各类突发事件的推演方法。情景分析与情景推演相结合，再根据问题特征即可从各领域的知识库中获取相应的解决方案；然后再把各领域解决方案的分类方法与关联聚类，与情景分析获得的时空要素、确定因素集、关键因素相结合，研究各方案的与三要素匹配模型；最后研究匹配出的解决方案的排序规则。

5.4 本章小结

本章论证了突发事件案例知识和应急策略知识是进行应急决策的重要依据，分别构建了本体驱动的突发事件案例知识库和基于情景划分的突发事件应急决策知识库。前者侧重案例的知识表示、知识存储和知识利用，后者则关注“情景—应对”理念的应急策略知识组织和知识服务。在这两个知识库的基础上，本章从知识服务角度，重点分析了突发事件应急响应中有代表性的突发事件情报实时追踪、突发事件应急策略生成和突发事件情景演化推演三项重要的应急工作。这三项知识服务的构建，体现了对本章创建的知识库的详细应用方法和应用过程，为之后要研究的情报感知和快速响应奠定了基础。因此，本章是整个突发事件情报感知及快速响应研究中承上启下的一章。在第4章及之前研究的是突发事件情报的采集和集成，本章则是为了分析和挖掘这些集成数据而创建的“知识大脑”。本研究既具备了分析对象，又具备了分析的逻辑驱动，在此基础上，研究的主要目标为突发事件情报感知和快速响应。

第6章

大数据环境下基于分类分级的突发事件情报感知

突发事件情报感知是指在突发事件发生或即将发生前，能够及时捕捉到事件相关情报的机制。这一工作涉及情报的采集、集成、组织和分析，在前述章节中我们已经完成了对情报采集、集成和组织的研究。本章即重点关注其中的分析环节。情报感知本质上是一种情报分析，其分析的重点和依据是根据特征来判断是否发生突发事件。而事件的特征决定了事件的类型及严重程度，也决定了情报感知的优先级。因此，根据突发事件的分类分级也是情报感知的重要内容。本章首先研究突发事件应急情报融合方法，在此基础上，研究面向突发事件的应急情报分析框架；其次，研究大数据驱动的突发事件分类分级方法；最后，综合应用应急情报分析框架以及突发事件类别和等级分析方法，针对物联网和互联网情报进行突发事件的特征识别，以此构建大数据驱动的突发事件情报感知机制。

6.1 突发事件应急情报融合

6.1.1 突发事件应急情报融合现状

根据研究设计，突发事件情报同时来源于物联网和互联网，这两类情报来源在突发事件情报信息处理阶段，均存在数量大、情报价值密度低等现象，与之配合的管理组织体系也不够完善，这就导致了突发事件快速响应效率低下等问题。

6.1.1.1 数据多而情报少

随着信息化发展，突发事件相关数据剧增，形成海量的突发事件数据，但是这些数据存在信息偏差与冗余、数据敏感与角色复杂、社会图景交织等问题。而突发事件应急决策呈现出高度复杂性与不确定性。在大数据环境下，传统的应急信息管理模式不再适用，有价值的情报少，导致无法有效解决突发事件应急响应问题。因此，以大数据为依托的突发事件海量数据知识推理与情报融合，逐渐成为主流。

6.1.1.2 情报资源体系不完善

突发事件情报资源大多侧重整理好的文献、事实资料、数值数据等信息集合，虽然目前已经形成各部门范围内的突发事件情报资源，但是这些资源开发利用侧重于部门内部，没有全国突发事件情报资源体系框架可供参考，大多是各自为政的信息孤岛。因此，其利用率和共享程度受到严重的限制，需要融合情报资源生产的各部门，打通情报资源共享和利用壁垒，完善适应快速响应的情报资源体系。

6.1.1.3 情报的价值密度低

突发事件在事前、事中以及事后各个阶段对情报都有不同的要求，目前还没有实现针对不同阶段产生情报，导致产生的突发事件情报存在预测范围大、精确度不高等问题。虽然明确突发事件各级组织机构及其权责，但专门的突发事件信息采集部门尚未建立，相应的情报分析人才匮乏，难以建立价值性高的情报数据分析模型，导致产生的情报对突发事件预警和应急响应支撑力度非常有限。

因此，为了实现突发事件情报感知达到快速响应的目的，突发事件应急情报不仅具有高密度、知识性以及效用性的特征，在突发事件应急环境下还具有影响广、实时强以及变化快等特征。影响广，包括突发事件导致的损失和影响的范围，应急情报缺失或者错误导致的负面影响是不可挽回的。例如，天津“8・12 爆炸”突发事件由于违规存储危化物品导致应急情报缺失，最终导致更大的人员伤亡和财产损失。实时强，是由于应急情报与突发事件实时信息关联度强，需要实时获取突发事件各类信息，以便获取精准的突发事件情景。变化快，主要是由于多因素导致突发事件变化多端，应急情报需要快速产生并及时推送到用户手中，以便更好地快速响应突发事件。这些特征为突发事件应急情报采集、加工和利用，提出新的要求和挑战。因此，需要针对突发事件应急情报这些特征，在情报分析技术基础上，借助情报融合，加强应急情报的产生，制定与之相适应的突发事件应急情报融合框架，为突发事件快速响应提供可靠的应急情报支撑。

6.1.2 突发事件应急情报融合框架

大数据时代给突发事件快速响应提供海量数据支撑，突发事件情报生成也面临更多挑战。尤其是针对当前突发事件涉及部门众多、情报来源广泛、事件动态变化等特性，对突发事件应急情报融合提出了更高的要求。不仅要求采用传统组织模式对突发事件信息进行组织，而且要跨部门、多阶段、多主体、多层级融合突发事件信息[130]，为突发事件情报产生提供保障，从而为快速响应提供智能支撑。突发事件应急情报融合框架如图6－1所示。

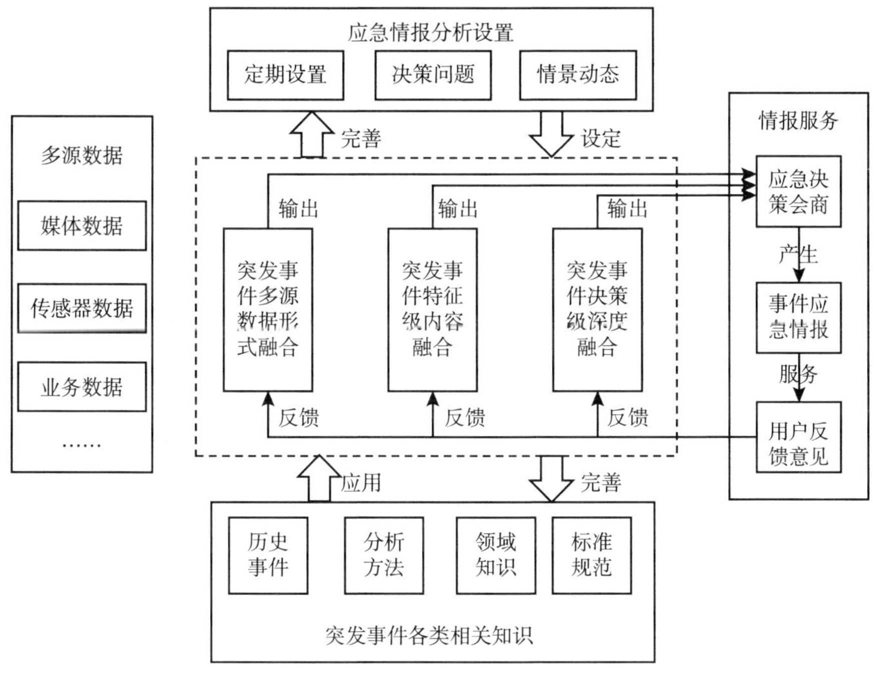

图6－1 突发事件应急情报融合框架

如图 6 - 1 所示，该框架主要由多源数据、应急情报设置、融合过程、各类相关知识以及服务反馈组成。多源数据包括媒体数据、传感器数据、业务数据等。应急情报设置是情报需求部分，主要包括定期设置的问题、临时性的决策问题以及情景动态三部分。融合过程主要包括形式、内容和深度融合三部分。各类相关知识包括历史事件、分类方法、领域知识以及标准规范等。服务反馈由应急决策会商、应急情报服务以及用户反馈组成。多源数据根据应急情报设置进行多源数据形式融合，应用各类相关知识，并将产生的中间情报输出给应急会商和特征级内容融合阶段，根据应急情报服务将反馈意见反馈到多源数据融合阶段，如果产生的应急情报无法满足要求，就需要进行特征级内容融合，将产生的应急情报输出给应急会商和决策级深度融合阶段，根据情报服务反馈使用意见；如果经过特征融合后的应急情报还不能满足应急决策要求，就需要启动决策级深度融合，尽可能促进应急决策的应急情报产生，并不断完善应急情报设置和各类相关知识。根据突发事件特征和应急决策的需要，可以对突发事件信息进行多源数据形式融合、特征级内容融合以及决策级深度融合等，最终形成突发事件快速响应的应急情报，为突发事件事前预测防范、事中应急处置和事后严格问责提供决策支撑。

从情报视角而言，该框架包括了突发事件响应中情报流动、处理和应用过程，其核心是情报的分析。与应急情报处理不同之处在于，应急情报分析在不同阶段问题的驱动下，在应急情报采集、处理和组织阶段成果的基础上，借助数据分析方法，从事件演化时间维度和问题维度构建应急情报分析模型，对突发事件多源信息进行多层次深度分析融合。首先，对多源数据进行形式融合，将产生的应急情报定期输出进行应急决策会商；其次，进行特征级内容融合，同时也输出产生的应急情报供应急决策会商；最后，进行决策级深度融合，输出应急情报供应急会商。在突发事件融合过程中，不仅定期输出应急情报，还根据问题定制应急情报。这些情报经过决策会商后产生新的应急情报，并以服务的形式推送到用户。用户再根据应急情报进行相应行动，把执行结果分别反馈到突发事件三个融合阶段中，形成一个应急情报产生、会商、反馈的不断完善的循环过程。

从该框架可以看出，突发事件应急情报融合是信息融合的更深层次，也是应急情报分析核心部分。在突发事件应急环境下，为了促进实时和有价值的应急情报产生，不仅从传感器、领域专家、业务数据库和公众数据等突发事件多源数据中获取相关信息，还要针对应急响应问题进行滤波和集成[131]的情报融合过程。通过采集各类数据和信息的无缝连接融合后产生新的应急情报，支持各级用户的决策和行动，从而提高突发事件的快速响应能力[132]。突发事件应急情报融合在突发事件组织机构协同配合和资源共享原则下，以快速响应为切入点，制订应急情况下国家、省、市等各级突发事件组织结构的计划，形成突发事件应急情报分析模式，进行突发事件识别和分类、构建突发事件模型、构建突发事件应对策略相似计算模型、进行突发事件情感分析、突发事件情报关联分析以及应急情报服务等过程。即基于突发事件的各种特征，自动发现相关联的突发事件，融合领域专家意见后形成突发事件预警。一旦发布突发事件预警，立即启动突发事件应急情报分析模式，高频率获取突发事件信息，快速挖掘突发事件的隐含信息，寻找突发事件的关联信息，同时融合情景和领域专家会商，对突发事件的可能演化趋势进行预测，分别形成定期和问题导向的突发事件应急情报。

6.1.3 突发事件应急情报融合过程

突发事件应急情报融合过程包括多源数据形式融合、特征级内容融合和决策级深度融合三部分实现。突发事件多源数据形式融合，从公开渠道广泛采集突发事件的业务数据以及决策预案等数据，通过过滤、清洗、分类后形成突发事件统一规范的信息采集库。突发事件特征级内容融合，从影响类型、危害程度、产生原因、表现形式以及应对措施等多维度构建突发事件分类分级体系；从多阶段、多主体、多层级对多源突发事件信息有序化，借助知识元理论构建城市突发事件案例库、情景库和决策库；从致灾因子、演变链、事件链和预警机制等多主题融合构建面向空间和时间的突发事件知识单元关联网。突发事件决策级深度融合，借助大数据方法、粒度原理和云模型，从不同融合颗粒和精度对城市突发事件多源信息深度融合，形成突发事件案例和演化语义网；融合决策主体反馈后对产生的情报进行快速评估后再次融合，直到产生对应急决策有价值的情报。突发事件情报服务和实践，通过可视化技术，展示突发事件各类影响因素，通过情报服务化过程反馈、测试和优化突发事件预警机制及快速响应融合过程，将产生的应急响应情报推送到相应的决策者中，为突发事件快速响应提供情报服务。

6.1.3.1 突发事件多源数据形式融合

突发事件涉及部门和主体众多，其中不同部门、公众和媒体都有不同形式的数据，不仅有来自前端多传感器的实时数据，也有来自网络、微博等媒体的文本数据、突发事件应急处理方案或措施等数据。突发事件多源数据形式融合主要任务是实现多格式数据的统一规范，为多源数据交互、沟通和处理奠定基础。例如，水灾害突发事件中，水位、雨量等是从全国不同区域、不同型号传感器采集实时水情数据，水利管理部门按照水利部统一水雨情规范进行统一化，形成全国统一格式的水雨情数据库；还有突发事件涉及的空间信息数据、音频视频数据、人员经验等多形式数据。

异构多源信息融合是突发事件快速响应的数据基础，这些数据类型众多、数据量大、变化快、抗干扰能力差，因此根据突发事件共性特征，在突发事件基础数据处理标准上[133]，对突发事件进行分类，构建统一的突发事件采集库，根据不同类型突发事件行业背景和决策需求，形成四种类型突发事件统一规范数据采集库。由此，不仅可以满足统一类型突发事件信息沟通，而且不同类型突发事件数据采集库之间也可以交互和沟通，大大丰富了突发事件信息来源，提高了数据交换的可行性。但对于突发事件数据量大、格式多、变化快等复杂特性，还难以快速处理，所以有必要在数据形式融合的基础上，对其进一步加工，以便精减和提炼支撑突发事件应急决策的特征信息。

收集历史突发事件的处理案例，按照突发事件类别和影响程度等多维度形成突发事件应急决策措施分类。这些决策与突发事件案例有关，包括参与应急的人力、财力和其他要求，为突发事件应急提供历史决策支撑，例如，8·12天津滨海新区爆炸突发事件中，如果有决策库参考，化工仓库灭火可能会慎重考虑采用水灭火的措施。

6.1.3.2 突发事件特征级内容融合

突发事件相关数据采集是其快速响应的前提和基础。随着信息技术飞速发展，突发事件快速响应从数据采集逐渐转移到数据处理过程[134]，不仅要按照传统方式对采集多源突发事件数据进行组织和处理[135]，而且要从问题驱动来主动组织突发事件数据，对突发事件数据进行分类和组织[136]，从影响类型、危害程度、产生原因、表现形式以及应对措施等多维度提取不同类型突发事件特征，以便突发事件应急响应时快速比对，获取支撑决策的信息。

按照不同标准对突发事件各类特征信息进行分类[137]，概括为以下四个方面：第一，突发事件类别表示，将突发事件分为自然灾害、事故灾难、公共卫生事件和社会安全事件四类作为四个父类；第二，突发事件相关度的计算，通过分析两个不同类别的突发事件对应的影响类型、危害程度、产生原因、表现形式以及应对措施等多维度的交集，衡量两者之间的相关度大小；第三，突发事件类决策树的生成，借助类决策法进行自适应动态构建突发事件分类模型，自底向上逐步生成决策树，根据各个子类之间相关度进行合并，直到得到一个根节点为止[138]；第四，突发事件子类标注，为每个突发事件子类增加标注，采用自顶向下的分类方法，逐层分类，直到叶子节点为止。

在多源数据形式融合后，通过设定每类突发事件数据的清洁度、知识点和规则、知识关联度[139]，对突发事件信息进行针对性初加工，提炼后形成可以量化表示和度量的突发事件[140]，形成不同类型的突发事件特征，从事件演化角度把突发事件分为量变、“量变—质变”混合以及质变三种变化状态[141]，以形成突发事件特征级内容融合框架。如图 6－2 所示。

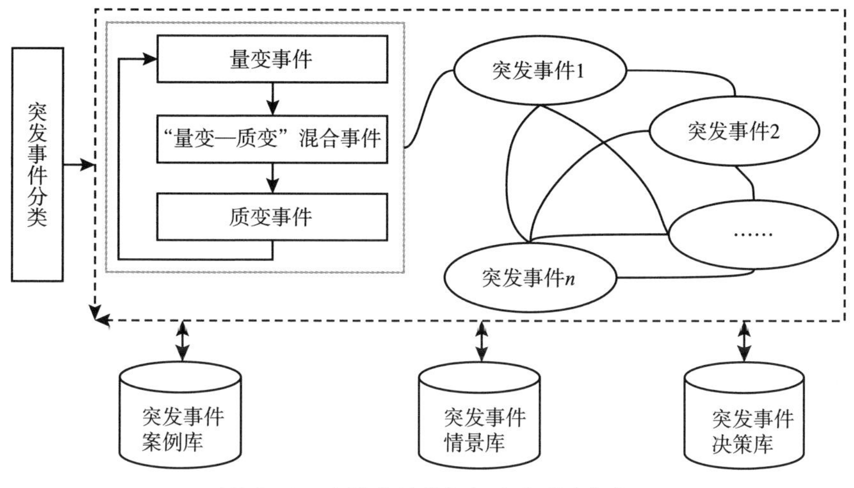

图6－2　突发事件特征级内容融合框架

6.1.3.3　突发事件决策级深度融合

在突发事件事前预测、事中处理以及事后总结等环节中，充分考虑人的决策需求，仅按照突发事件特征进行分析，是不能满足决策要求的。针对不同级别用户，决策目标和要求完全不同，所以需要对突发事件进行更深层次融合。例如，对于水库水位超过警戒水位，有水库管理站、区水利局、市水利局、市防汛指挥部等四级管理机构进行监测，这四级管理机构需要的决策目标都不一样。对于水库管理站，只要超过警戒水位，就要请示上一级区水利局，区水利局根据警戒水位情况，根据区水利局决策需求，结合此时情景分析，决定是否上报上级管理机构。每一级管理机构中，决策者需求都不一样，形成按照一定标准规范的各层次决策库，突发事件决策级深度融合侧重决策者需求驱动的突发事件分析和推理，从而能得到有效支撑各级决策者的决策。

为了解决不同级别用户的决策需求，需要借助大数据方法、粒度原理和云模型，从不同融合颗粒和精度对突发事多源信息深度融合[142]，形成突发事件决策级深度融合，其主要目的是得到突发事件未来发展趋势的准确预测，有效解决不同决策者应急响应要求的融合过程[143]。在突发事件应急响应过程中，决策者决策需求按照事前、事中和事后阶段分解[144]，决策者需求对应为突发事件对象评价、形势评价、影响评价三层次需求，在决策过程中根据突发事件事态变化，采用常规决策、应急决策和即兴决策中的一种或者多种方法[145]，结合多源数据形式融合成果和情景，为用户提供动态的决策依据，形成用户决策驱动的融合框架，如图 6-3 所示。

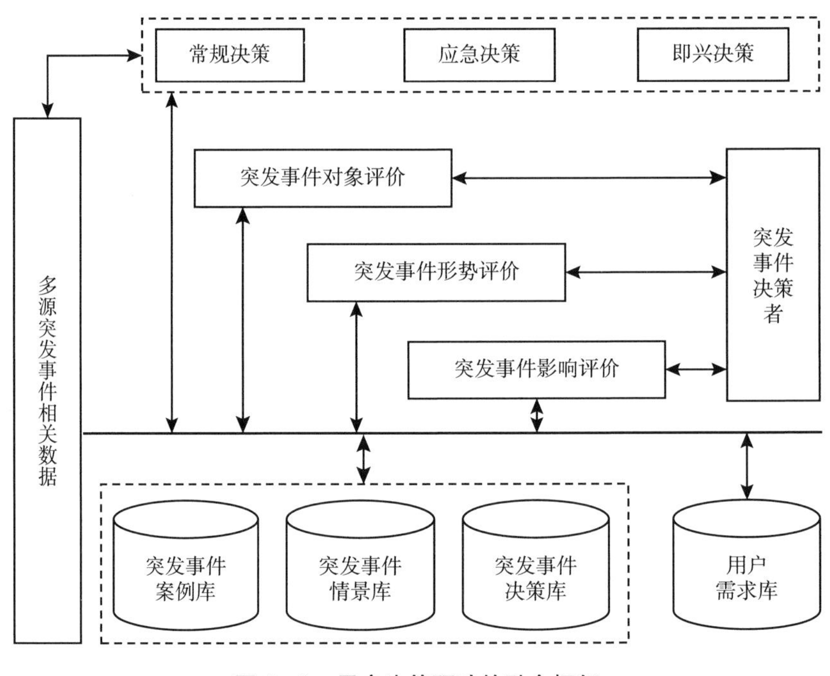

图 6-3　用户决策驱动的融合框架

突发事件决策级深度融合特别注重事件发展演化趋势，即兴决策一般在突发事件事前或者事件刚开始发生时使用，是在缺少决策的信息、时间紧迫环境下的非逻辑、有限理性的决策方式。随着事态不断发展，决策信息不断充实，以逻辑推理为主的常规决策和应急决策，支撑突发事件应急决策。

新形势下应急响应情报分析不仅是信息处理和加工，而且是通过突发事件信息的分析和融合产生快速响应突发事件有用的信息或者决策，为突发事件快速响应提供可靠、及时、科学的信息支撑。本节构建的面向突发事件应急决策的三级情报融合框架，是对突发事件大数据集成情报的深度融合，只有经过有组织、有针对性的突发事件业务融合，才可以使其参与突发事件情报分析，为实现突发事件情报感知提供数据基础。

6.2 面向突发事件的应急情报分析框架

6.2.1 突发事件情报分析定位和组成要素

突发事件情报分析位于突发事件的事中处理阶段，是突发事件应急决策的智能决策中心，是整个快速响应系统的大脑。情报分析通过对大量突发事件各类数据进行智能分析和深度加工后，为突发事件事前预警和事后处理决策提供科学支撑。为了更加全面系统地分析突发事件，本章将突发事件的情报分析看作系统，明确突发事件所涉及的要素，结合目前国内外文献，将突发事件构成要素分为“情报分析方法和工具”“情报分析提供方”“突发事件和知识资源”“突发事件接收方”“协作机制和情报分析情景”五大类，如图6－4所示。

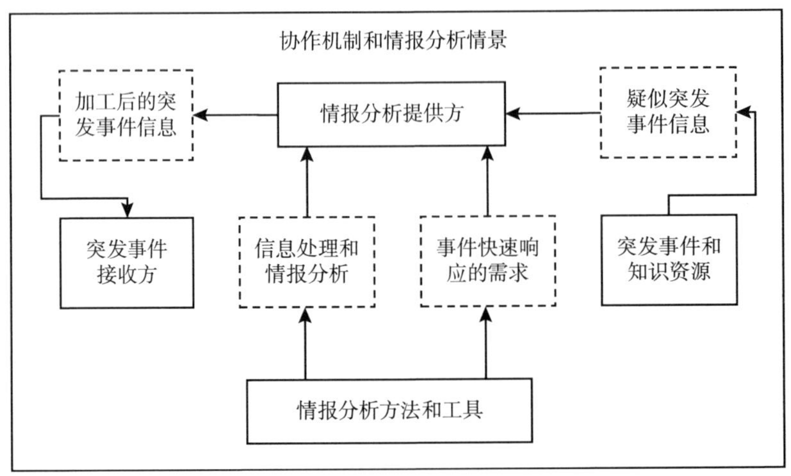

图6－4　面向突发事件的情报分析要素组成

6.2.2　突发事件情报分析框架

目前，我国在国家、省、市三级政府部门已经设立应急办等突发事件组织机构，但是在突发事件预警和处理过程中，基层组织还存在情报报送单一、协作沟通不畅等问题。突发事件情报是突发事件处理和响应的核心[146]。本章以突发事件情报为主线，重新优化突发事件各环节，构建突发事件情报分析框架，为突发事件情报感知及快速响应提供情报支撑。

6.2.2.1　总体框架

突发事件情报分析框架是针对突发事件提供综合分析工具，并将分析结果反馈给突发事件的情报服务平台。对于一件突发事件，首先需要根据事件分类规范要求形成突发事件分类分流模块，按照事件类别及其所涉及领域进行分类组织管理，分别形成自然灾害、事故灾难、公共卫生事件和社会安全事件四类突发事件知识库。其次，结合突发事件处理业务要求和组织结构设置，形成突发事件情报为主线的处理流程，主要包括情报清洗、遴选、归类聚类、组织、挖掘和研判分析等环节，形成对应的事件信息处理流程。最后，按照规范将突发事件信息输出给情报服务系统。图6－5为突发事件情报分析总体框架。

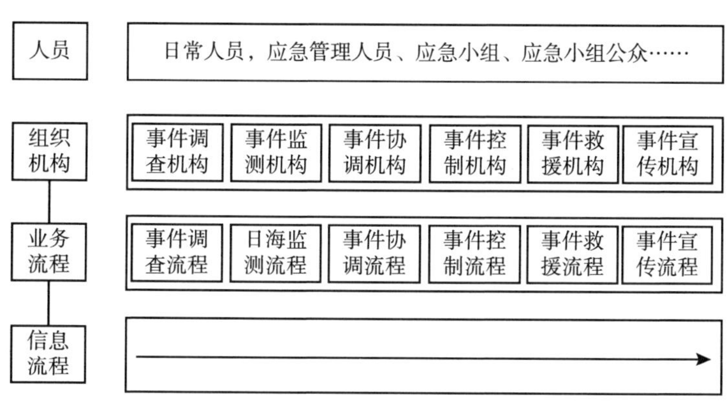

图6－5　突发事件情报分析总体框架

6.2.2.2　业务流程框架

突发事件原有业务流程以组织机构为节点，且大多组织机构挂靠在其他组织下，例如一般省级应急处理组织挂靠在政府办公室。传统突发事件组织机构只有在突发事件发生时才启动工作，其他时间几乎停滞。因此，基本无法对突发事件进行事前预警，对事中控制也显得乏力。究其原因，主要在于各个组织机构之间缺乏有效沟通，缺乏对突发事件信息的监测和收集。所以需要以突发事件情报为主线，结合突发事件组织机构设置，优化突发事件业务流程：通过对采集的突发事件情报清洗，利用知识组织理论和方法对突发事件情报进行归类和聚类组织处理；通过情报分析方法对突发事件情报进行深度挖掘和加工，形成初步突发事件的情报分析报告；通过领域专家完善情报分析报告。图 6－6 为突发事件业务优化后的突发事件业务流程，该流程可以实现对突发事件实时信息监测和采集，为事前预警和事中响应提供必要的数据支撑。

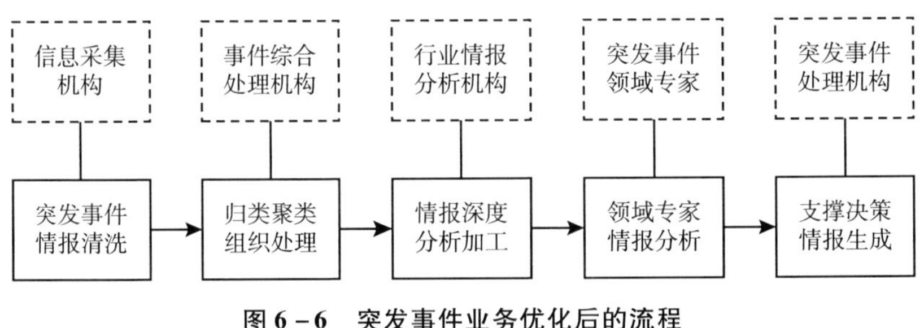

图 6－6　突发事件业务优化后的流程

6.2.2.3　突发事件信息流程框架

突发事件信息流程是在突发事件业务流程背后的突发事件信息传播过程。在大数据中采集疑似突发事件信息，通过清洗其中噪声和杂乱信息后得到针对突发事件的信息，然后对突发事件信息进行整序后形成可供分析的数据仓库和知识库，结合情报分析方法形成支撑决策的突发事件分析预案，最后通过领域专家对突发事件预案进行论证后形成决策预案。图 6－7 为突发事件信息处理和加工流程。

在突发事件日常监测和事中处理过程中，虽然有相应突发事件应急小组和处理机制，形成突发事件应急处理各个流程和环节，但是突发事件应急处理部门之间和不同处理流程之间缺乏统一协调和沟通，对突发事件各类信息缺乏统一管理和处理。针对这些问题，本节从情报学角度分析突发事件情报分析框架，并形成突发事件“组织机构—业务处理流程—信息流程”三层情报分析框架，这一框架将作为实现情报感知的基本情报流程处理框架。

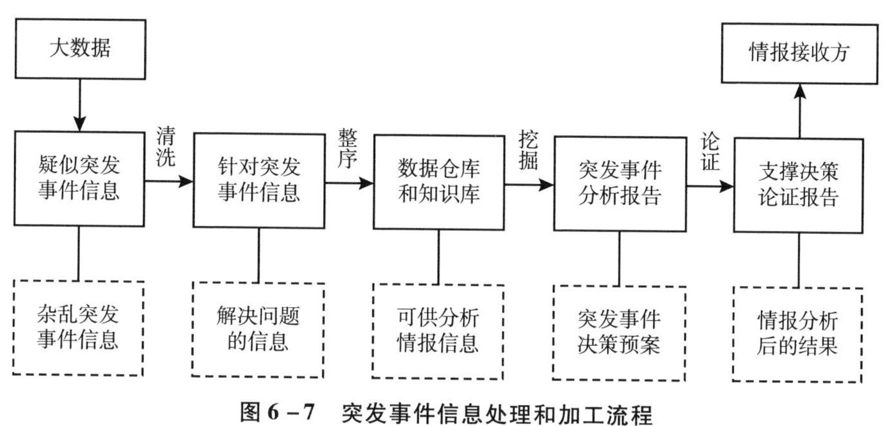

图6-7　突发事件信息处理和加工流程

6.3　基于张量分解的突发事件大数据分类

突发事件类型繁多，不同类型的突发事件有着特殊的应急策略。正确的突发事件分类对于突发事件的感知具有重要的促进作用。突发事件分类是本章情报感知研究的重要前提之一。

大数据时代，突发事件信息纷繁复杂，要对其进行事件分类，主题分类是一种比较可行的方法。主题分类是大数据时代的研究热点之一，传统的主题分类主要以基本分类方法以及人工标签来实现，但是人工干预过多，势必影响到最终的分类结果。这就需要寻求一个无监督的方法，从突发事件的采集到最后的结果输出，均无须人工参与。LDA（latent dirichlet allocation）主题模型便是一种无监督的数据挖掘方法。该模型可从大规模数据中进行事件主题的抽取，出色地挖掘情报之间的潜在关系、判别关联性等工作，显著提高突发事件情报的分类及利用效率。然而，LDA 主题模型在单机模式下，模型训练时间长，精确度不高，并且对于模型超参求解的要求较高，这些都对模型的发展应用提出了挑战。目前，变分推断和马尔可夫链被广泛应用于 LDA 模型的参数求解，但在数据量较大的情况下，这两种方法的计算效率依然比较低下。本节将采用“分治”思想，选用张量分解的方法来优化模型参数计算，采用更高效率和精确度的降维计算方法，同时使用分布式计算模式来提升模型训练的效率，以适用于海量数据的主题分类。

6.3.1 相关基础理论

6.3.1.1 LDA 主题模型概述

LDA 模型由戴维·布雷（Blei）等于 2003 年提出。该模型通过对离散数据集的建模，从中提取文本隐含主题，能够在海量数据中自动寻找信息间的语义主题，克服传统信息检索中文档相似度计算方法的缺陷，被广泛应用于观点挖掘和信息检索等领域[147]。LDA 是一个三层的贝叶斯框架模型，每一层都有相应的随机变量或者参数控制，包含词汇、主题、文档等三层结构。数据集中的信息被看作是有限个隐含主题所构成的混合分布，而相应的主题也都是对应的数据集中一组特征词汇的混合分布，模型的概率如图 6－8 所示。

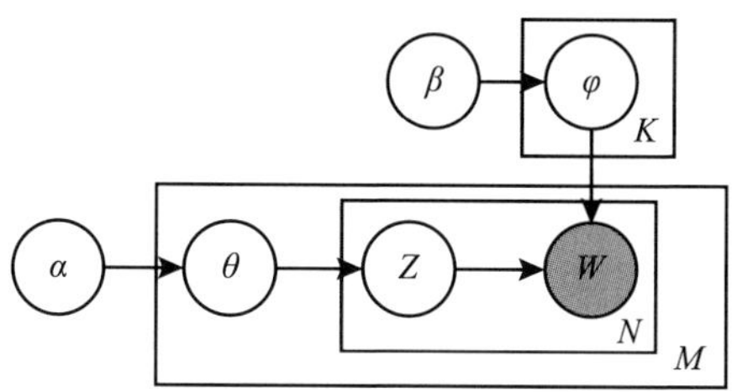

图6-8 LDA主题模型概率

如图6-8所示，只有W是可观察到的变量，其他都是隐含变量或者参数。其中，φ表示“主题—词语”分布，θ表示“文档—主题”分布，α、β分别是θ和φ的先验分布，N表示文档的单词总数，M表示文档的总数，Z为选定的主题。由以上LDA主题模型概率图可得到主题生成的联合概率，如式（6.1）所示。

$$P(\theta, z, w \mid \alpha, \beta) = P(\theta \mid \alpha) \prod_{n=1}^{N} P(z_n \mid \theta) P(w_n \mid z_n, \beta) \quad (6.1)$$

LDA模型训练是计算参数α和β的值，使$P(\theta \mid \alpha, \beta)$为最大。与LSA和PLSA模型会产生的过拟合问题不同，LDA主题模型采用狄利克雷分布，从而简化了模型的推导过程，具有很好的先验概率假设。其参数数量不会随着文本数量的增长而线性增长，泛化能力强，在算法复杂度和展示效果方面表现优越，被广泛应用于文本处理领域。

6.3.1.2 张量CP分解

CP分解，即candecomp/parafac分解，是传统矩阵分解的拓展，广泛应用于信号传输、数据分析等领域，它是把张量分解为一系列rank-one张量的计算过程，对于一个三阶张量$\chi \in \mathbb{R}^{I \times J \times K}$，CP分解可以写成如下的向量和的形式：

$$x = \sum_{r=1}^{R} a_r \otimes b_r \otimes c_r \quad (6.2)$$

其中，⊗表示张量积运算，R 表示张量的秩，$\alpha_r \in R^I$，$b_r \in R^J$，$c_r \in R^K$，$r=1, 2, \cdots, R$。式（6.2）中三阶张量也可写成如下元素乘积和的等价形式：

$$x_{ijk} = \sum_{r=1}^{R} a_{ir} b_{ir} c_{ir} \tag{6.3}$$

其中，$i=1, 2, \cdots, I$；$j=1, 2, \cdots, J$；$k=1, 2, \cdots, K$。根据式（6.3），CP 分解将张量表示为有限数目的 rank-one 张量之和，分解模型如图 6－9 所示。

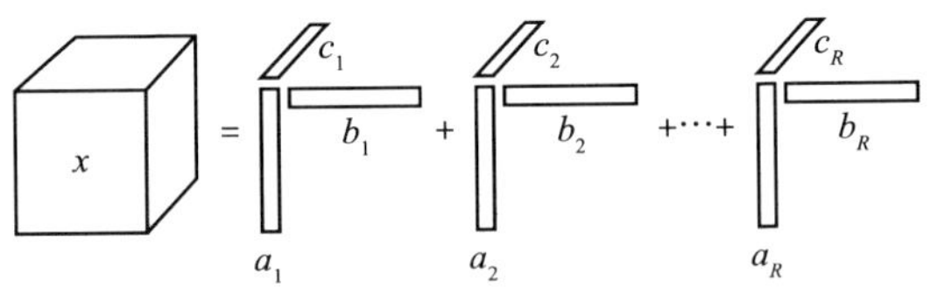

图 6－9　CP 分解模型

CP 分解具有唯一性，实质上指的是张量的秩分解是唯一的，而传统的矩阵分解并不唯一[148]。目前，已有多种方法可以计算 CP 分解，其中最简单有效的是交替最小二乘法（alternating least square, ALS），这也是本节所用的张量分解法。对于三阶张量，ALS 的思想是找到 R 个 rank-one 张量或一组因子矩阵（A、B 和 C）来逼近[149]，式（6.4）为迭代目标公式。

$$\min_{A,B,C} \| \chi - (C \odot B) A^T \| \tag{6.4}$$

假设该式初始化为 $B=\hat{B}$ 和 $C=\hat{C}$，则 A、B、C 迭代分别为：$\hat{A}^T = (\hat{C} \odot \hat{B}) X^{(1)}$、$\hat{B}^T = (\hat{A} \odot \hat{C}) X^{(2)}$ 和 $\hat{C}^T = (\hat{A} \odot \hat{B}) X^{(3)}$。

其中，符号⊙表示 Khatri－Rao 积，当满足一定的迭代条件时，迭代终止。因为 ALS 算法需多次迭代才收敛，所以将算法应用到

Spark 平台中进行大数据计算，以便快速求得全局的最优参数，减少大量的实验时间，这也是大数据计算在现今模型求解中的优势之处。

6.3.2 基于张量分解的主题分类模型

6.3.2.1 基于张量分解的 LDA 主题分类主题模型

在 LDA 主题模型中，每篇文档都存在着 K 个潜在的主题，第 K 个主题具有“主题—词语”的条件分布概率 φ_k，将所有主题的条件分布概率组成矩阵 $\varphi=[\varphi_1, \varphi_2, \cdots, \varphi_k]\in R^{V\times K}$，$V$ 为总词汇量，则 φ 便是模型求解的“主题—词语”分布矩阵。在第 m 条信息中，其混合分布的潜在话题是根据狄利克雷先验参数 $\alpha=[\alpha_1, \alpha_2, \cdots, \alpha_k]\in R^K$ 所求得，已知先验参数分布下，便可求得文档 m 的“文档—主题”分布矩阵 θ_m。

传统的 LDA 主题模型的参数估计方法包括变分推断、马尔可夫链等，本节采用矩量法将参数估计转化为张量分解的方式进行迭代。主题为 K 的 LDA 主题模型可通过文本词汇表示为张量的形式。阿南德·库马尔等（Anandkumar et al.）[150] 对主题模型张量的表现形式有如下定义。

$$M_1=E[x_1] \tag{6.5}$$

$$M_2=E[x_1\otimes x_2]-\frac{\alpha_0}{\alpha_0+1}M_1\otimes M_1 \tag{6.6}$$

$$M_3=E[x_1\otimes x_2\otimes x_3]-\frac{\alpha_0}{\alpha_0+2}(E[x_1\otimes x_2\otimes M_1]+E[x_1\otimes M_1\otimes x_3]+E[M_1\otimes x_2\otimes x_3])+\frac{2\alpha_0^2}{(\alpha_0+2)(\alpha_0+1)}M_1\otimes M_1\otimes M_1 \tag{6.7}$$

其中，$x \in R^v$ 表示一个词语，V 为文档集中所有的词汇，x_1、x_2 和 x_3 为同一篇文章中的词语。对于词语 v，任意 $u \neq v$，$x_v = 1$，$x_u = 0$。符号 $\otimes$ 为张量积运算，任意的 $x \otimes x = xx^T$，E 为向量期望。$\alpha_0 = \{\alpha_k\}_{k=1}^{K}$，表示话题分布的稀疏程度，$\alpha_0$ 越小，表明文档中隐含的主题越少。张量 M_2 和 M_3 通过分解可转化为如下张量积的表现形式。

$$M_2 = \sum_{k=1}^{K} \alpha_k \varphi_k \varphi_k \tag{6.8}$$

$$M_3 = \sum_{k=1}^{K} \alpha_k \varphi_k \varphi_k \varphi_k \tag{6.9}$$

其中，K 为从文档集中抽取的主题数，通过式（6.5）~式（6.9），主题模型参数求解便可转化为矩阵张量分解的方式。从式（6.8）可以得出二阶矩 M_2 的低秩分解可求得包含 α_k 和 φ_k 的子空间，而 M_3 的张量分解可求得潜在狄利克雷先验分布 α 以及“主题—词语”分布矩阵 φ，最终通过先验分布 α 求解“文档—主题”矩阵 θ。

在进行 M_3 张量分解前，通过数据的预处理（包括数据向量化、正交化和降维操作等）来保证模型的收敛率和抗噪声干扰，此处选择随机奇异值分解[151]来执行对 M_2 的正交分解，再利用矩量法将 LDA 主题模型参数估计转化为低维下张量的 CP 分解，最终生成“文档—主题”“主题—词语”矩阵。模型参数求解步骤如下。

Begin.

1. $D \in \mathbb{R}^{M \times N} \leftarrow preprocess(doc)$ //数据采集、分词、预处理
2. $StartLDA(K, \alpha_0, D \in \mathbb{R}^{M \times N})$
3. $ComputeM_2 = M_2(D)$ //$M_2 \in \mathbb{R}^{V \times V}$
4. $U, \Sigma, V \leftarrow Randomized\ SVD(M_2, K)$ //$U \in \mathbb{R}^{V \times K}$
5. $M_3 \leftarrow M_3(U, \Sigma)$ //$M_3 \in \mathbb{R}^{K \times K^2}$

6. $(\lambda, A) \leftarrow CP\_ALS(M_3, K)$

7. $\{\varphi_k\}_{k=1}^{K} \leftarrow resotre(A)$ //生成“主题—词语概率矩阵”

8. $\alpha_k \leftarrow \lambda_k^{-2}$ //生成$\{\alpha_k\}_{k=1}^{K}$

9. $\{\theta_m\}_{m=1}^{M} \leftarrow LDA(\{\alpha_i\}_{i=1}^{k}, D \in \mathbb{R}^{M \times N})$ //“文档—主题”概率矩阵

10. $Sort\{\theta_m\}_{m=1}^{M}$、$\{\varphi_k\}_{k=1}^{K}$ //矩阵概率排序，选取词语前20列

11. $Classify\{\theta_m\}_{m=1}^{M}$ //文档主题分类

End.

6.3.2.2 模型的关键技术

基于张量分解的LDA主题分类模型可拆分为三个重要部分：第一部分为数据预处理；第二部分为基于ALS算法的CP分解；第三部分为主题分类计算，其具体内容如下。

（1）数据预处理。经过融合的突发事件情报，在应用该模型前，需要进行分词等预处理操作。完成后，需对数据进行向量化以及降维操作，以便大量减少参数迭代时的计算量。在进行张量形式的多维数组操作时，数据维数的大小直接决定了矩阵操作的计算量大小，尤其是在处理自然语言这种高维数据时，在内存中进行三阶矩的存储操作的运算量都是极大的。数据稀疏化是其中一类方法，更好的则是进行线性降维，加之以张量乘积的形式来避免直接生成张量，能够大幅度减少计算规模，并且对于张量的操作也是高效的[152]。

在此首先进行张量白化变换（whitening transformation），低秩正交分解二阶矩。奇异值分解在进行矩阵分解中表现出极大的优势，但当数据的行列数过大时，奇异值分解表现出分解缓慢、效率低等缺点，

而随机奇异值分解通过生成子空间进行迭代运算能够加快分解工作，此处采用随机奇异值分解进行 M_2 的分解操作[153]。

随机奇异值分解算法可以总结为两步计算：第一阶段构造一个正交基，其值域接近于 M_2，即构造正交矩阵 Q，使得 $M_2 \approx QQ^T M_2$；第二阶段将矩阵 M_2 约束于 K 维子空间中，运用奇异值分解来计算 $Q^T M_2$，求得 U、Σ、Z。

由随机奇异值分解可得 $M_2 = U\Sigma U^T$，定义 $W = U\overset{-0.5}{\Sigma} \in \mathbb{R}^{d\times k}$ 为白化矩阵，令 $\hat{\varphi} = Diag(\alpha_i^{0.5})W^T\varphi$，则 $\hat{\varphi} \in \mathbb{R}^k$ 便是正交向量。证明如下：

$$\begin{aligned}\hat{\varphi}\hat{\varphi}^T &= \overset{-0.5}{\Sigma} U^T \mu Diag\ (\alpha_i^{0.5})\ Diag\ (\alpha_i^{0.5})\ \mu^T U\Sigma^{-0.5} \\ &= \overset{-0.5}{\Sigma} U^T U\Sigma U^T U \overset{-0.5}{\Sigma} = W^T M_2 W = I_K\end{aligned}$$

最后使用式（6.7）可计算生成维数为 K^3 的正交三阶矩 $\widetilde{M}_3 = M_3(W, W, W) = \sum_{k=1}^{K} \alpha_i^{-0.5} \hat{\varphi}_k \hat{\varphi}_k \hat{\varphi}_k$。至此，便完成了 M_3 白化以及正交化操作，完成数据的预处理。

（2）基于 ALS 算法的 CP 分解。$\widetilde{M}_3$ 计算生成后，运行基于交替最小二乘法的张量分解，ALS 算法的核心是找到最接近 M_3 的有限数目的 rank-one 之和[154]，即为：

$$\min_{\hat{M}_3} \widetilde{M}_3 - \hat{M}_3 \leftarrow \hat{M}_3 = \sum_{i=1}^{K} \lambda_i a_i b_i c_i = \lambda;\ A,\ B,\ C \qquad (6.10)$$

其中，$\hat{M}_3$ 为分解的 rank-one 之和，交替最小二乘法是一个迭代算法，算法交替地进行 A，B，C 的优化，每一次迭代过程中，总是假定其他两个矩阵是已知的，通过求解最小化的问题来分解矩阵。当 B 和 C 值固定后，可以将公式改写为如下形式：

$$\min_{\hat{X}} \widetilde{M}_3 - \hat{X}((C \odot B)^T)$$

$$\text{s. t. } \hat{X} = X \cdot Diag(\lambda) = \tilde{M}_3[(C \odot B)^T]^\dagger \tag{6.11}$$

将 $\hat{X}$ 带入最小值求解中，最终基于交替最小二乘法的张量分解便转化为如下最优化计算：

$$(\lambda, A) \leftarrow \min_{\lambda \in \mathbb{R}^k, X \in \mathbb{R}^{k \times k}} X \cdot Diag(\lambda)(C \odot B)^T - \tilde{M}_3$$

$$\text{s. t. } \forall k: X_k = 1, \lambda_k \geqslant 0 \tag{6.12}$$

其中，$\odot$表示 Khatri－Rao 积，每次迭代都进行 λ 的计算，以保证特征向量每一列均为归一化，此处采用 Khatri－Rao 积的伪逆矩阵形式优化计算[155]。如式（6.13）所示：

$$(C \odot B)^\dagger = ((C^TC) * (B^TB))^\dagger (C \odot B)^T \tag{6.13}$$

其中，$*$ 为哈达马乘积，通过变换，仅需计算 $K \times K$ 的伪逆矩阵，而无须计算 $K \times K^2$ 原矩阵。ALS 算法是一种批量同步并行计算模型[156]，在 K 阶并行的保证下，式（6.11）中等式左边每一行均可作为 M_3 独立的一部分来进行参数的估计，并且在使用 Spark 计算框架进行分析时，每运行一个 ALS 子程序之前可通过广播变量同步最新估计的参数[157]，进行算法迭代时的空间需求以及每个节点所进行的总交互量均为 $O(K^2)$。

（3）模型主题分类计算。张量分解收敛后，采用反白化变换，计算原文档集中的狄利克雷先验分布 α 以及“主题—词语”分布矩阵 φ。反白化变换强调张量结构的特殊性，通过分解后的张量数据来投影，反射出 LDA 模型参数，具体为：给定 CP 分解后的 $\tilde{M}_3$，向量 μ_1，μ_2，…，$\mu_k \in \mathbb{R}^V$ 线性无关，标量 O_1，O_2，…，O_K 均大于 0，则 $\tilde{M}_3$ 的特征值和特征向量分别为 $\{O_k\}_{k=1}^K$ 和 $\{\mu_k\}_{k=1}^K$；原词汇空间的狄利克雷先验参数 $\alpha = \{O_k^{-2}\}_{k=1}^K$；$(W^T)^\dagger$ 是 W^T 的穆尔彭罗斯伪逆矩阵，原词汇空间的“主题—词语”分布概率 $\varphi = \{O_k(W^T)^\dagger \mu_k\}_{k=1}^K$。

由反白化变化可推导出 $\alpha=\left\{\frac{1}{\sqrt{O_k}}\right\}_{k=1}^{K}$，同时给定分解后的特征向量$\mu$，求解矩阵 $\varphi\in\mathbb{R}^{V\times K}$使得 $\varphi\approx\{w_k(W^T)^{\dagger}\mu_k\}_{k=1}^{K}$。待原词汇空间参数求解后，根据原输入文档集和先验分布 $\{\alpha_i\}_{i=1}^{k}$，生成“文档—主题”分布矩阵 $\{\theta_m\}_{m=1}^{M}$。最后，为了更直观地显示以及更精准地分类，将“文档—主题”“主题—词语”矩阵进行概率排序，在进行文档分类时需指定特定的分类类别。所以，本章根据文档中的重点主题以及主题中的重点词语，选取其中概率最高主题为该文档的主题类别，抽取概率为前 20 的词语作为该主题的特征词，进行下一步的主题分类工作。

6.3.3 仿真实验分析

6.3.3.1 平台构建

实验包括模型对比和主题分布分析，实验数据通过 WebMagic 爬虫技术在网络上自动抓取，通过对页面的分析来下载相应的新闻信息文本，用于替代突发事件情报。数据主要采集互联网上部分新闻门户网站公开发布的新闻数据，主要涉及经济、军事、文化等领域，在进行文本的白噪声处理后，筛选出 1800 条作为原始分析数据。为保证实验的可靠性以及可识别性，需定义停用词表，词表中包含常用词、常见语气词、助词等高频率出现的词语，同时根据中文文本的特殊性，还进行了繁简转换，保证实验数据的格式统一，通过该停用词典可剔除大部分的噪声词语[158]。

实验使用 Scala 作为编程语言，在 Spark 集群模式上进行模型训练与预测，主节点 master 进行任务调度，从节点 worker 进行同步的运算。worker之间交替计算更新的参数，广播参数至其他的节点，最后进行数据的同步。而master则负责检查是否实时的检验、是否需要结束运算以及负责各节点资源之间的调度，实验集群均为Centos7系统，每个节点内存均为4G，实验主要步骤如图6-10所示。

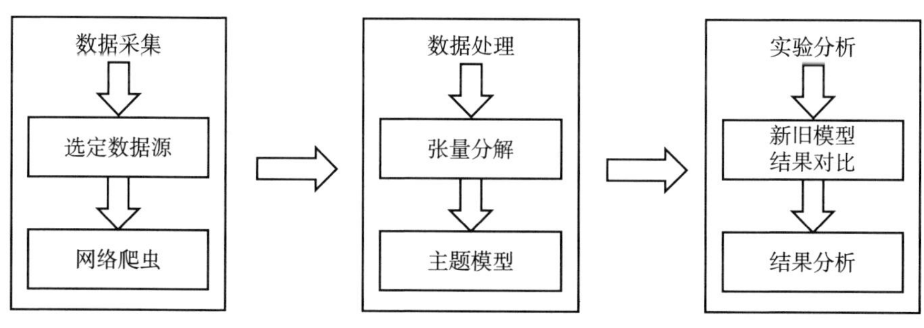

图6-10　仿真实验步骤

6.3.3.2　实验结果与分析

将模型训练时间和困惑度与基于EM算法的LDA模型进行对比，其中训练时间是衡量模型计算是否高效的重要指标之一，而困惑度则是衡量模型是否同原始数据相吻合的重要检验标准。

(1) 训练时间对比。在相同运行环境下，设置迭代次数为500次，主题数为50，将本节构建模型同基于EM算法的主题模型进行训练对比，通过增加计算节点数来对比模型训练时间长短，结果显示基于张量分解的主题模型在时间方面显现出极大的优势，如图6-11所示。

从图6-11中可以看出，基于张量分解的主题模型在训练时间明显优于基于EM算法的LDA主题模型。增加节点数对于运算时间的减少是明显的，体现出Spark平台在各节点内存不变的情况下，节点个数与运行时间是成反比的。两种算法开始增加节点数对时间的优化非常显著。但随着节点数的增加，增益效果会降低。同基于 EM 算法的 LDA 主题模型相比，基于张量分解的 LDA 模型在节点数增加时，其计算时间下降幅度更大。这意味着基于张量分解的 LDA 主题模型对多节点集群有更好的计算能力。

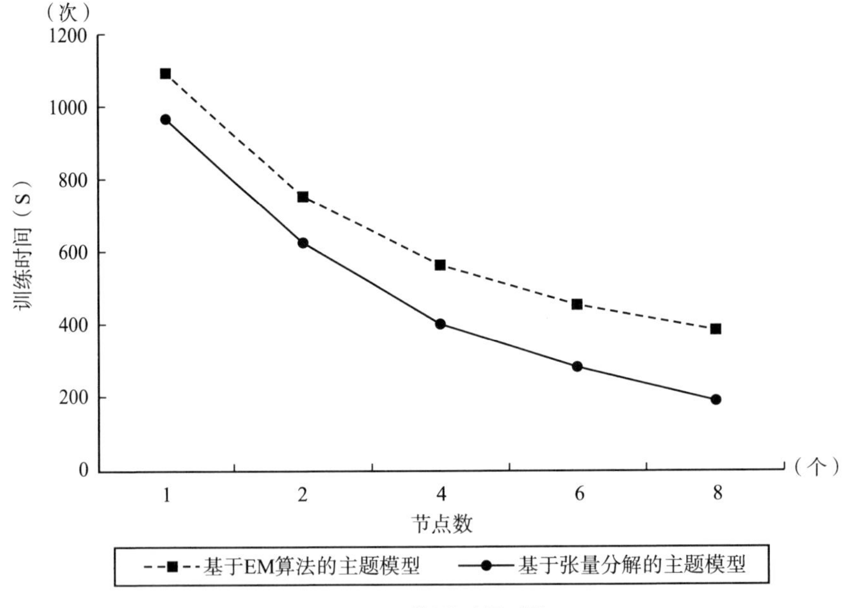

图 6－11　模型时间对比

（2）困惑度对比。困惑度作为文本建模中常用的评价指标，其值越小，模型对上下文的约束能力就越强，表明语言模型吻合度越好，其公式为：

$$perplexity(D_{test}) = \exp\left\{-\frac{\sum_{m=1}^{M}\log p(W_m)}{\sum_{m=1}^{M}N_m}\right\} \tag{6.14}$$

式（6.14）中，D_{test}为测试文档集，W_m 为测试 m 文档中观测到的单词，$P(W_m)$ 为模型产生文本 W_m 的概率，N_m 为文档 m 的单词数。在相同语料和参数设置下，两种主题模型的困惑度随隐含主题数目的变化情况如图6－12所示。

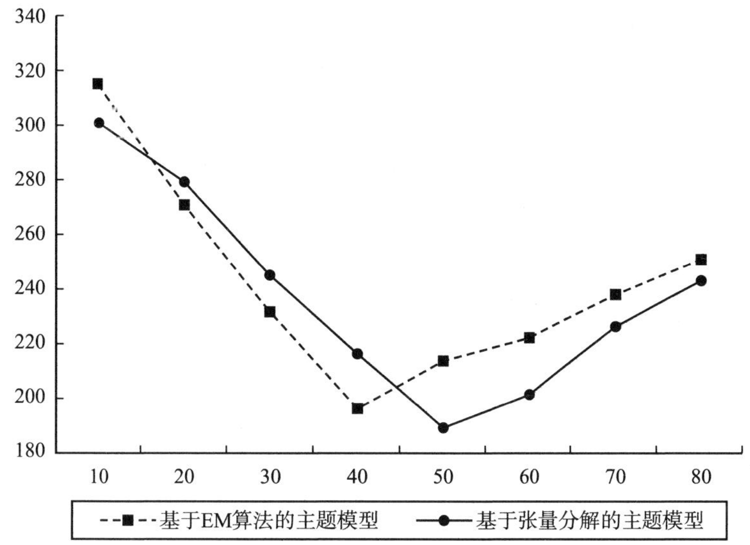

图6－12　抽取主题数的困惑度对比

由图6－12可知，随着主题数量的不断增加，两个模型的困惑度都相应降低。在达到最低点时，基于张量分解的LDA主题模型在该训练集中主题数为50时困惑度最小。在数据量较大、主题较多时，该模型困惑度明显低于基于EM算法的LDA模型。

（3）主题分布分析。将预处理的新闻信息通过LDA主题分类模型进行训练。针对新闻文本的特殊性，在定义特征词时，进行数据预处理时加入了时间等停用词，设置主题数为50，$\alpha_0=1$，待模型预测完成后，随机抽取三个文档及相对应的主题进行分析，部分结果如表6－1和表6－2所示。

表 6－1　　*topicN* = 50 时文档与主题的分布概率

文档 5		文档 678		文档 1555	
主题	概率	主题	概率	主题	概率
1	0. 777850	30	0. 597040	48	0. 620750
35	0. 013814	33	0. 163515	38	0. 018569
6	0. 010399	49	0. 022181	40	0. 009092

表 6－2　　*topicN* = 50 时主题与词的分布概率

主题 1（企业）		主题 30（经济）		主题 48（电影）	
特征词	概率	特征词	概率	特征词	概率
企业	0. 026150	指数	0. 024327	电影	0. 023970
发展	0. 018561	价格	0. 015616	观众	0. 014071
创新	0. 013304	经济	0. 015146	导演	0. 011466
服务	0. 013171	制造业	0. 011669	演出	0. 009952
产业	0. 011666	百分点	0. 011417	影片	0. 008847
投资	0. 011595	下降	0. 010992	故事	0. 008549
平台	0. 010996	增长	0. 009797	粉丝	0. 007942

由表 6－1 可以看出，每篇文档根据文中词语的分布，不局限于单个主题，但第一个主题的概率较大，可以整体概括整篇文档的大概主题方向。例如文档 5 中主题 1 的概率为 0. 77785，主题 1 中出现的都是企业发展类的词汇，则主题 1 便为企业主题，进一步文档 5 便可分类到企业模块。

表 6－2 清晰地展现出不同主题中的含义，可读性强。本节实证

数据来源于网络新闻信息，从中可体现社会热点。主题1涉及企业发展，其大部分词语都与企业的社会发展有关，也是企业发展中强调的高频词汇。而主题30则是经济类术语的罗列，在新闻里出现，更能说明媒体以及公众对经济的关注。主题48则为文化产业电影类术语，说明人们在现今生活压力下对电影、对文化的关注。以上“主题—词语”分布能够说明主题模型对网络数据分类的高效性，显性地挖掘网络信息的内涵，可充分适用于突发事件的分类中。

6.4 基于云模型的突发事件分级

突发事件分级是对所发生突发事件严重程度的一个评估，只有及时、准确地进行事件的评估，才能准确地感知到突发事件的严重程度。突发事件分级紧随突发事件分类之后，是实现突发事件情报感知的重要内容之一。

6.4.1 我国突发事件分级规定与分级影响分析

我国2006年发布的《国家突发公共事件总体应急预案》（以下简称《应急预案》）将突发公共事件分为四级，即Ⅰ级（特别重大）、Ⅱ级（重大）、Ⅲ级（较大）和Ⅳ级（一般），分别用红、橙、黄、蓝四种颜色表示相应的等级。在《应急预案》中，对何种等级，应达到何种条件，做了相应的规定，如在突发环境事故中符合重大环境事件应符合下列情形之一：（1）发生10人以上、30人以下死亡，或中毒（重伤）50人以上、100人以下；（2）区域生态功能部分丧失或濒危物种生存环境受到污染；（3）因环境污染造成重要河流、湖泊、水库及沿海水域大面积污染，或县级以上城镇水源地取水中断的污染事件等。从分级等级的表述和各等级的划分标准可以看出，定性概念具有模糊性、缺乏量化指标、分级工作操作性不强等特点，比较适合于事后评估、追究相关责任。

影响突发事件分级的因素错综复杂，李德毅等[159]从主观和客观两个方面考虑，归纳出八个维度的影响要素，每个影响因素又包含若干指标，如图 6－13 所示。

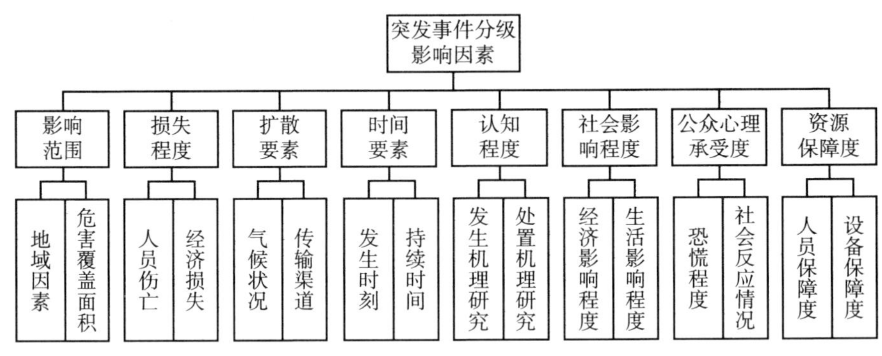

图 6－13　文献归纳的突发事件分级影响因素

从图 6－13 可以看出，这八个维度建立在各类突发事件总体特征的基础上，而不同类型的突发事件，其性质、影响范围、社会危害性、导致的原因等具有很大的差异，因此，在具体的突发事件分级应用中，应根据具体突发事件的类型，参考图 6－10 的各项指标，建立具体的分级指标体系。

总之，突发事件种类繁多、规律各异、事态演化迅速、影响面广泛，且各地应急处理能力不同[160]。在对突发事件的应急管理实践中，应针对事故危害程度、影响范围和当地控制事态的能力等因素，将突发事件分为不同的等级，建立具体的分级指标体系，按照分级负责的原则，明确应急响应级别。为了使本节提出的分级模型更具有通用性，本节对突发事件的分级等级、定义标准和分级指标等不做具体的要求。

6.4.2 云模型简介

云模型是用自然语言值表示的定性概念与其定量数据表示之间的不确定性转换模型，主要反映客观世界中事物或人类知识中概念的模糊性和随机性，并把两者完全集成在一起，构成定性概念和定量数据相互间的转换，深刻揭示了客观对象具有的模糊性和随机性[161]。云模型由“云和云滴”及“云发生器”两个主要概念组成。

6.4.2.1 云和云滴

设 U 是一个用数值表示的定量论域，C 是 U 上的定性概念，若定量值 $x \in U$ 是定性概念 C 的一次随机实现，x 对 C 的确定度 $\mu(x) \in [0, 1]$ 是有稳定倾向的随机数，即

$$\mu: U \to [0, 1], \quad \forall x \in U, \ x \to \mu(x) \tag{6.15}$$

则 x 在论域 U 上的分布称为云，记为云 $C(X)$。每一个 x 称为一个云滴，当 $C(X)$ 符从正态分布时，称为正态云，由于正态云具有普适性[162]，本章所有的云模型均采用正态云模型构建。正态云模型是利用正态分布和正态隶属函数实现的，是一个遵循正态分布规律、具有稳定倾向的随机数集，用期望 Ex、熵 En、超熵 He 三个数字特征整

体表征一个概念，见图6-14。

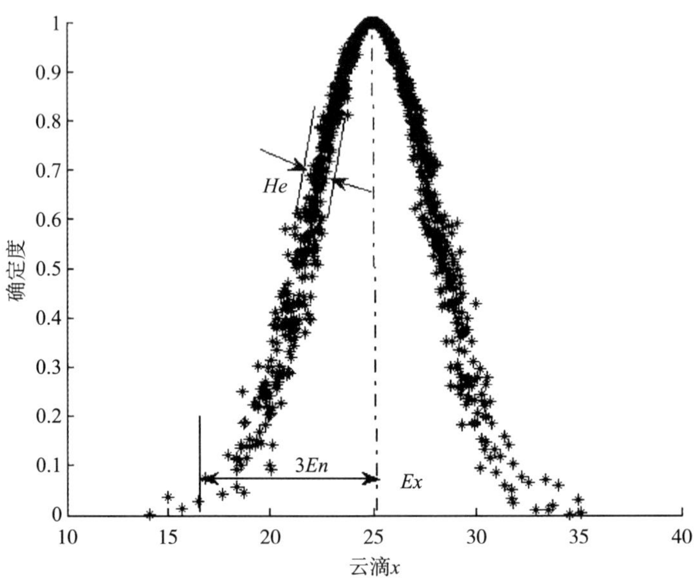

图6-14　正态云模型（25，3，0.3）的云图

图6-14中，期望 *Ex* 是云滴在论域空间分布的期望，是最能够代表定性概念的点，或者说是这个概念量化的最典型样本。熵 *En* 是定性概念不确定性的度量，由概念的随机性和模糊性共同决定。一方面，期望 *En* 是定性概念随机性的度量，反映了能够代表这个定性概念的云滴的离散程度；另一方面，期望 *En* 又是定性概念亦此亦彼性的度量，反映了在论域空间可被概念接受的云滴的取值范围。超熵 *He* 是熵的不确定性度量，即熵的熵，由熵的随机性和模糊性共同决定。云分为完整云、左半云和右半云，半云表示单侧特性，如图6-15所示。

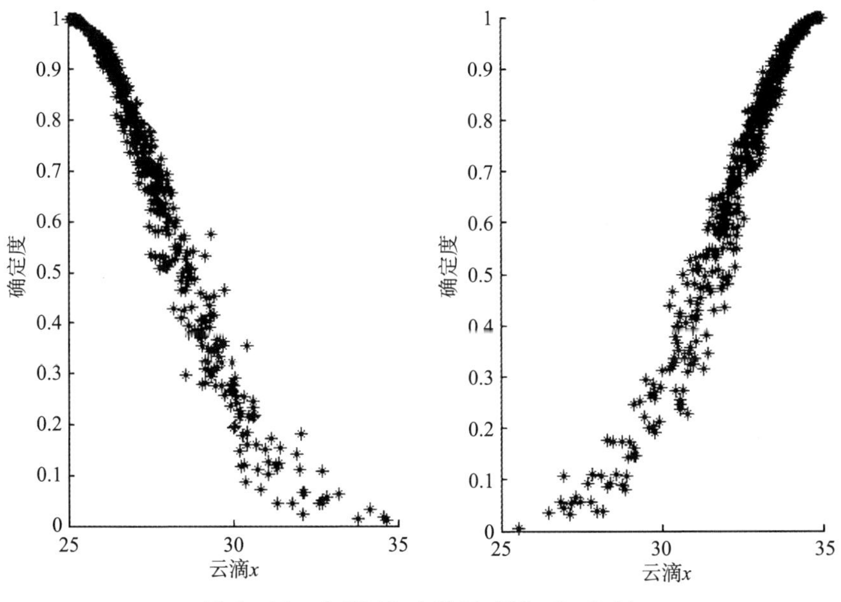

图6-15　左半云和右半云（25，3，0.3）

6.4.2.2　云发生器

云发生器即生成云滴的算法，主要有正向云发生器、逆向云发生器、X条件云发生器和Y条件云发生器。

正向云发生器：由云的数字特征$C(Ex, En, He)$产生大量云滴x，用FCG表示。逆向云发生器：将一定数量的精确数据有效转换为以数字特征$C(Ex, En, He)$表示的定性概念，用BCG表示。这两个云发生器是云模型中最重要、最关键的算法，实现了定性语言值与定量数值之间的不确定转换，前者是从定性到定量的映射，后者是从定量到定性的映射。X条件云发生器：给定云的数字特征$C(Ex, En, He)$和特定值x_0，产生特定值x_0的确定度μ，用XCG表示。Y条件云发生器：给定云的数字特征$C(Ex, En, He)$和特定的确定度μ_0，产生云滴（x_0，μ_0），用YCG表示。图6-16是四种云发生器的示意图，具体算法见文献[161]。

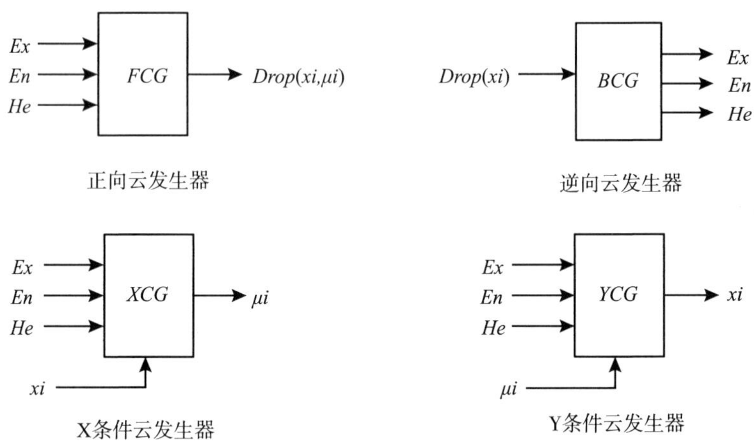

图 6－16　云发生器示意图

6.4.3　基于云模型的突发事件分级思路和步骤

本节引入云模型理论，通过分析具体突发事件分级指标属性，评估突发事件的分级等级的确定度，客观地反映突发事件的不可预测性、随机性和模糊性等。具体思路如图 6－17 所示。基于云模型的突发事件分级流程可分为六个步骤。

步骤 1：确定突发事件分级指标。

经过领域专家讨论，确定某类型突发事件的分级指标，并将确定好的分级指标分为可观测性指标和不可观测性指标两类。可观测性指标，即只需通过观察、统计就可以得到数值性结果的指标，如死亡人数，受伤人数等。不可观测性指标，即不可直接用传统的统计方法得到数值性结果的指标，如认知程度、公众心理承受程度等。分级指标表述如下：

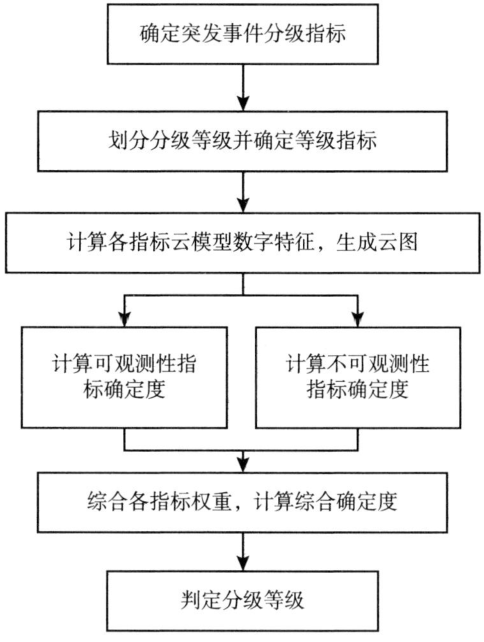

图6－17　基于云模型的突发事件分级流程

针对某类型突发事件 A，经过分析，建立分级指标集 Q，$Q=\{V, D\}$，其中 V 表示可观测性指标，$V=\{v_1, v_2, \cdots, v_n\}$，$n$ 表示可观测性指标的个数，D 表示不可观测性指标 $D=\{d_1, d_2, \cdots, d_m\}$，$m$ 表示不可观测性指标的个数。

步骤2：确定突发事件等级并划分定义标准。

根据应急管理的需要，划分突发事件等级级别，设 s 为某类型突发事件 A 的等级级别数，某类型突发事件 A 的等级评语集 $G=\{g_1, g_2, \cdots, g_s\}$。评语集可以用语言值表达，如一般、较大、重大、特别重大等，也可以用数值或希腊字母表达，如Ⅰ级、Ⅱ级、Ⅲ级、Ⅳ级等。各指标按照划分的等级制定相应的标准，具体标准的定义与具体应用场景有关，在实践中，一般通过领域专家的经验和问卷调查给出突发事件分级等级的划分和制定相应的标准。可观测性指标取值的划分一般采用区间来表示，假设某可观测性指标 v_1 的取值范围为（a，b），则按照等级级别数 s 将区间（a，b）划分为 s 个子区间，其中第 i 个子区间为（$R_i^{\min}$，$R_i^{\max}$），其中 $R_i^{\min}$ 和 $R_i^{\max}$ 分别为区间的上限和下限。例如我国地震死亡人数等级为一般、较大、重大、特别重大四个级别。可观测性指标为死亡人数，按照分级等级进行标准定义，见表 6－3。

表 6－3　死亡人数按照等级划分

项目	一般（Ⅳ级）	较大（Ⅲ级）	重大（Ⅱ级）	特别重大（Ⅰ级）
死亡人数	(0，10)	[10，20)	[20，100)	[100，+∞)

不可观测性指标一般用语言值表达某定性概念，如恐慌程度为低、中、较高、高，需通过赋值的形式转换为定量的数值，再划分为区间，见表 6－4。

表 6－4　恐慌程度按照等级划分

项目	一般（Ⅳ级）	较大（Ⅲ级）	重大（Ⅱ级）	特别重大（Ⅰ级）
恐慌程度	低	中	较高	高
分值区间	(0，2)	(2，4)	(4，6)	(6，8)

分级等级划分标准确定后，传统的等级评定方法一般采用分段函数进行定量评价，在量值与等级之间建立严格的映射关系。这种方法存在缺点，无法体现突发事件本身具有的不确定性、主观性等本质特点，所以在突发事件分级研究中建立一种能够反映突发事件的模糊性又具有直观、简洁语义的定性描述机制非常重要。能实现定性概念与其定量表示之间的不确定性转换的云模型能很好地满足上述需求。

步骤3：计算标准指标等级云模型的数字特征生成云图。

某类型突发事件 A 的等级评语集 $G=\{g_1, g_2, \cdots, g_s\}$，每一个评语集元素 g_i 均为一个定性概念，每一个分级指标可划分 s 个等级，每个等级用一个单独的云来表示。通过步骤2，每个指标按照等级划分好标准区间后，即可利用标准指标等级云发生器，为每个指标的每个等级生成标准指标等级云。具体算法如下：

输入：s 个子区间（$R_i^{\min}$，$R_i^{\max}$），其中 $R_i^{\min}$ 和 $R_i^{\max}$ 分别为区间的上限和下限，对于单边界限的某变量，形如（$R_i^{\min}$，$+\infty$）或（$-\infty$，$R_i^{\max}$），可根据数据的上下限确定其缺省边界参数。

输出：标准指标等级云 $STC_i(Ex_i, En_i, He_i)$，其中 $i=1, 2, \cdots, s$，Ex_i，En_i，He_i 是标准等级指标云 STC_i 的期望、熵、超熵。具体过程：

（1）$Ex_i=\dfrac{R_i^{\min}+R_i^{\max}}{2}$

（2）云发生器对定性概念产生的云滴主要落在区间［$Ex-3En$，$Ex+3En$］，即云的“$3En$”规则，满足 $3En$ 规则的云的熵为：

$$En_i=\begin{cases}\dfrac{Ex_{i+1}-Ex_i}{6}, & i=1//\text{左半云}\\[2mm] \dfrac{Ex_i-Ex_{i-1}}{3}, & 1<i<s\\[2mm] \dfrac{Ex_i-Ex_{i-1}}{6}, & i=s//\text{右半云}\end{cases}$$

（3）$He_i=\eta$，η 是针对不同的实际问题，结合经验事先确定，取值不宜过大。因为 He 越大，随机性越大，等级越难以确定。当 $i=1$ 或 $i=s$ 时，最左边子区间或最右边子区间，一般生成左半云或右半云。

根据上述算法，以表6－3和表6－4为例，采用标准指标等级云发生器产生云的数字特征，通过正向云发生器生成相应的云图，分别如图 6 – 18 和图 6 – 19 所示。

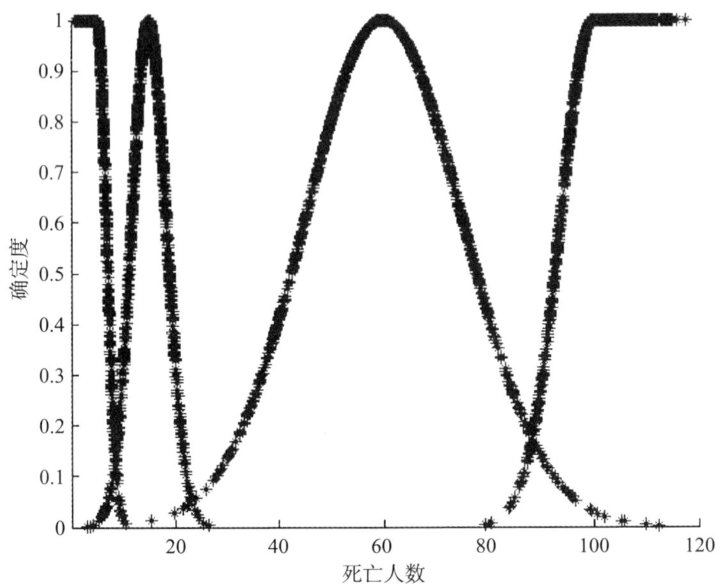

图 6 – 18　死亡人数的标准指标等级云

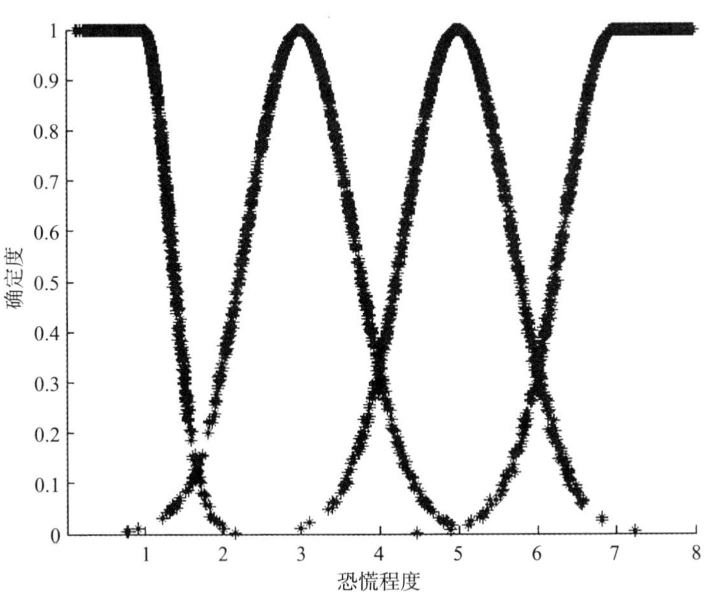

图 6 – 19　恐慌程度的标准等级云

图6－18中，从左到右分别代表死亡人数指标从Ⅳ级到Ⅰ级对应的云；图6－19中，从左到右分别代表恐慌程度指标从Ⅳ级到Ⅰ级对应的云。

步骤4：计算可观测性指标确定度。

设可观测性指标集 $V=\{v_1, v_2, \cdots, v_n\}$，评语集 $G=\{g_1, g_2, \cdots, g_s\}$，利用标准指标等级云发生器可产生 $n\times s$ 个标准指标等级云：

$$STCV_{n\times s}=\begin{bmatrix} STCV_{11}(Ex_{11}, En_{11}, He_{11}) & STCV_{12}(Ex_{12}, En_{12}, He_{12}) & \cdots & STCV_{1s}(Ex_{1s}, En_{1s}, He_{1s}) \\ STCV_{21}(Ex_{21}, En_{21}, He_{21}) & STCV_{22}(Ex_{22}, En_{22}, He_{22}) & \cdots & STCV_{2s}(Ex_{2s}, En_{2s}, He_{2s}) \\ \vdots & \vdots & \vdots & \vdots \\ STCV_{n1}(Ex_{n1}, En_{n1}, He_{n1}) & STCV_{n2}(Ex_{n2}, En_{n2}, He_{n2}) & \cdots & STCV_{ns}(Ex_{ns}, En_{ns}, He_{ns}) \end{bmatrix}$$

通过数据采集，获得可观测性指标集 $V=\{v_1, v_2, \cdots, v_n\}$ 的数据。图6－20为可观测性指标集隶属于第 j 个等级的确定度的计算方法图。

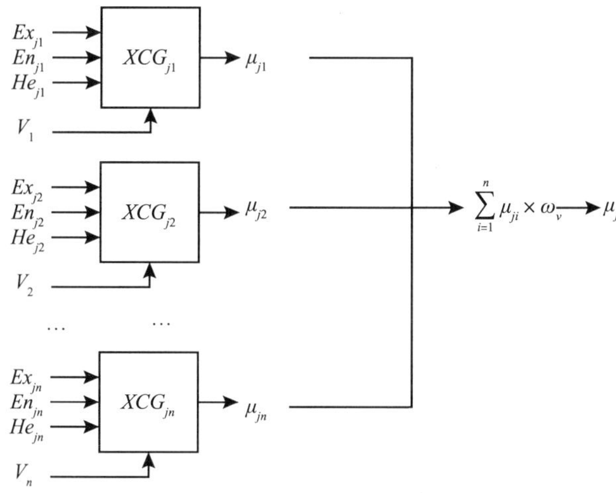

图6－20　可观测性指标集隶属于第 j 等级的确定度的计算方法

图6－20中的 XCG_{j1}、XCG_{j2}、…、XCG_{jn} 表示 n 个 X 条件云发生器，即输入标准指标等级云模型的数字特征（Ex_{ji}，En_{ji}，He_{ji}）和特定数字 v_i，输出特定数字 v_i 的确定度 μ_{ji}。然后通过公式 $\sum_{i=1}^{n}\mu_{ji}\omega_v$ 得到 μ_j，其中 ω_v 是各可观测性指标的权值，权重一般由领域专家确定。当 $j=1$，2，…，s 时，按照图6－20所示的计算方法即可得到可观测性指标集 $V=\{v_1, v_2, \cdots, v_n\}$ 在每个等级的确定度，即 $\mu_v=\{\mu_1, \mu_2, \cdots, \mu_s\}$。

步骤5：计算不可观测性指标确定度。

由于不可观测性指标的值不可直接获得，需通过领域专家打分获得样本点，传统的方法是取样本点的平均值。本节利用无确定度信息的逆向云发生器算法进行处理，可获得反映此不可观测性指标整个特征的云模型，然后，计算在各等级的确定度。具体过程如下：

（1）获得不可观测性指标集的云模型。

不可观测性指标集 $D=\{d_1, d_2, \cdots, d_m\}$，$n$ 位专家对 m 个不可观测性指标打分后得到样本点矩阵 $H_{m\times n}=\begin{bmatrix} h_{11} & h_{12} & \cdots & h_{1n} \\ h_{21} & h_{22} & \cdots & h_{2n} \\ \vdots & \vdots & \cdots & \vdots \\ h_{m1} & h_{m2} & \cdots & h_{mn} \end{bmatrix}$，对矩阵 H 的每一行，采用无确定度信息的逆向云发生器算法，得到不可观测性指标集 D 的云模型的数字特征，记为：

$$C_d=[C_{d1}(Ex_{d1}, En_{d1}, He_{d1}) \quad C_{d2}(Ex_{d2}, En_{d2}, He_{d2}) \quad \cdots \quad C_{dm}(Ex_{dm}, En_{dm}, He_{dm})]$$

（2）计算不可观测性指标 d_i 在标准指标等级云的确定度。

通过步骤3，获得不可观测性指标集 D 在各分级等级的标准指标等级云：

$$STCD_{m\times s}=\begin{bmatrix} STCD_{11}(Ex_{11},En_{11},He_{11}) & STCD_{12}(Ex_{12},En_{12},He_{12}) & \dots & STCD_{1s}(Ex_{1s},En_{1s},He_{1s}) \\ STCD_{21}(Ex_{21},En_{21},He_{21}) & STCD_{22}(Ex_{22},En_{22},He_{22}) & \cdots & STCD_{2s}(Ex_{2s},En_{2s},He_{2s}) \\ \vdots & \vdots & \vdots & \vdots \\ STCD_{m1}(Ex_{m1},En_{m1},He_{m1}) & STCD_{m2}(Ex_{m2},En_{m2},He_{m2}) & \cdots & STCD_{ms}(Ex_{ms},En_{ms},He_{ms}) \end{bmatrix}$$

最初的不可观测性指标是用语言值来表示的，经过处理后，采用云模型来表示，如何计算用云模型表示的不可观测性指标，在标准指标等级云的准确度是本节的难点。具体解决思路：考虑到云模型的期望 Ex 是最能代表定性概念的点，所以在期望 Ex 的附近取若干个点，计算出这些点在标准指标等级云的准确度，并求平均值。用平均值来表示不可观测性指标在分级等级的准确度。本章通过组合 Y 条件和 X 条件发生器来实现，见图 6－21。

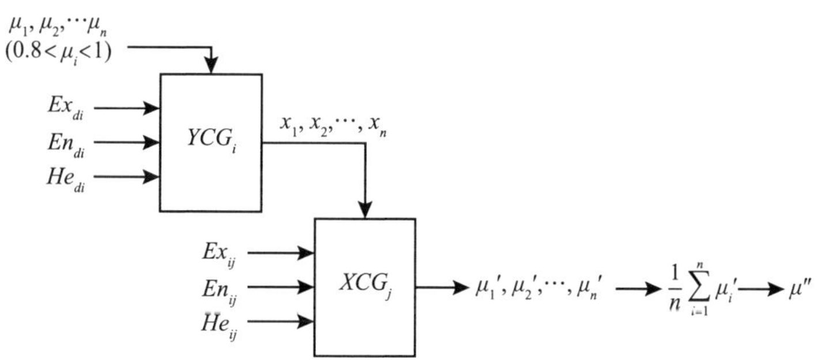

图 6－21　不可观测性指标 d_i 在第 j 等级的标准指标等级云的准确度的计算方法

YCG_i 表示 Y 条件发生器，XCG_j 表示 X 条件发生器，（Ex_{di}，En_{di}，He_{di}）表示不可观测性指标 d_i 的云模型的数字特征，（Ex_{ij}，En_{ij}，He_{ij}）表示第 j 个等级的标准指标等级云模型的数字特征。通过随机产生若干个处于区间［0. 8，1］的 μ，输入到 Y 条件发生器，产生若

干对对应的 x（由于云图是对称的，一个 μ 值产生两个 x），然后将若干对 x 作为 X 条件发生器的输入值，输出若干个确定度 u'（取每对确定度 u' 中较大的值），最后取平均值得到 u''，即为不可观测性指标 d_i 在第 j 等级标准指标云的确定度。按照上述方法，求出不可观测性指标集中的其他元素的在第 j 等级标准指标云的确定度，结合权重 ω_d，计算出不可观测性指标集在第 j 等级的确定度 μ_j''，当 $j=1, 2, \cdots, s$ 时，即可计算出不可观测性指标 $D=\{d_1, d_2, \cdots, d_m\}$ 在每个等级的确定度 $\mu_d=\{\mu_1'', \mu_2'', \cdots, \mu_s''\}$。

步骤 6：计算综合确定度，判定分级等级。

可观测性指标集在每个分级等级的确定度为 $\mu_v=\{\mu_1, \mu_2, \cdots, \mu_s\}$，不可观测性指标集则为 $\mu_d=\{\mu_1'', \mu_2'', \cdots, \mu_s''\}$，综合确定度为 $\mu_v+\mu_d=\{\mu_1+\mu_1'', \mu_2+\mu_2'', \cdots, \mu_s+\mu_s''\}$，最后，根据最大确定度原则判定突发事件分级等级。

6.4.4 实例分析

本节实例来源于文献[163]，重庆某化工总厂发生氯气泄漏并引发爆炸，厂区周边 300 米范围内有刺鼻气味，附近 3 千米内的 15 万户居民紧急疏散，扩散区域内的财产设备价值和环境资源价值分别约为 250 万元和 150 万元。根据事故的发生、发展及影响，建立分级指标体系。其中，可观测性指标 V = {人员死亡、人员受伤、扩散区域面积、受影响人口数量、财产设备价值、环境资源价值}，不可观测性指标 D = {泄漏物质健康危害程度、恐慌程度}。根据需要，此类突发事件一般划分为 4 级：Ⅰ级（特别重大）、Ⅱ级（重大）、Ⅲ级（较大）和Ⅳ级（一般），各分级指标的等级划分范围目前没有统一的标准，不同地方做法不同。本节参照文献[163]确定各等级标准，见表6－5和表6－6。

表6－5　可观测性指标分级等级划分标准

项目	Ⅳ级	Ⅲ级	Ⅱ级	Ⅰ级
人员死亡（人）	（0，3）	（3，10）	（10，30）	（30，∞）
人员受伤（人）	（0，10）	（10，30）	（30，100）	（100，∞）
扩散区域半径（米）	（0，250）	（250，500）	（500，1000）	（1000，∞）
受影响人数（人）	（0，1000）	（1000，3000）	（3000，10000）	（10000，∞）
财产设备价值（万元）	（0，100）	（100，200）	（200，400）	（400，∞）
环境资源价值（万元）	（0，10）	（10，30）	（30，100）	（100，∞）

表6－6　不可观测性指标分级等级划分标准

项目	Ⅳ级	Ⅲ级	Ⅱ级	Ⅰ级
泄漏物质健康危害性	一般	较大	大	特别大
	（0，2）	（2，4）	（4，6）	（6，8）
公众恐惧程度	低	中	较高	高
	（0，2）	（2，4）	（4，6）	（6，8）

采用标准指标等级云发生器计算出各指标的云模型的数字特征，并采用步骤4和步骤5的方法计算出准确度，如表6－7所示。

结合各指标权重值，计算出4个等级的综合准确度为（0.073，0.330，0.064，0.489），根据最大准确度原则，该事件的分级等级为Ⅰ级（特别重大），这一结果与实际相符合。

表 6-7　　各指标云模型的数字特征

项目	Ⅳ级	Ⅲ级	Ⅱ级	Ⅰ级
人员死亡（人）	(1.5, 0.83, 0.01)	(6.5, 1.67, 0.01)	(20, 4.5, 0.01)	(30, 1.67, 0.01)
人员受伤（人）	(5, 2.5, 0.01)	(20, 5, 0.01)	(65, 15, 0.01)	(100, 5.83, 0.01)
扩散区域半径（米）	(125, 41.67, 0.01)	(375, 83.33, 0.01)	(750, 125, 0.01)	(1000, 62.5, 0.01)
受影响人数（人）	(500, 250, 0.01)	(2000, 500, 0.01)	(6500, 1500, 0.01)	(10000, 583.3, 0.01)
财产设备价值（万元）	(50, 16.67, 0.01)	(150, 33.33, 0.01)	(300, 50, 0.01)	(400, 16.67, 0.01)
环境资源价值（万元）	(5, 2.5, 0.01)	(20, 5, 0.01)	(65, 15, 0.01)	(100, 5.83, 0.01)
泄漏物质健康危害性	(1, 0.33, 0.01)	(3, 0.67, 0.01)	(5, 0.67, 0.01)	(7, 0.33, 0.01)
公众恐惧程度	(1, 0.33, 0.01)	(3, 0.67, 0.01)	(5, 0.67, 0.01)	(7, 0.33, 0.01)

6.5　大数据环境下的突发事件情报实时感知

情报感知是一种综合性的情报分析服务，前述章节已研究了实现情报感知的前置工作。本节将利用大数据环境下，物联网、面向资源架构、知识组织等理论或技术，结合情报融合、突发事件分类和分级等工作，构建一个能够实现情报实时感知的情报分析框架。

6.5.1 大数据环境下情报感知实现技术协同机制

前述章节在不同的阶段，已经应用了物联网、大数据和知识组织等大数据时代常见的技术。本章的情报感知在这些技术协同工作下共同完成，其技术协同机制如图6-22所示。

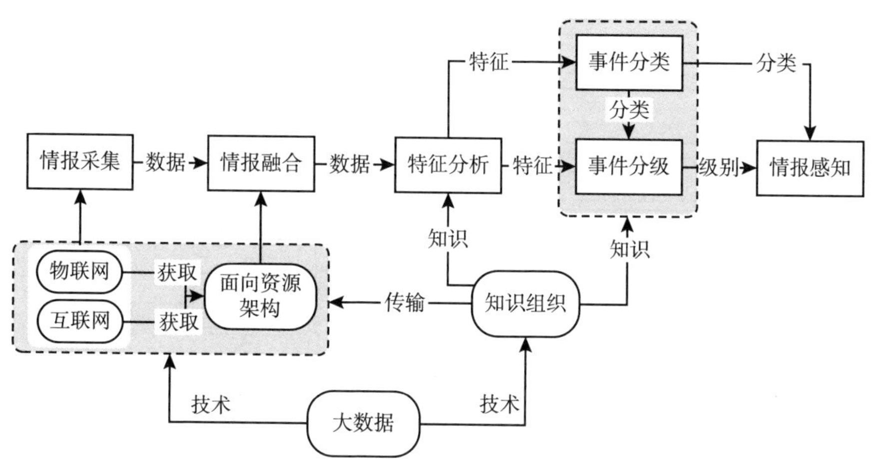

图6-22 大数据环境下情报感知实现技术协同机制

如图6-22所示，情报感知的实现总体过程分为情报采集，情报融合，特征分析，事件分类、分级。其中情报采集阶段主要为物联网和互联网协同采集，情报融合则主要为面向资源架构构建中间件，该中间件最终与物联网和互联网相衔接。特征分析则是对融合后的突发事件情报，结合组织中的知识库进行特征识别。突发事件的分类、分级则是根据特征对突发事件先分类，再按严重程度进行分级，最后根据分类、分级，感知到突发事件，实现情报感知。突发事件的分类、分级同样需要知识组织的支持。此外，大数据几乎贯穿了整个情报感知的实现过程，是情报感知的基础技术。

6.5.2 突发事件情报实时感知平台

根据上述技术协同机制，结合前述章节的技术特点，大数据环境下突发事件情报实时感知平台架构如图 6－23 所示。

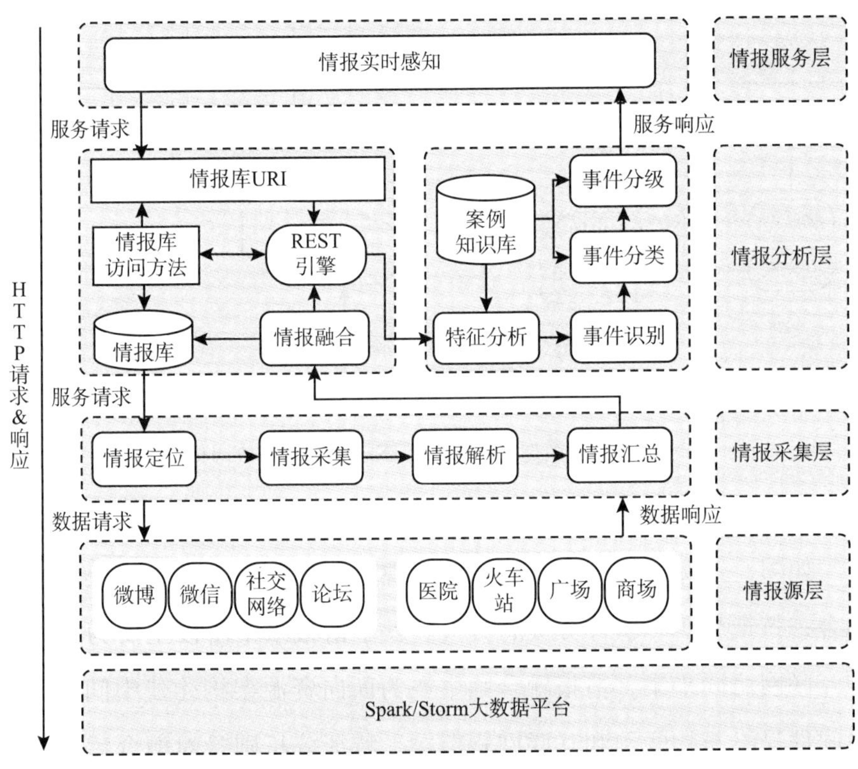

图 6－23 大数据环境下突发事件情报实时感知平台

如图 6－23 所示，整个情报感知平台搭建在 Spark/Storm 组合的实时和离线大数据计算平台上，以HTTP协议作为基本传输协议，共分为情报源层、采集层、情报分析层和情报服务层。其中情报分析层是整个感知平台的核心，该层与采集层共同组成了情报实时感知平台的中间件。中间件对下采集情报，对上提供对情报感知服务的调用接口。各层职能如下。

（1）情报源层。由可能产生突发事件情报的互联网媒体和实际环境组成，为平台的数据来源。前者为互联网情报来源，后者为物联网情报来源。这两类来源各自独立运行，与中间件不存在直接的依赖关系。这两类数据的应用关系详见第3章。

（2）情报采集层。通过应用专属API、网络爬虫和事先部署好的传感器网络，先建立连接，进行情报源的定位，再对各类情报源进行情报采集，随后对采集到的数据进行解析，并按照一定格式，将解析结果汇总，提交至情报分析层中。

（3）情报分析层。该层由两个主要组件构成。第一个组件主要由REST引擎、情报库、情报融合、情报库访问方法和情报库URI组成。该组件一方面对情报进行融合；另一方面将融合后的情报进行改造，将具体情报的访问方法存储至情报库中，并对外提供情报库URI，以供情报服务层调用。需要说明的是，情报库一方面存储具体情报的访问方法，另一方面存储具体的情报，分别对应于实时分析和离线分析。通过这种方式，构建一种实时和离线的突发事件情报追踪机制。实时性的体现请参考第4章内容。情报融合则参考本章第一节内容。另一组件则由案例知识库、特征分析、事件识别、事件分类和事件分级组成。该组件从REST引擎处获取突发事件情报，在案例知识库的支持下，进行突发事件特征分析，根据特征从情报中识别出突发事件。同样在案例库的支持下，识别出突发事件后，对突发事件进行分类和分级，以确定突发事件的类型和严重程度，以此作为是否感知到突发事件的重要判断依据。

（4）情报服务层。该层是突发事件情报实时感知的访问接口，在进行情报感知时，该层会向情报分析层发送情报获取请求，由 REST 引擎对其请求进行转发，按照一定顺序，完成事件情报的定位、采集、解析、汇总、融合、特征分析、识别、分类和分级等一系列逻辑行为。该层最终从情报分析层接收到的是突发事件的分类和分级信息，情报实时感知功能会对分类和分级信息进行判断，根据事件类别和严重程度判断是否发生突发事件。

6.5.3 突发事件情报实时感知的实现

根据平台架构，按照情报实时感知的目标，该功能可分为情报库的构建和访问、情报源数据的实时采集、事件识别、事件分类和事件分级五个子功能。其中，情报库是数据基础、情报源数据的实时采集是过程，事件识别是情报感知的基本逻辑，事件分类和分级是情报感知的增强，这五个功能协同驱动最终从情报源中实现对突发事件情报的实时感知。

6.5.3.1 情报库的构建和访问

情报库主要存储欲集成情报源的访问方法，可采用一般的关系型数据库来构建，以 MySQL 为例，其数据库表结构如表 6－8 所示。

表6－8 情报库表结构

字段名	类型	备注
InformationID	int	情报源唯一标识
InformationName	varchar	情报源名称
InformationURI	varchar	情报源入口地址
AccessCode	int	访问类型：0. 已开放API；1. 未开放API；2. 传感器

情报库内容由平台管理方手动录入。其中，情报源入口地址是可以获取情报内容集合的地址，一般是网址或者物联网的数据调用接口。在录入情报源基本信息时，在平台里编写与之对应的数据访问方法。如有API，则使用API编写采集方法，否则使用网络爬虫来采集。情报库构建完成后，以面向资源架构的方式对外发布，其URI设计如表6－9所示。

表6－9 情报库URI设计

项目	内容
情报源对象	URI
情报源集合	http：//{地址}/Information
单个情报源	http：//{地址}/Information/{InformationID}

其中，情报源集合URI可视为情报库URI，其包含了所有情报源的URI，向情报源集合URI发送请求，可获得情报库中所有情报源的URI，以循环方式再向单个情报源URI发送请求，即可获取所有突发事件原始情报数据。情报库的访问过程如图6－24所示。

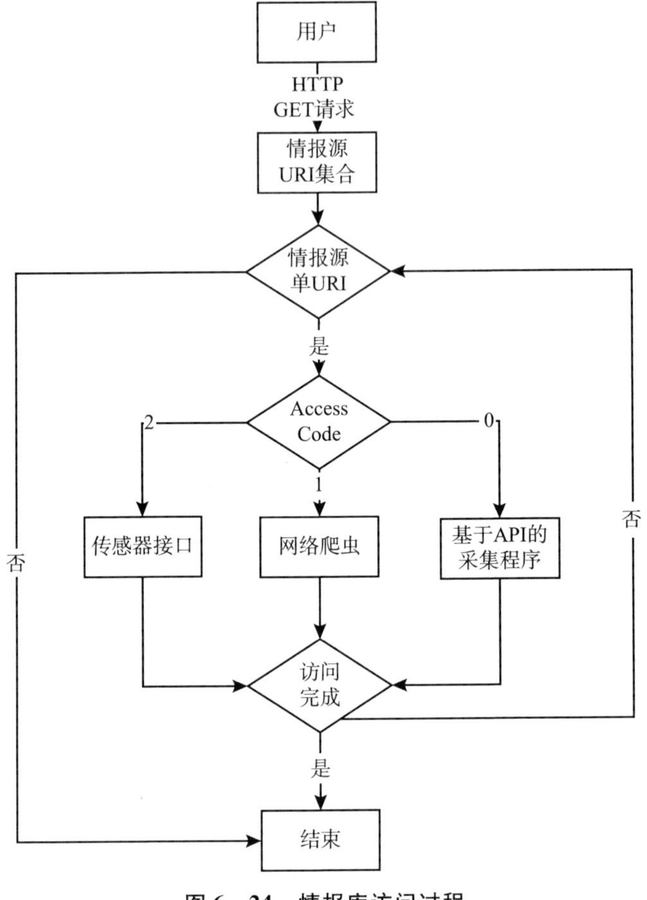

图 6－24 情报库访问过程

6.5.3.2 突发事件情报数据的实时采集

情报源的数据采集由对应的采集方法来执行。采集方法会根据情报库中的 URI，分别进行数据的采集。其中，通过情报源专属 API 采集到的一般为 XML 或 JSON 等结构化数据，其格式工整、规范、易于解析。通过网络爬虫采集到的则是半结构化的 HTML 源码，需要先对 HTML 源码进行清洗，去除修饰性或辅助性的代码，找出情报内容代码，再进行解析才能获取真正需要的数据。传感器数据则是比较单纯的数字信号。采集到多种数据后，将原始情报数据格式映射成平台统一的数据格式，这一工作即完成了对原始情报数据的标注。此处，平台统一采取 JSON 作为数据表示技术，至少统一为如下格式：

{“title”：[事件标题]，“date”：[发生时间]，“Address”：[发生地点]，“content”：[事件具体内容]，“site”：[来源站点]，“type”：[类型]，“Feature”：[特点]}

完成映射后得到一个新的 JSON 集合，完成情报集成，具体过程请参考第 4 章第 4.2 节。

6.5.3.3 事件识别

事件识别的关键在于对情报数据的知识分析，由特征分析和突发事件案例知识库组成。其中，特征分析是识别的逻辑，案例知识库是识别的依据。在突发事件案例知识库的基础上，平台将对从情报源中采集来的数据，应用文本分析和相似度计算方法，从中识别与知识库中案例具有相似特征的数据，该功能是实现情报实时感知的关键。这一目标的实现可分为两个关键步骤：突发事件案例知识库的构建以及相似度计算方法的应用。第 5 章已经创建了突发事件案例知识库，该目标的重点集中在相似度的计算上。

相似度的计算以突发事件知识的特征描述与情报数据作为比较对象。根据知识规则设计，假设 t 为突发事件知识的特征词，那么该知识的特征描述可表示成一个特征向量 $P=\{t_1, t_2, \cdots, t_n\}$。情报数据通过与突发事件知识主体的模糊匹配获得，通常是一个较为庞大的情报数据集合 $D=\{d_1, d_2, \cdots, d_m\}$。得到特征向量与情报数据集合后，应用词频和逆向文件频率公式 $tf \times idf$[164]，分别计算特征词 t_i 在

特征向量 P 及情报集合 D 中的权重 w_{ij}，完成情报集合的向量化，最终得到一个特征权重矩阵 W，如图 6－25 所示。

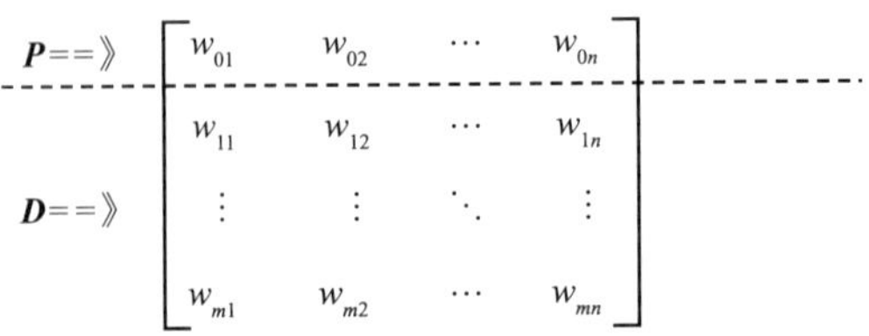

$$\begin{array}{c} P==\rangle \\ D==\rangle \end{array} \begin{bmatrix} w_{01} & w_{02} & \cdots & w_{0n} \\ w_{11} & w_{12} & \cdots & w_{1n} \\ \vdots & \vdots & \ddots & \vdots \\ w_{m1} & w_{m2} & \cdots & w_{mn} \end{bmatrix}$$

图 6－25 特征权重矩阵

应用余弦相似度公式[165]，分别将集合中每条情报的权重与事件特征权重进行相似度计算，并按照相似度大小倒序排序。根据上述方法，情报识别的具体过程如图 6－26 所示。

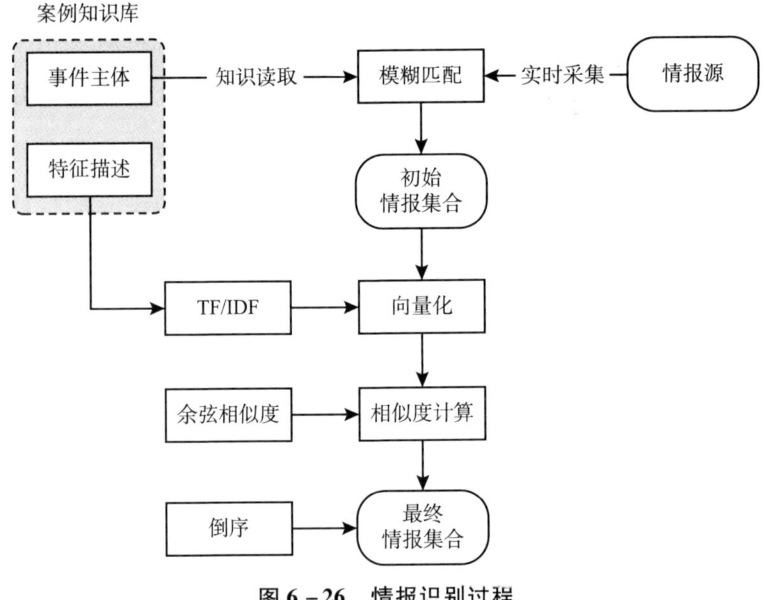

图 6－26 情报识别过程

得到最终集合后，根据阈值判断是否发现具有案例相似特征的突发事件。

6.5.3.4 事件分类和分级

感知到具有案例相似特征的事件后，还需要视事件类型和严重程度来判断事件是否重要。如果不重要，可不做任何提示；重要或者影响大，则需要进行预警，以此真正实现情报感知。突发事件的分类和分级可分别参考本章第 6.3 节和第 6.4 节。

在实际应用过程中，情报实时感知通常是离线分析和实时分析相结合使用。离线分析主要针对突发事件案例知识库中特征的提取，而实时分析则主要针对实时采集融合至平台的突发事件原始数据。在上述环节的结合下，实现突发事件情报的实时感知。

6.6 本章小结

首先，研究了突发事件应急情报的融合，有别于第 4 章研究的突发事件大数据集成，突发事件应急情报融合更加侧重情报应急目的和业务的整合，这使得集成后的数据更加具有针对性和可操作性。其次，在情报融合基础上，从组织、信息和流程相结合的角度构建了突发事件情报分析框架，该框架侧重的是对融合后的情报在分析过程上的利用，也勾画了突发事件情报分析的主要流程。再次，在该框架下，分别研究了突发事件的分类和分级方法，前者用于划分事件类型，后者则用于评估事件的严重程度，这两项研究决定了突发事件情报感知的规则基础。最后，研究了大数据环境下，物联网、大数据和知识组织等技术的协同机制，并将情报融合、分析框架、事件分类和分级等按照逻辑结合，构建了突发事件情报实时感知平台，从理论角度研究了情报实时感知的实现方法。本章内容是前述章节所涉及内容的综合应用，也是实现突发事件快速响应的直接关键的前置研究。

第7章

"互联网+"环境下大数据驱动的突发事件快速响应

突发事件快速响应是在突发事件发生时，能够迅速形成应急决策方案，及时妥善处理突发事件的应急手段。本章在第6章情报感知的基础上，明确突发事件应急决策需求，研究突发事件应急决策方案的自动生成和优化选择。首先对突发事件应急决策需求进行研究；其次，根据突发事件情报的情景，研究突发事件应急策略情报复用方法；再次，根据"互联网+"的技术特点，综合应急决策需求和应急策略情报复用方法，构建"互联网+"环境下的突发事件快速响应系统，从情报流动和组织角度上，研究情报感知到应急决策输出的全过程；最后，研究应急物资储备和调用，以支持突发事件的快速响应。

7.1 大数据环境下基于多源数据融合的突发事件决策需求研究

突发事件快速响应的效率决定了财产损失和人员伤亡的程度，

低效率的快速响应不仅会导致更大的财产损失和人员伤亡，也会给应急工作增加巨大的成本。而突发事件的不确定性和复杂性，是形成突发事件快速响应效率低下的根本原因。但直接原因是突发事件决策需求定位不准、组织无序和应对不力，缺乏决策需求明晰化和精准化的融合过程而导致的。模糊粗放的决策需求难以高效满足，严重影响突发事件快速响应的效率，从而引发不必要的损失和伤亡，直接威胁社会稳定和谐发展。因此，探讨突发事件决策需求来引导突发事件快速响应的主动性和靶向性，通过对突发事件决策需求的有序化、优质化和知识化，促进明晰和精准的突发事件决策需求产生，支撑突发事件高效快速响应，尽可能降低突发所导致的损失，已成为政界和学界关注的热点问题。基于此，本节在第 6 章第 1 节情报融合的基础上，研究基于多源数据融合的突发事件决策需求，构建一个以多源数据融合为力、以突发事件为驱动、高效快速响应为标的突发事件决策需求组织管理过程，为突发事件快速响应奠定基础。

7.1.1 数据融合理论

数据融合最早用于军事领域，是近几年发展起来的一门实践性较强的应用技术，是多学科交叉的新技术，涉及信号处理、模式识别、人工智能、模糊数学等理论，有些场合也称为多传感器融合。这一概念至今没有一个统一的定义，一般认为融合是把多个渠道、多方位采集的、局部环境的、不完整信息加以综合，消除多源信息间的冗余和矛盾，通过互补来降低其不确定性，形成对系统环境的相对完整一致性描述的过程[166]，通过这一过程，可以提高智能系统的决策、规划、反映的快速性和正确性，降低决策风险。

数据融合不仅针对信息源特征进行分析，处理不确定性问题，还可以根据信息需求者的背景和所处的情景进行调整，是建立“人—机—环境”的基础。数据融合的核心问题是选择合适的融合算法，对信息融合方法的基本要求是具有鲁棒性、并行处理能力、方法的运算速度和精度以及接口和协调能力等。数据融合的常用方法基本上可概括为随机和人工智能两大类，随机类方法有加权平均法、卡尔曼滤波法、多贝叶斯估计法、Dempster – Shafer（D – S）证据推理、产生式规则等；而人工智能类则有模糊逻辑理论、神经网络、粗集理论、专家系统等[167]。数据融合可以确保高质量的多源数据和针对情景的智能化分析，有助于获取精准的突发事件决策需求。

7.1.2 基于数据融合的突发事件决策需求

7.1.2.1 总体结构

针对突发事件决策需求存在抽象、模糊等问题，本节对多主体、多阶段、多决策层的突发事件决策需求进行界定，以提高快速响应效率为目标，借助知识组织理论和方法，有效融合多源数据和决策需求。宏观上，从组织机构、业务流程和信息流程，构建多决策层、多阶段、多主体的突发事件决策需求管理体系[168]；微观上，透析突发事件决策需求的界定、分类、识别、精细化组织、跟踪和应对过程，借助多源数据融合方法促进突发事件决策需求有序化、优质化和知识化，达到提高突发事件快速响应效率的目的。其总体结构如图 7－1 所示。

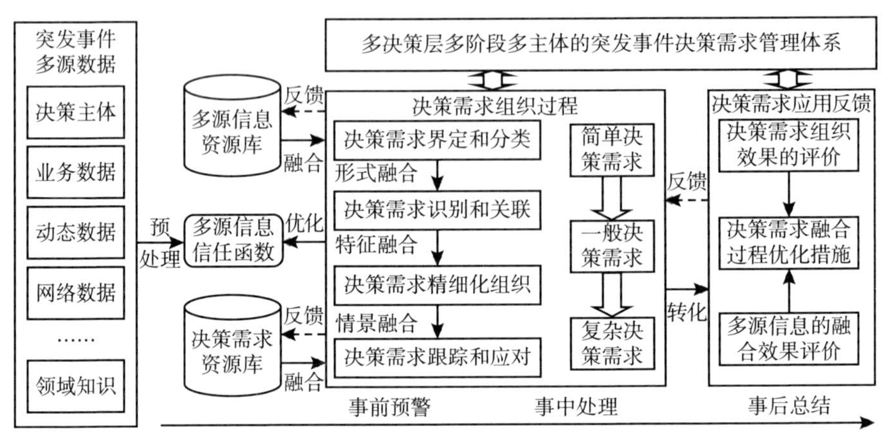

图 7－1　突发事件决策需求总体结构

在获取突发事件决策主体、业务数据、动态数据、网络数据以及领域知识等多源数据后，首先通过构建多源信息信任函数对多源数据进行预处理，剔除冗余和冲突数据，形成多源信息和决策需求资源库。其次，借助多粒度模糊集来规范化决策需求，根据分类算法对决策需求进行分类，形成突发事件决策需求的界定和分类。再次，借助 Dempster－Shafer 理论构建信息信任度量化函数，从形式融合，建立突发事件有序化的多源数据和决策需求资源库关联；从特征级融和，精细化组织决策需求，挖掘潜在隐形决策需求；从情景融合，对决策需求进行跟踪和应对。最后，通过评价反馈来完善和优化决策需求的组织过程，促进清晰和精细化决策需求产生，有利于针对性决策需求应对的情报产生，有效提高突发事件响应效率。

7.1.2.2 突发事件决策需求的界定和分类

根据突发事件应对要求，突发事件决策需求明确决策需求的对象、特征、边界、类型和内容。按照事件阶段分为事前、事中以及事后决策需求，按照决策层分为简单、一般和复杂决策需求，按照决策主体分为显性和隐性决策需求，借助数据融合的多粒度模糊集对突发事件决策需求相似度和设定粒度阈值进行划分[169]，来规范化决策需求，形成突发事件决策需求分类体系。

（1）决策需求相似度量化。关于决策需求的相似度计算，向量空间模型是较为理想的方法，本章使用向量空间模型来表示突发事件决策需求文本。假设决策需求文本集 $R=\{r_1, r_2, r_3, \cdots, r_m\}$，关键词集合 $K=\{k_1, k_2, k_3, \cdots, k_n\}$，其中，$m$ 表示决策需求文本总数，n 代表关键词数量。由于初始决策需求描述较为抽象，可以先根据决策者经验来确定各向量的权重，$r_i=\{w_{i1}, w_{i2}, w_{i3}, \cdots, w_{im}\}$，再利用两向量之间夹角余弦值来计算决策需求文本向量 $d1$ 和 $d2$ 之间的相似度，如下式：

$$sim(d_i, d_j) = \frac{\sum_{1}^{m} w_{ki} \times w_{kj}}{\sqrt{(\sum_{1}^{m}(w_{ki})^2)(\sum_{1}^{m}(w_{kj})^2)}} \tag{7.1}$$

进而得到两个决策需求文本之间相似关系矩阵 S。

$$S = \begin{pmatrix} s_{11} & s_{12} & \cdots & s_{1m} \\ s_{21} & s_{22} & \cdots & s_{2m} \\ \cdots & \cdots & \cdots & \cdots \\ s_{m1} & s_{m2} & \cdots & s_{mm} \end{pmatrix}，其中\ s_{ij} = sim(d_i,\ d_j) \tag{7.2}$$

再通过自乘构建模糊等价关系，得到矩阵 C，

$$C=\begin{pmatrix} c_{11} & c_{12} & \cdots & c_{1j} \\ c_{21} & c_{22} & \cdots & c_{2j} \\ \cdots & \cdots & \cdots & \cdots \\ c_{j1} & c_{j2} & \cdots & c_{ij} \end{pmatrix}，其中 c_{ij}=\max_k\min(s_{ik}，s_{kj}) \quad (7.3)$$

（2）决策需求粒度阈值设定。在构建的模糊等价类中，当 $c_{ij}=0$ 时，表明两向量之间完全等价；当 $c_{ij}=1$ 时，表明两向量之间完全独立，大多数情况下文本向量之间等价模糊度在0到1之间。为了更好地适应不同决策主体的主观要求，通过给定的阈值 δ 来确定不同粒度的划分，其中 $0\leqslant\delta\leqslant1$，当 $c_{ij}\geqslant\delta$ 时，表示向量 r_i 和 r_j 是等价，可以归为同一粒度大小的类。

根据以上决策需求分类过程，根据不同粒度阈值可以得到如图7－2所示的环境污染事件决策需求分类，在分类基础上，再有针对性地采集多源数据，不断完善和细化决策需求。

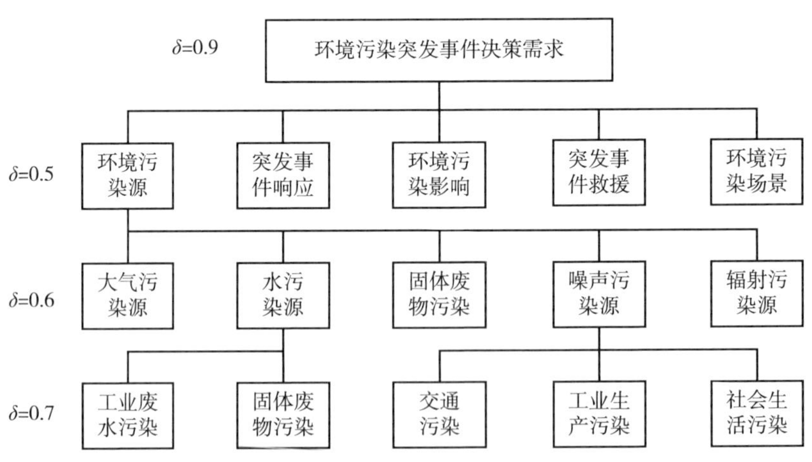

图7－2　环境污染突发事件决策需求分类

7.1.2.3 基于多源数据形式融合的决策需求识别

融合决策主体、业务数据、多传感器数据、网络数据等突发事件多源异构数据，通过去重、除噪、互补、容错等组合方式获取可靠的优质数据，针对四类突发事件特征和应急决策要求，通过关键词关联度来构建多源数据与决策需求之间的关联，基于 Dempster - Shafer 理论构建多源信息信任函数，量化各类数据的信任度[170]，识别出信任度高的数据，建立突发事件有序化的多源数据和决策需求资源库，形成突发事件初步的决策需求。

（1）多源数据与决策需求关联。面对复杂多样的多源数据，有必要构建多源数据与决策需求之间的关联，在已经构建的决策需求模糊等价类基础上，多源数据用向量模型表示为 $D=\{d_1, d_2, d_3, \cdots, d_p\}$，拟先提取各个多源数据和决策需求的重要关键词，然后通过关键词之间关联来构建多元数据和决策需求之间的关系，根据每个向量模型的信息颗粒度作为依据来提取关键词[171]，设定一个阈值 $\overline{w_i}$，其公式如下。

$$\overline{w_i} = \frac{1}{N_i}\sum_{j=1}^{N_i}\vec{x}_j \text{，其中 } \vec{x}_i \in s_j \tag{7.4}$$

如果关键词权重大于阈值，则可以作为重要关键词，表示各个关键词在多源数据和决策需求中的重要程度，然后根据提取后的关键词之间的因果关系、顺序关系、跟随关系、并发关系、互斥关系、空间关系，构建多源数据与决策需求之间的关联。

（2）多源信息信任函数。将多源数据看作一个有限集 Θ，D 是有限集的子集形成的集类，设定一个 D 到 $[0, 1]$ 的函数 m，$m(E)$ 为子集 E 的基本概率赋值，即每个数据源都赋值一个基本概率，满足以下条件：

（ⅰ）$m(\varnothing)=0$

（ⅱ）$\forall E\in D$，$m(E)\geqslant 0$，且 $\sum m(E)=1$

因此，对于任意一个多源数据 $R\in D$，其信任函数 BF 可以定义为：

$$\forall R\in D \quad BF(R)=\sum_{B\subseteq R} m(B) \tag{7.5}$$

其中，$BF(R)$ 反映人们对数据源 R 信任的程度，为突发事件决策需求提供不同信任度的多源数据，方便获取信任度高的数据来获取有效的决策需求。

7.1.2.4 基于数据特征融合的决策需求精细化组织

在多源数据和决策需求资源库基础上，利用粒度原理进行粒度化和归一化，通过距离熵来量化数据之间相似度，分析数据进行冲突分析和量化，构建多源信息和决策需求融合集，融合主体行为基于特征融合分析决策需求的语义关联，挖掘隐性的决策需求，构造突发事件决策需求语义网，形成精细化的突发事件决策需求。

（1）融合数据知识元表示。利用粒度原理，通过多源数据和决策需求对象的概念、属性、关联来刻画，多源数据对象进行知识元表示为 $O_m=(C_m, A_m, R_m, BF_m)$，其中 C_m 为该对象的概念和属性集合，A_m 为经过提取后的重要关键词集合，R_m 表示与其他数据源和决策需求之间的关联或者映射，BF_m 表示该数据源的信任度，方便多源数据和决策需求按照关联和信任度进行深度关联和融合。

（2）基于距离熵的关联量化。基于特征融合过程是不断拉近多源数据、决策需求之间的距离的过程。通过最优距离促进融合的稳定性，达到融合系统的总熵最小，信息量最大化。这样有利于挖掘更加精准的决策需求，所以采用信息熵和距离结合的距离熵来量化各个融合对象的关联程度[172]，为多源数据和决策需求深度关联提供科学依据。

在已经构建的多源数据和决策需求 m 个集合中，每个集合有 n 个知识元，各个集合的距离熵计算方法如下。

参考获取的关键词，给定各集合的最优值 o_j^*（表示第 j（$j=1$，2，…，m）个集合中的最优值），计算与其他集合与该集合的欧氏距离，其公式如下：

$$E_{oij}=\begin{cases}\sqrt{(o_{ij}-o_j^*)^2}, & o_j\neq o_j^*\\ 0, & o_j=o_j^*\end{cases} \tag{7.6}$$

其中，O_{ij}表示第 j 个集合和第 i（$i=1$，2，…，n）个集合的信息单元值。第 i 个集合的距离熵的计算公式如下：

$$E_j=-\sum_{i=1}^{n}\frac{Eo_{ij}}{\sum_{i=1}^{n}Eo_{ij}}\times\ln\frac{Eo_{ij}}{\sum_{i=1}^{n}Eo_{ij}},\ j=1,2,\cdots,m \tag{7.7}$$

根据距离熵进行多源数据和决策需求之间的关联，距离熵越大，表示集合之间相似程度越低[173]，根据决策需求和多源数据特征，结合多源数据信任属性和距离熵进行语义关联和融合，形成如图7-3所示的多源数据和决策需求语义关联图。

7.1.3 基于情景融合的决策需求跟踪和应对

决策需求精细化组织侧重静态情况下的组织，而突发事件时刻都可能发生变化。尤其是在事件刚开始发生时，演化速度很快，响应的决策需求也在快速变化。因此需要融合突发事件演化情景，通过对决策

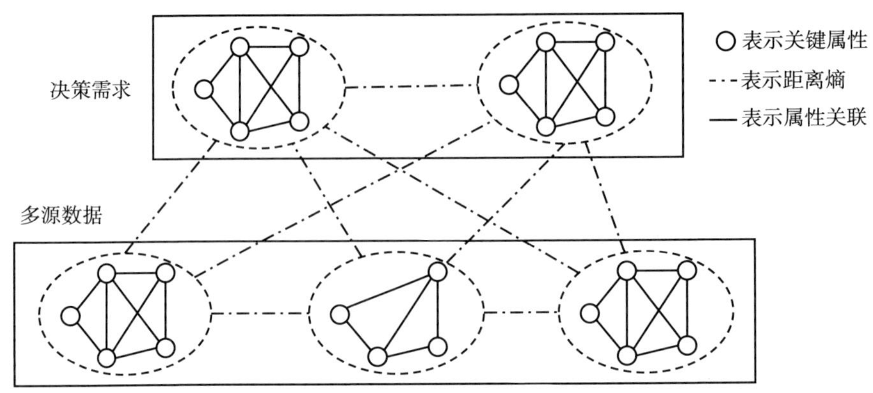

图 7-3　多源数据和决策需求语义关联

需求的实时跟踪，获取需求供给和变更动态，将突发事件情景作为一个动态知识元。这种知识元是一种多源数据，可以按照提取多源数据关键词的方法分别提取情景知识元的关键词，并设定相应阈值，计算出每个关键词的权重；然后参与决策需求精细化组织过程，形成情景应对的突发事件决策需求，应对情报的产生。再借助云模型对突发事件多源信息和决策需求的效果进行评估，引导决策需求精准跟踪和高效应对，完善决策需求识别和组织过程，优化多源数据融合过程，最终形成突发事件决策需求跟踪和应对的服务应用模式。

7.2　“情景—应对”模式下的应急策略情报加工方法研究

在明确突发事件的决策需求之后，就可以有针对性地展开应急决策研究。尽管每次突发事件各有其特殊性，但是事件特征却有一定的相似性，因此，通过比较突发事件的特征来制定应急决策是较为可行的方案。第5章已经研究了突发事件案例知识库、情景库和策略库，本节将在此基础上，从“情景—应对”角度研究如何对现有的突发事件案例的应急策略进行加工，为新突发事件的应急决策奠定基础。

7.2.1 应急策略情报加工模型

“情景—应对”决策模式是当前应急决策的主要模式，指决策行为主体对已经拥有的数据、信息、知识的经验提取与综合集成，再将经验信息纳入当前突发事件具体的“情景”中加以考量与运用，进而生成应对方案的一种新的决策方法[174-176]。根据突发事件情景生成应对方案的决策模式说明，相似的突发事件情景可以采取相似的应对措施，对相似的情景采取相似的应对策略，很可能得到相似的结果，因此，应急策略是可以复用的。以突发事件案例的应对策略来指导新发生的突发事件的应急处理，能够增强应急决策的客观性，减小对决策主体知识水平的主观依赖性，具有重大的理论和实践意义。

通常，应急策略包含了对应的应急响应时间段内进行的所有的应急处置措施，应急措施可以概述为“施动者”以及施动者采取的“行为”两个方面。“施动者”即措施中的行为主体，对应急处置活动而言，行为主体主要是各级各类部门，既包括政府部门，也包括企业、行业协会、医疗机构，以及民间组织和自发参与的民众等。策略中所有参与部门组成的集合，构成策略的组织机构。“施动者”采取的行为，描述为各个部门的具体任务，如出动相应人员、调动相应物资、筹集相应资金等。基于此，将应急策略表示为“组织机构—具体任务”的形式[177]。应急策略情报加工的过程包括：①根据应急情报中的描述文本，提炼策略参与部门，构成策略的组织机构；②为策略组织机构中的每个部门标注具体任务；③计算策略之间内容的相似度。应急策略情报加工模型如图 7－4 所示。

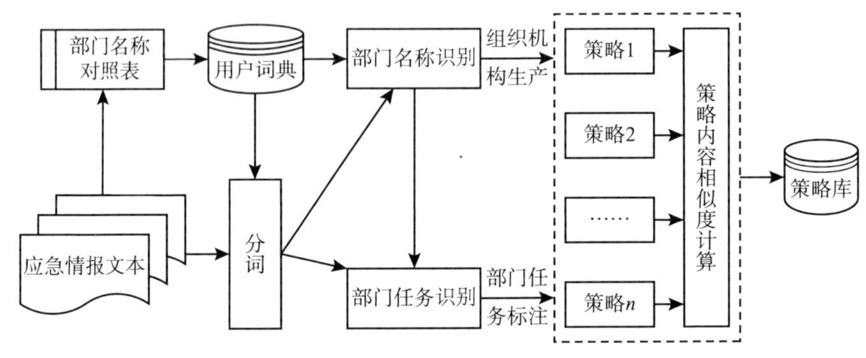

图 7－4　应急策略情报加工模型

根据应急策略加工模型，应急策略情报加工包含的主要工作为：部门名称对照表构建、组织机构生成和部门任务标注以及策略内容相似度计算。

7.2.2　部门对照表构建

执行相同功能的同类部门，在不同的应急情景中可能具有不同的部门名称。出于策略复用的需要，部门名称需要用规范化描述词汇来表示，以便能准确地识别出利用同一策略时执行相同功能的同类部门，从而在策略复用时根据策略中的部门设立目标情景应急的组织机构。鉴于此，构建“部门名称对照表”，将同类部门用规范化的形式来进行统一描述。

7.2.2.1 部门名称对照表构建

部门名称对照表是将具体的部门名称和其规范化描述形式进行对应的工具，其数据结构如表7-1所示。

表7-1 部门名称对照表数据结构

序号	字段名	数据类型	长度（字符）	属性	备注
1	规范化部门名称	字符型	50	非空	主键，部门名称的规范化描述形式
2	核心特征词	字符型	50	非空	代表部门主要特征的词汇
3	地理特征词	字符型	20	可空	代表部门名称中反映地理位置的词汇
4	行政特征词	字符型	10	可空	代表部门名称中反映部门行政级别的词汇
5	备注	字符型	100	非空	用“规范化部门名称”指代具体部门的规则
6	部门实例	字符型	500	可空	实际案例中用“部门名称”指代的具体部门

“规范化部门名称”描述了同类部门统一的规范化描述形式；“核心特征词”对“规范化部门名称”代表的部门类别的主要特征进行描述；“地理特征词”描述了部门名称中代表地理位置的词汇，是同类部门的具体区分；“行政特征词”描述了部门名称中代表部门行政级别的词汇；“备注”用来对“规范化部门名称”指代具体部门的规则进行说明；“部门实例”存储了具体的历史突发事件应急情报描述文本中出现过的具体的部门名称，以及这些部门名称的简称等。

7.2.2.2 部门名称对照表构建方法

鉴于目前还没有现成的数据库可以利用，且部门名称的准确识别是应急策略加工质量的重要保障，部门名称对照表构建主要采用人工判断和手动录入的方式。这一工作需要不断完善，参考的历史突发事件案例越多、收集的实例部门越丰富，部门名称对照表在后续进行分词和部门名称识别中的可用性越高。

部门名称对照表建立的规则主要包括确定规范化部门名称指代具体部门的规则；提取部门名称中的“核心特征词”“地理特征词”“行政特征词”，存入相应的字段；在部门名称核心特征词的基础上，将行政级别等修饰词用统一的指代词进行规范化描述，作为“规范化部门名称”进行存储，以便在策略复用时根据决策环境顺利确定参与部门；将具体的部门名称存入“部门实例”字段。例如，“四川省卫生和计划生育委员会”中的核心特征词为“卫生和计划生育委员会”，“四川省”是“地理特征词”，行政级别是“省”，在部门名称对照表中统一用“省级卫生和计划生育委员会”来替代，以便在其他省发生同类事件时，直接调用事件发生省份的“卫生和计划生育委员会”。

根据案例描述中的策略信息，提取部门名称及“核心特征词”，判断对应的“规范化部门名称”。若部门名称对照表中已有该部门的“规范化部门名称”，则直接将该部门名称添加到已有记录的“部门实例”字段，并提取对应的“地理特征词”和“行政特征词”存入相应字段；否则，新建记录，完善相应字段存储，添加到部门名称对照表中。

以应急策略情报描述文本“南明区疾控中心上报南明区卫生局；南明区卫生局现场调查，确诊甲肝疫情，上报贵阳市卫生局；贵阳市卫生局组织疫苗接种”为例，利用描述文本提取的部门名称为“南明区疾控中心”“南明区卫生局”“贵阳市卫生局”三个部门。根据部门名称对照表建立的规则，在“部门名称对照表”中，这三个部门对应的"规范化部门名称"分别描述为"区（县）级疾控中心""区（县）级卫生局""市级卫生局"；对应的"核心特征词"分别为"疾控中心""卫生局""卫生局"；对应的"地理特征词"分别为"南明区""南明区""贵阳市"；对应的"行政特征词"则分别为"区""区""市"。

部分部门名称对照表的示例如表7－2所示。

表7－2　部门名称对照表示例（部分）

规范化部门名称	地理特征词	行政特征词	核心特征词	备注	部门实例
省级卫生和计划生育委员会	四川省、重庆市……	省	卫生和计划生育委员会	各个具体的省份的卫生和计划生育委员会入此	四川省卫生和计划生育委员会、重庆市卫生和计划生育委员会……
市级卫生局	成都市、绵阳市……	市	卫生局	各个具体的市的卫生局入此	成都市卫生局、绵阳市卫生局……
区（县）级卫生局	南明区、通江县……	区、县	卫生局	各个具体的区（县）的卫生局入此	南明区卫生局、通江县卫生局……
区（县）级疾控中心	南明区、通江县……	区、县	疾控中心	各个具体的区（县）的疾控中心入此	南明区疾控中心、通江县疾控中心……
……	……	……	……	……	……

7.2.3　应急策略的组织机构生成

针对每一突发事件应急策略描述文本，对所有参与部门，即对构成应急策略的组织机构进行规范化描述。因此，需要对应急策略描述文本进行分词，在分词的基础上进行部门名称识别。为了提高应急策略描述文本分词的准确性和部门名称识别的准确性，基于部门名称对照表构建了用户词典，对应急策略描述文本分词和部门名称识别进行控制。

7.2.3.1 基于部门名称对照表的用户词典构建

在构建用户词典时，选取部门名称对照表中“规范化部门名称”“核心特征词”“部门实例”字段的所有词汇，作为部门实体词添加到词典中，词性标记为“et”。由于是对部门名称进行的提取和规范，所有词汇仍具有“名词”词性，用符号“n”标记。用户词典中加入“部门名称对照表”中的“核心特征词”字段的词汇是为了提高分词时对部门名称识别的覆盖率，尽可能识别出在“部门名称对照表”中未曾出现过，但是确实是部门名称的词汇。此外，将“地理特征词”字段的所有词汇加入用户词典中，词性标记为“ns”；将“行政特征词”字段的所有词汇加入用户词典中，词性标记为“ex”。

7.2.3.2 基于用户词典的文本分词

在对应急策略描述文本进行分词时，应当避免直接使用成熟的分词工具，因为大量的部门名称在这些工具的分词词典中是未登录词，所以不能被正确识别和标注词性。因此，分词时应首先选取已有的成熟分词工具，再导入自建的基于部门名称对照表构建的用户词典，对文本分词进行控制，以便将部门名称更精确地作为整体进行划分并标注词性。

本研究中选取的分词工具是 HanLP，它是由一系列模型与算法组成的 Java 工具包，包括词典在内完全开源，并且允许使用者添加用户词典。应用中，在用户词典的控制下，利用 HanLP 对采集的突发事件策略描述文本进行分词，同时对分词、词性标注结果进行反复的人工修正，通过反馈，将不能正确识别的部门名称添加到用户词典中，进一步修正用户词典，提高用户词典的可用性，从而进一步提高分词和词性标注的准确率。

7.2.3.3 基于用户词典的部门名称识别

根据用户词典的词性标注，部门名称具有特定的词性"et"标注，因此，在进行部门名称识别时，只要将策略描述文本中所有词性为"et"的词提取出来，并获取其"规范化部门名称"，就构成了初始部门名称集合。但在某些情况下，部门名称并不能直接有效地识别出来，需要进行如下处理。

（1）过度划分词汇的合并。加入用户词典的文本分词仍然可能存在过度划分的问题，例如，假设"通江县卫生局"不曾收录"部门名称对照表"，但是"部门名称对照表"中"核心特征词"字段收录词汇"卫生局"，则在分词时会识别为"通江县/ns 卫生局/n，et"，可知此处存在一个部门名称实体，但该部门名称被过度划分了。为了对过度划分的词汇进行合并，需要了解被过度划分的部门名称的构成特征，从而进行合并。根据部门名称的构成特征进行总结，合并部门名称主要包含如下四种方式的组合。

第一种"ns + et"的情况，即地名后紧跟着部门名称词汇，如"通江县/ns 卫生局/n，et"，将其合并形成一个新的部门名称实例。

第二种"et + ns"的情况，即部门名称词汇后紧跟着地名，如"公安局/n，et 栖霞/ns 分局/n，et"，将其合并为一个新的部门名称实例。

第三种“et + et”的情况，即两个部门名称词汇紧挨着出现，如“卫生厅/n，et 官方微博/n，et”，将其合并形成一个新的部门名称实例。

第四种“ns + ex + et”的情况，即地名后紧跟着行政特征词，然后紧跟着是部门名称词汇，如“綦江/ns 区/ex 卫生局/n，et”，将其合并为一个新的部门名称实例。

一些复杂的部门名称组合，可能涉及上述四种方式的综合应用，如“公安局/n，et 栖霞/ns 分局/n，et”，经过第二种进行组合后，为“公安局栖霞/n，et 分局/n，et”，这时候又符合第三种的组合方式，所以最终生成的部门名称为“公安局栖霞分局/n，et”。

（2）部门名称的规范化描述。根据“部门名称对照表”，将策略描述文本经过分词和组合得到的部门名称实例集合中每个具体的部门，经过规范化描述，构成策略的组织机构。策略描述文本提炼出的部门名称在“部门名称对照表”中分为如下两种情况。

第一种部门名称包含在“部门名称对照表”的“部门实例”字段中。这种情况下查询“部门名称对照表”，利用表中“规范化部门名称”字段来描述部门，并加入策略组织机构中。

第二种部门名称不包含在“部门名称对照表”的“部门实例”字段中，具体分为以下两种情况。

①可以将部门名称用“部门名称对照表”中的某个“规范化部门名称”来描述，则直接用表中“规范化部门名称”字段来描述部门，并加入策略的组织机构中。同时，将该部门名称添加到已有记录的“部门实例”字段。

②不可以将部门名称用“部门名称对照表”中的某个“规范化

部门名称"来描述，则新建该部门的"规范化部门名称"，并加入策略的组织机构中。同时，在"部门名称对照表"中新建记录，将该部门名称存入新记录的"部门实例"字段，将新建的"规范化部门名称"存入新记录的"规范化部门名称"，并完成该记录其余字段的存储。

7.2.4 部门任务标注

分析策略描述文本的特征，针对每个部门名称，提炼其任务描述文本，完成部门任务的标注。

7.2.4.1 策略描述文本特征分析

根据对应急情报描述文本的特征分析，文本中关于部门任务的描述基本上是陈述句和主动句，且部门任务描述的通常结构为"部门名称—具体任务"，故而任务描述的左边界通常为部门名称。重点关注部门名称后的描述文本中的动词，如"召开、组织、调度"等，动词后的文本通常为"动词"动作的具体内容。因此，任务可以描述为"动作+内容"的形式。

7.2.4.2 部门任务提炼

将部门任务描述文本中的动词命名为"任务动词"，根据部门任务特征，在进行部门任务标注时，搜索部门名称所在的句子中最近的"任务动词"，将该"任务动词"和其后的文本，一直到最近的句号为止，作为该部门的任务描述文本。同时，搜索该句子的下一句中是否有"任务动词"，若有，则判断是否存在新的部门名称，若不存在新的部门名称，则将这一句中的“任务动词”后的描述文本也作为该部门的任务进行标注，并用相同的方法继续搜索下一句；反之，若下一句中没有“任务动词”，或者存在新的部门名称，则结束本次搜索。“任务动词”抽取流程为：①人工标注策略描述文本中的“任务动词”作为训练集；②利用人工标注的训练集，对已经完成分词和词性标注的策略描述文本进行标注，实现对策略描述文本中可能的“任务动词”的抽取；③用“【】”标注出所有的“任务动词”。

在“任务动词”识别方法选择上，根据应急策略中“任务动词”的内、外部特征，基于条件随机场模型进行识别。

一个部门在同一种策略中、不同时间段内，可能执行多项不同的任务，因此还需要对同一种策略下、同一部门名称（用“规范化部门名称描述”后的名称）的任务描述文本进行合并。任务描述文本合并时，根据部门的“规范化部门名称”，将相同的“规范化部门名称”后的任务描述文本，直接进行合并，完成该部门的任务描述。

7.2.5 策略内容相似度计算

策略之间若内容相似度大于一定的阈值，则执行的区分度较低，为了减小策略库的规模和复杂程度，没有必要作为不同的策略进行存储。因此，需要研究适用的方法，对策略之间的内容相似度进行计算。策略是由组织机构和具体任务两部分组成的，在策略内容相似度计算时应同时包含这两个方面的相似度。计算过程中，以每个部门的具体任务的相似度为权重，改进余弦相似度向量模型来计算组织机构的相似度，作为最终的策略相似度，标点符号不参与计算。

余弦相似度向量模型描述如下[178]。

定义对于向量模型，$w_{i,j}$为二元组（k_i，d_j）的权值，$w_{i,j} \geqslant 0$。$w_{i,q}$为二元组［k_i，q］的权值，$w_{i,q} \geqslant 0$，查询向量 q 表示为 $q=(w_{1,q}, w_{2,q}, \cdots, w_{t,q})$，其中 t 是系统中标引词的数目。文献 d_j 的向量表示为 $d_j=(w_{1,j}, w_{2,j}, \cdots, w_{t,j})$，则：

$$sim(d_j, q) = \frac{d_j \times q}{|d_j| \times |q|} = \frac{\sum_{i=1}^{t}(w_{i,j} \times w_{i,q})}{\sqrt{\sum_{i=1}^{t}(w_{i,j}^2)} \times \sqrt{\sum_{i=1}^{t}(w_{i,q}^2)}} \quad (7.8)$$

改进余弦相似度计算公式，得到策略相似度计算算法。

输入：策略 S_a 和策略 S_b。

输出：策略 S_a 和 S_b 的相似度 $sim(S_a, S_b)$。

第一步：生成策略 S_a 和 S_b 涉及的所有参与计算部门集合 $D=\{D_1, D_2, \cdots, D_n\}$：

①提取策略涉及的所有部门名称；

②利用“部门名称对照表”，将提取的所有部门名称进行规范化描述，生成策略 S_a 的规范化部门名称集合 D^a 和策略 S_b 的规范化部门名称集合 D^b；

③合并集合 D^a 和集合 D^b，生成策略 S_a 和 S_b 涉及的所有参与计算部门集合 D，D 中部门数为 n。

第二步：计算 D 中在两种策略 S_a 和 S_b 中均出现的每个部门 D_i 在 S_a 和 S_b 中分别执行的具体任务 M_a^i 和 M_b^i（$i=1$ to n）的相似度：

①对 M_a^i 和 M_b^i 的描述文本进行分词；

②列出 M_a^i 和 M_b^i 涉及的所有词 $C_i=\{C_1, C_2, \cdots, C_m\}$；

③根据 C_i 中每个词的词性进行加权，//任务描述文本中的名词、动词、数量词等不同词性的词语，对任务之间的相似度具有不同程度

的影响，赋予不同的权值；

④分别写出 M_a^i 和 M_b^i 的加权向量集合 $w_a^i = \{w_{a1}^i, w_{a2}^i, \cdots, w_{am}^i\}$，$w_b^i = \{w_{b1}^i, w_{b2}^i, \cdots, w_{bm}^i\}$；

⑤利用式（7.2）计算 M_a^i 和 M_b^i 的相似度：

$$sim(M_a^i, M_b^i) = \frac{\sum_{k=1}^{m}(w_{ak}^i \times w_{bk}^i)}{\sqrt{\sum_{k=1}^{m}(w_{ak}^i)^2} \times \sqrt{\sum_{k=1}^{m}(w_{bk}^i)^2}} \tag{7.9}$$

第三步：计算策略 S_a 和 S_b 中部门 D^a 和 D^b 的相似度：

①分别写出部门 D^a 和 D^b 的向量集合 $D_i^a = \{D_1^a, D_2^a, \cdots, D_n^a\}$，$D_i^b = \{D_1^b, D_2^b, \cdots, D_n^b\}$；

②以每个部门具体任务的相似度为权值进行加权，改进余弦相似度计算公式，得到组织机构中部门的相似度作为最终的策略相似度值：

$$sim(S_a, S_b) = sim(D^a, D^b) = \frac{\sum_{i=1}^{n}(\overrightarrow{D_1^a} \times \overrightarrow{D_1^b}) \times sim(M_a^i \times M_b^i)}{\sqrt{\sum_{i=1}^{n}(D_i^a)^2} \times \sqrt{\sum_{i=1}^{n}(D_i^b)^2}} \tag{7.10}$$

7.2.6 实例分析

为了更加直观地演示策略提炼与策略内容相似度的计算方法，验证本节所提应急策略情报加工方法的可行性，选取两个策略描述文本，进行策略提炼与策略内容相似度计算过程的展示。

应急策略描述文本 1：“南明区疾控中心将甲肝疫情上报南明区

卫生局。南明区卫生局现场调查，确诊甲肝疫情，上报贵阳市卫生局。贵阳市卫生局组织甲肝疫苗接种。"

应急策略描述文本2："富顺县疾控中心将甲肝疫情上报富顺县卫生局。富顺县卫生局现场调查甲肝疫情，上报自贡市卫生局。自贡市卫生局组织甲肝疫苗接种。"

根据应急策略描述文本1和文本2，利用HanLP分词工具，结合用户词典进行分词，结果如表7-3所示。

表7-3　文本分词结果

应急策略描述文本1分词结果	应急策略描述文本2分词结果
南明区/ns　疾控中心/n，et　将/p　甲肝/n　疫情/n　上报/vi　南明区/ns　卫生局/n，et。/wj　南明区/ns　卫生局/n，et　现场/s　调查/vn，/wd　确诊/v　甲肝/n　疫情/n，/wd　上报/vi　贵阳市/ns　卫生局/n，et。/wj　贵阳市/ns　卫生局/n，et　组织/v　甲肝/n　疫苗/n　接种/vn。/wj	富顺县/ns　疾控中心/n，et　将/p　甲肝/n　疫情/n　上报/vi　富顺县/ns　卫生局/n，et。/wj　富顺县/ns　卫生局/n，et　现场/s　调查/vn　甲肝/n　疫情/n，/wd　上报/vi　自贡市/ns　卫生局/n，et。/wj　自贡市/ns　卫生局/n，et　组织/v　甲肝/n　疫苗/n　接种/vn。/wj

根据表7-3的分词结果，结合部门名称合并规则，得到提炼的应急策略1和策略2包含的部门名称集合分别为：

策略1部门名称集合：{南明区疾控中心，南明区卫生局，贵阳市卫生局}；

策略2部门名称集合：{富顺县疾控中心，富顺县卫生局，自贡市卫生局}。

利用"部门名称对照表"进行部门名称的规范化描述，得到提炼的应急策略1和策略2组织机构分别为：

策略1组织机构：区（县）级卫生局、区（县）级疾控中心、市级卫生局；

策略2组织机构：区（县）级疾控中心、区（县）级卫生局、市级卫生局。

根据任务描述规则，得到策略1和策略2的内容分别为：

策略1内容：

区（县）级疾控中心/n，et－上报/vi　区（县）级卫生局/n，et；

区（县）级卫生局/n，et－调查/vn，/wd　确诊/v　甲肝/n　疫情/n，/wd　上报/vi　市级卫生局/n，et；

市级卫生局/n，et－组织/v　甲肝/n　疫苗/n　接种/vn。/wj。

策略2内容：

区（县）级疾控中心/n，et－上报/vi　区（县）级卫生局/n，et；

区（县）级卫生局/n，et－调查/vn　甲肝/n　疫情/n，/wd　上报/vi　市级卫生局/n，et；

市级卫生局/n，et－组织/v　甲肝/n　疫苗/n　接种/vn。/wj。

再利用策略内容相似度计算方法，根据两个策略分别的部门任务描述，采用式（7.9），任务描述词汇的权值统一赋为1，得到部门“区（县）级疾控中心”，“区（县）级卫生局”“市级卫生局”在两种策略中执行任务的相似度分别为：1、0.91、1；根据式（7.10），这两个策略的相似度为0.97，这与人工判断较为相符。

演示实验表明，利用本节的策略提炼方法能够对策略的自动提炼有所辅助，同时根据本节的策略内容相似度计算方法，计算得到的策略内容相似度是比较符合主体的主观判断的，用来判断策略是否需要作为不同的记录进行存储较为客观。

7.3 "互联网+"环境下的突发事件快速响应系统

突发事件决策需求是明确突发事件特点以及解决问题的方向，为高效的应急决策奠定基础。而应急策略的情报加工方法，则重点从现有案例知识库、情景库和策略库中，提取可复用的应急策略。结合这两个方面，根据突发事件决策需求，复用现有应急策略，为实现突发事件的快速响应提供了可能。至此，本书已经形成了采集→集成→组织→感知→决策需求→策略复用的研究基础。这一研究主线与"互联网+"的思想高度吻合，因此本节将在"互联网+"环境下，将之前的研究内容按照逻辑关系串联起来，构建突发事件快速响应系统，并研究突发事件预警和应急决策方案的生成与优化，最终从技术角度实现突发事件快速响应。

7.3.1 情报学视角的"互联网+"特征关系分析

"互联网+"由易观国际董事长于扬在2012年11月第五届移动互联网博览会上提出[179]。2014年11月，李克强总理在首届世界互联网大会上，将"互联网+"作为政府工作报告的重要主题[180]。自此，这一概念逐渐进入社会公众视野。目前，这一概念并未有明确的定义，但"跨界融合""重塑结构""创新驱动""开放生态""尊重人性""连接一切"是被普遍接受的"互联网+"六大特征。从技术应用角度而言，这六个特征之间存在关联（如图7-5所示）。

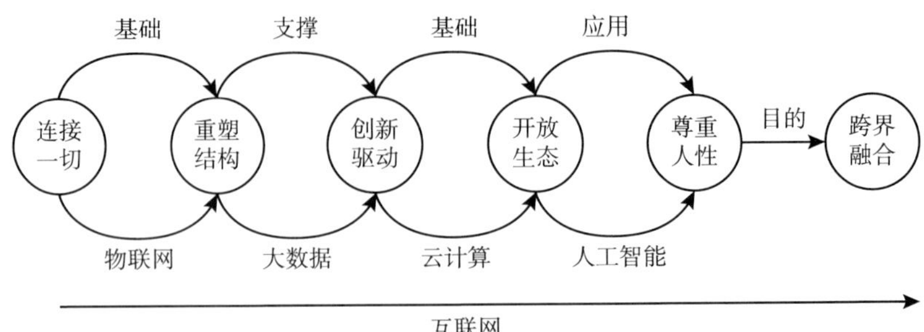

图 7-5 “互联网+”特征应用关系

图 7-5 从本质上展示的是一个数据大融合的过程，通过物联网，可以将多个行业的设施连接起来，达到连接一切的目的；通过云计算，可以实时提取已经建立连接的设施的业务信息，这些信息代表了行业，实现跨界融合；对于提取的数据则通过数据集成来实现数据的标准化，统一数据格式，达到行业数据的结构重塑；对于集成后的数据，则通过大数据技术进行分析，从中挖掘出具有价值的信息，达到数据创新的目的；以便捷的 Web 和 App 的访问方式将大数据分析结果向各类用户开放。融合了多行业的数据创新，可以为人们提供具有生活或工作价值的服务，从而体现出对人性的尊重。

上述过程体现了“互联网+”就是“互联网+各个传统行业”的思想，即在融合的基础上，实现再创新，以达到产业创新，提升产业价值的目的。而突发事件快速响应同样是一个资源大融合及应用的过程，其目标与“互联网+”的目标恰好保持一致。应用“互联网+”理念与技术的应急管理，可以达到在面临突发事件时，实时监控事态的各方面环境，动态协调各方面资源，优化资源配置，实现对事件高效处理的效果。

7.3.2 突发事件快速响应系统架构

应用"互联网+"这一理念，综合前述研究成果，本章设计了突发事件快速响应系统总体架构，如图7-6所示。

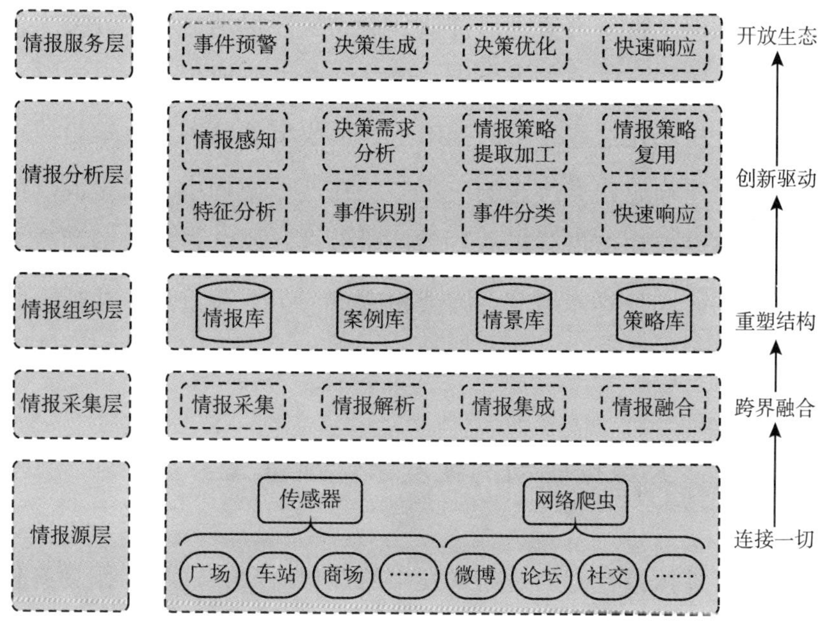

图7-6 "互联网+"环境下的突发事件快速响应系统架构

如图7-6所示，该系统架构是本书前述研究内容的集成应用成果。这一架构既体现了突发事件情报的采集、集成、组织、分析和服务应用的过程，也体现了"互联网+"理念的连接一切、跨界融合、重塑结构、创新驱动和开放生态等核心过程。

该系统架构情报来源分为互联网和物联网两类，前者主要是微博、论坛和社交网络等互联网媒体，而后者则是广场、车站、商场等现实世界。前者通过网络爬虫采集数据，后者则通过基于传感器的物联网采集数据。其采集到的数据会经过情报解析、情报集成和情报融合等过程汇总到情报组织层的突发事件情报库中。在情报组织层中，还预设了突发事件的案例库、情景库和策略库三个知识库。这四类对象共同组成了突发事件快速响应系统的情报基础和知识逻辑。在情报组织层中的情报库和知识库的支持下，情报分析层展开对突发事件情报的各种基础分析，主要包括特征分析、事件识别、事件分类、事件分级、情报感知、决策需求分析、情报策略提取加工、情报策略复用等基本的分析。在这些分析的基础上，形成事件预警、决策生成、决策优化和快速响应四类快速响应服务。在这一架构中，情报源、情报采集、情报组织和情报分析涉及的具体内容，均已经在之前的章节中做过详细的研究，具体细节可阅读相应章节。本节重点关注情报服务层的具体实现方法。

7.3.3 大数据驱动的突发事件预警

突发事件预警针对的是尚未发生的疑似对象，这一工作具有较大的不确定性，需要对监控对象进行持续而实时的分析，势必涉及海量的实时数据。而监控对象的数据采集与传输是实时分析的关键。本节将充分利用物联网进行突发事件主体的监控环境，利用面向大数据的 NoSQL 数据 HBase 进行数据的集成和存储，再使用大数据实时分析框架 Storm 来分析监控环境的特征，从中识别出突发事件危险因素，从而做出预警。这一步实际上是情报感知的应用体现，本节可视为情报感知的更具体的细节实现研究。

7.3.3.1 物联网和互联网协同的潜在突发事件主体监控

突发事件的主体通常是人，一切与人有关的具有危险特征的外观、物品、行为等均是监控的对象。人所处环境的变化可能由主观能动性的人造成，由此导致的事情通过互联网再发展为互联网数据。互联网数据可从网上获取，虽然其真实可靠性需要进一步求证，但也是对事件的一种反应，这部分内容的获取方法已比较成熟，可通过网络爬虫获得。对于人的主观动作行为，以摄像头为主的视频监控是最常用的手段。然而，普通的摄像头监控仅仅是对现场情况的观看，面对多个现场的监控，这种方式需要投入大量的人力才能进行，并且不能保证正确性。而在物联网技术支撑下，将摄像头与各类传感器结合，不仅能对现场进行实时监控，传感器还可以传送相关数据至云端，再结合互联网数据进行综合分析，自动识别危险因素，实现突发事件的预警，如图7-7所示。

人的外观、行为及行为可能带来的环境变化，是突发事件监控的主要对象。对于外貌、物品、衣着等静态对象，使用摄像头实时拍摄监控即可。对于其行为，则可从其动作或者行为所带来的环境变化角度去监控。动作特征的识别，依然通过摄像头，但需要借助模式识别及预设的特征库来实现。而环境变化则需要借助各类传感器来实现，如红外传感器监控是否有人闯入、速度传感器监控是否有快速车辆冲击等。不同类型的传感器运作时，以不同的指标监控环境的变化，并且将环境变化所产生的数据指标传输至云端，如有必要，可以触发摄像头重点监控某个对象，或触发其他传感器对当事人进行警示等动作。通过这种方式，将传感器和摄像头嵌入城市的基本设施中，即构建了一个城市的虚拟视听触动系统，使得城市具备像人类的视觉、听觉、触觉和动作等感官功能，以此做到对突发事件的预知或感知。

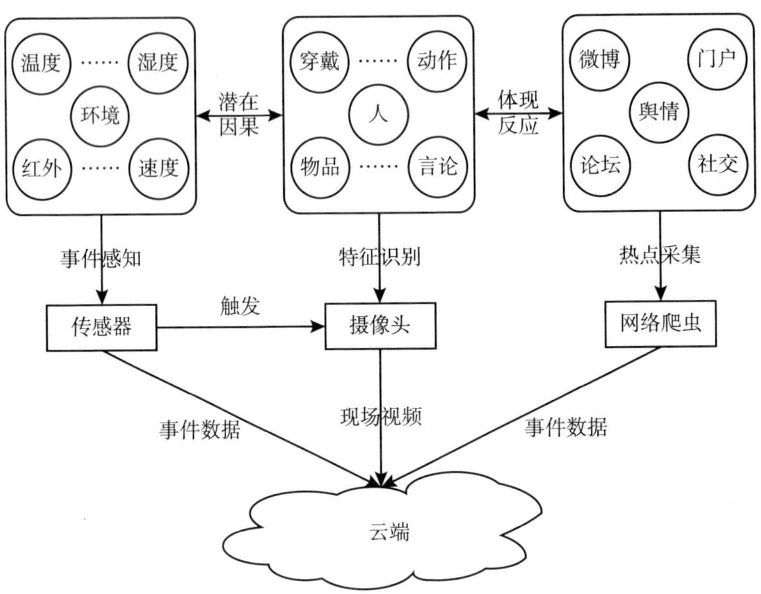

图7－7　物联网和互联网协同的突发事件主体监控

7.3.3.2　基于HBase的突发事件大数据集成

基于物联网技术的虚拟视听触动系统，每一个监测点均会不断监控环境，采集并传输各类数据至云端。这类数据及视频和互联网数据即构成了突发事件的基本元素。这是一种分布式的数据管理方式，云计算是分布式数据管理较为理想的方式。在实际运作中，每个检测点均会产生海量数据，对于一个城市而言，其产生的事件数据更加庞大。要在云端能实时集成并处理检测点传送过来的各种海量数据，则必须使用大数据技术。

从数据类型来看，各监测点传送的数据有多媒体和超文本两类。在面临突发事件时，现场数据的实时处理成为首要的任务。为了事后查看数据，这类数据也需要存储至数据库中。在存储之前，超文本数据还需要进行清理、分类和汇总。现场数据的实时处理使用大数据实时处理框架 Storm 来实现，数据存储则使用 NoSQL 数据库 HBase 来实现。根据这两种技术的特点，突发事件元素的大数据集成框架如图 7 - 8 所示。

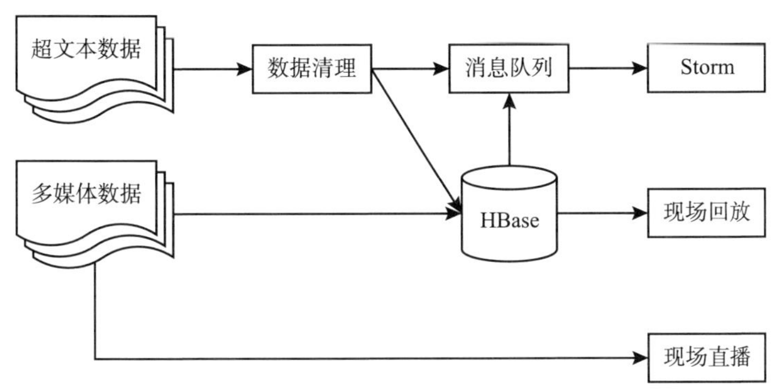

图 7 - 8　突发事件元素的大数据集成

HBase 的表结构可参考表 4 - 3。

7.3.3.3　Storm 框架下知识库驱动的突发事件预警

突发事件预警重点是根据事件特征或行为，找出可能会导致突发事件的因素或主体。突发事件的主要监控对象为人、人群及其特征和行为。在同一时间段内，互联网数据是对事件的描述或预知。这一工作的重点是在同一时间段内，结合视频特征以及互联网数据，对集成的突发事件元素进行实时的大数据分析，判断视频监控对象或范围是否存在高危特征，从而作出预警。要达到这一目标，除了需要有一套大数据实时计算框架，还需要突发事件特征库的支持。本章选择

Storm 作为大数据分析框架，Storm 支持实时流计算处理，能够满足快速响应系统的预警要求。突发事件案例知识库中的案例特征是识别事件高危特征的主要判断依据，至少包含高危对象的视频特征以及高危特征关键词，通常由专业的应急管理部门维护。综合应用 Storm 和案例知识库，突发事件预警的实现过程如图 7 - 9 所示。

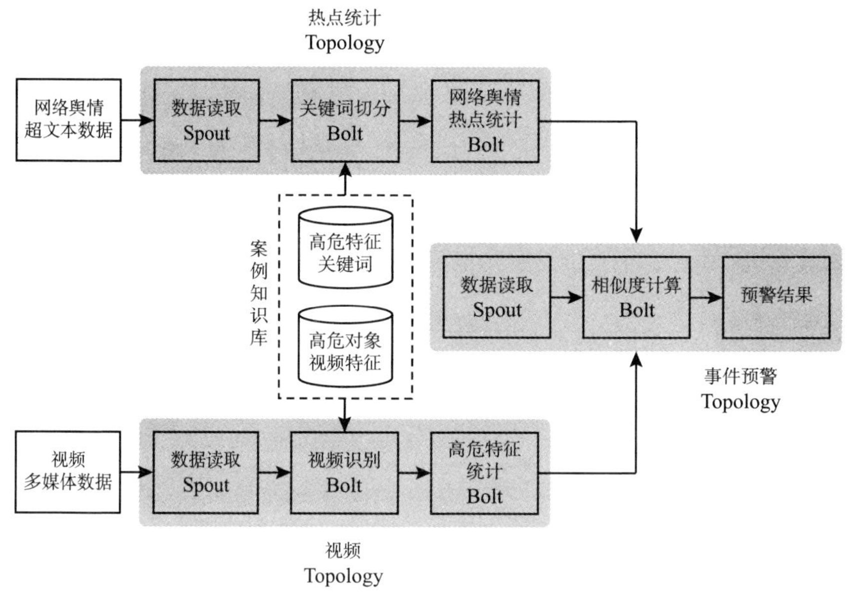

图 7 - 9　基于 Storm 的突发事件实时预警实现过程

如图 7 - 9 所示，整个过程在 Storm 中共分为热点统计、视频识别和事件预警三个 Topology，其中热点统计和视频识别独立运行，但两者计算结果的输出作为事件预警的输入。热点统计主要是利用突发事件案例知识库中的案例的高危特征关键词对海量互联网超文本数据进行切分并进行词频统计，得到互联网数据的实时热点统计。视频识别则是根据案例知识库中的高危对象视频特征，从海量视频中识别出高危对象，并进行统计，视频识别的结果最终转换成一段文本描述。得到互联网热点及视频中的高危特征描述后，再提交至事件预警 Topology，进行相似度计算，根据计算结果，设定一阈值进行预警。上述计算过程的任务分配和计算资源调度均由 Storm 框架自动完成，系统只需完成服务节点、任务节点和协调节点的配置即可，任务节点的具体数量视实际应用情况而定。

7.3.4 情报流程优化下知识库驱动的突发事件应急决策生成与优化

突发事件预警是感知到突发事件后，快速响应系统作出的反应之一。而能够作出预警，则意味着已基本掌握了突发事件状况，同时也意味着在案例库、情景库和策略库的支持下，通过策略复用，可得到当前事件的应急方案。这是进行快速响应的重要前提之一。本节将根据该思路，从应急情报的规范化描述入手，研究决策方案的自动生成与优化。

7.3.4.1 基于情报处理方法优化的应急情报规范化描述

前述章节已经研究了“情景—应对”，其中案例库是“情景—应对”决策模式下应急决策的情报源。突发事件案例知识主要包含两个方面，即事件的基本属性信息和应急策略信息。掌握事件属性信息有助于对目标事件进行特征属性分析，再通过相似情景应急策略的复用，提高应急响应效率。将采集的应急情报经过组织以后，需要设计一定的规则和方法进行处理，实现事件情景的规范化描述和应急策略的数字化表征与有序化存储，以便提供给决策主体以供利用。情报处理是应急情报规范化描述的重要手段，只有经过了有效处理的情报才能更好地被理解和利用。

一个突发事件在发展过程中可以分为若干情景点，每个情景点对应着相应的应急策略信息，情景拆分有助于更加精确地开展情报工作。为了实现应急情报的规范化描述，设计了情景库和策略库来完成应急情报的加工。首先，设计情景划分方法，将完整的突发事件情景划分为更小的情景单位——情景点，构建情景库。每个情景点代表一个最小情景单位，对应着相应的应急处置措施。其次，提炼各个情景点对应的策略并进行规范化描述，再与适用的情景点进行关联。策略采用“组织机构—具体任务”的形式来描述并实现数字化，同时设计策略内容相似度计算方法，计算策略是否需要作为新策略添加进策略库，完成策略库的构建。最后，基于情景库和策略库完成应急情报处理，为决策主体的应急决策提供情报支持[181-182]。

7.3.4.2 基于情报分析方法优化的决策问题明确

为了明确决策问题，需要进行高效的应急情报分析。建立情景地图进行可视化情报分析，可以提高情报分析的效率。情景地图是对已经发生的突发事件情景的分类、分级、分期属性，以及情景之间的关联和情景对应的应急策略的可视化反映。情景地图上对每个情景编码按照其分类属性的层次结构、分级属性、分期属性生成情景属性链，情景属性链上标注了历史情景的特征属性描述信息、历史情景之间的关系，以及历史情景对应的应急策略信息，所有的情景属性链一起构成完整的情景地图[183]。

情景地图可在新目标突发事件发生时，辅助决策者根据其特征属性描述信息，快速准确地定位其在情景地图上的位置，从而找到相似情景，获取相似情景的演化规律、历史最佳决策方案和需特别注意的可能造成重大失误的操作等。因此，情景地图是目标突发事件情景与历史突发事件应急经验和教训关联的纽带，是完成准确应急情报分析的关键。

7.3.4.3 基于情报评估方法优化的决策情报筛选

随着突发事件的不断发生，同一编码的突发事件往往发生了不止一次，每次突发事件应急响应所用的策略不尽相同。因此，策略与情景之间是多对多的关系，对目标决策问题而言，可能存在多种可选的策略，且这些可选策略存在优劣之分，要更好地提供情报支持就涉及对策略进行评价的问题。对同类策略进行优劣评价，有助于更有针对性地根据决策主体需求为其推荐最满意的策略。本书团队在文献[184]中提出了应急策略分步评价方法，设计了应急策略评价的指标和评价方法，用来进行情报评估，完成决策情报的筛选。评价结果由“客观情况”“主观偏好”“策略执行效果”共同决定。

“客观情况”指标反映备选策略所属事件的核心要素及目标事件应急处理存在的约束条件。对评价主体而言，“客观情况”是不得不满足的条件，也可以看成是被动的偏好。“主观偏好”指标反映会影响主体策略选择的主观因素，主要包括损失偏好、成本偏好、形象偏好、时间偏好、风险偏好。“策略执行效果”指标是对策略合理性和有效性的直接反映，通过人员伤亡、财产损失、应急成本、网络数据、时间效应和风险效应六个二级指标来对策略的“执行效果”进行评价。

7.3.4.4 基于决策研究方法优化的应急决策生成与优化

提供可用的应急策略是应急情报支持的最终形式，决策研究的目的在于为用户生成并优化应急策略。根据目标情景的拆分情况，在推荐最终的应急策略情报前，需要将拆分后的子情景对应的策略进行有效组合，以保证应急策略情报对目标情景应急处置的完备性。再根据决策需要，选择最优的策略组合，作为最终的推荐策略提供给决策主体。具体方法为：将所有适用的子情景对应策略的组织机构和具体任务经过组合，形成候选推荐策略集合；再设置优化目标及每个目标的权重，经过优化生成最终的推荐策略，以便充分吸取历史策略的经验和教训。

由于最终的推荐策略是由各个子情景对应的策略组合而成的，在各子情景对应的策略中选择不同的策略组合得到的推荐策略会具有一定的差异性。为了使推荐策略更加有效，有必要对推荐策略进行优化，生成尽可能满意的推荐策略。在优化应急策略时，通常需要追求多个目标的最优，且这些目标之间可能是矛盾的。因此，如果只考虑单目标优化，就无法满足实际的决策需求，需引入多目标优化的思想，以求为决策主体提供尽可能满意的策略。

应急决策时需要考虑的因素非常多，利用策略评价方法进行评价后，选出在“客观情况”“主观偏好”“策略执行效果”方面均能被当前决策者所接受的候选策略，作为可行解。在进行候选策略优化时，主要考虑应急处理时相对比较关键的因素，即策略组合后的投入成本。投入成本既包括直接的人员、物资投入，也包括在目标情景下策略中所需投入的人员、物资的到位时间等间接因素。

将策略的投入成本概括为排除当前决策环境下已经到位的部门、物资和人员，需增加的参与部门因素、经济投入因素，以及人员、物资等的到位时间因素。其中，新增参与部门按照调度的难易程度可以划分为新增非下级部门和新增下级部门；增加的经济投入由策略中各个部门的具体措施抽取得到，可以划分为新增加的人力和新增加的物力。

综上所述，应急策略优化的目标包括：新增非下级部门数最小、新增下级部门数最小、新增加的人力成本（由新增人员和人员到位时间共同决定）最小、新增加的物力成本（由新增物资和物资到位时间共同决定）最小。在求解这一多目标优化问题时，采用加权法将多目标优化问题转化为单目标极小化问题进行求解，不同的目标赋予不同的权重值，从而得到不同的结果，再对结果进行分析得出结论。

（1）优化模型的构建。

模型算法如下：

$$\min D^n = \sum_{i=1}^{k} D_i^n \tag{7.11}$$

$$\min D^n = \sum_{i=1}^{k} D_i^n \tag{7.12}$$

$$\min H = \sum_{n=1}^{h} H_n \times T_n \tag{7.13}$$

$$\min M = \sum_{i=1}^{m} M_1 \times T_1 \tag{7.14}$$

约束条件如下：

$$\sum_{i=1}^{k} D_i^n + \sum_{j=1}^{k} D_j^y = S_r^D \tag{7.15}$$

$$\sum_{i=1}^{m} M_1 = S_r^M \tag{7.16}$$

$$\sum_{e=1}^{F} \overrightarrow{S_e^a} \times \overrightarrow{S_r^e} = 1 \tag{7.17}$$

$$D_i^n \in \{0,\ 1\},\ D_i^y \in \{0,\ 1\} \tag{7.18}$$

模型说明：

式（7.11）表示新增非下级部门数最小；式（7.12）表示新增

下级部门数最小；式（7.13）表示新增加的人力成本最小；式（7.14）表示新增加的物力成本最小。其中，D_i^n 表示新增的第 i 个部门是否是决策主体的非下级部门，取值为 1 表示部门 i 为非下级部门，取值 0 表示部门 i 不是非下级部门；D_j^y 表示新增的第 j 个部门是否是决策主体的下级部门，取值为 1 表示部门 j 为下级部门，取值 0 表示部门 j 不是下级部门。H_n 表示新增加的第 n 个人员，T_n 表示第 n 个人员到位时间，M_l 表示新增加的第 n 项物资的价值，T_l 表示第 n 项物资到位时间。S_r 表示优化后的推荐策略包含的子策略集合，S^a 表示目标突发事件包含的第 a 个子情景对应的候选策略集合，式（7.17）表示集合 S^a 和 S_r 的向量的内积为 1，代表集合 S^a 与集合 S_r 中有且仅有一个策略相同。S_r^D 表示优化后的推荐策略包含的新增部门数，S_r^H 表示优化后的推荐策略包含的新增人员数，S_r^M 表示优化后的推荐策略包含的新增物资价值。

为了将各个目标统一在相同的数量级上，便于比较，需要对目标进行归一化处理，让所有目标的值统一在（0，1）之间的数据集上。令：

$$\overline{D^n} = \frac{D^n}{\max D^n} \tag{7.19}$$

$$\overline{D^y} = \frac{D^y}{\max D^y} \tag{7.20}$$

$$\overline{H} = \frac{H}{\max H} \tag{7.21}$$

$$\overline{M} = \frac{M}{\max M} \tag{7.22}$$

取 4 个目标的最小加权和为模型的优化目标，即：

$$\min(w_1 \overline{D^n} + w_2 \overline{D^y} + w_3 \overline{H} + w_4 \overline{M}) \tag{7.23}$$

其中，w_1，w_2，w_3，w_4 分别为 4 个目标的权重，且 $w_1 + w_2 +$

$w_3 + w_4 = 1$。

（2）策略多目标优化模型求解。为了演示策略多目标优化模型求解过程，设定了如下应急决策环境。

决策问题描述：某市暴发了重大"甲型肝炎"Ⅱ级疫情，正处于暴发期；怀疑疫情源头为桶装水污染，等级为Ⅳ级，正处于暴发期；由于疫情的出现，导致了药物、食醋等抢购事件，等级为Ⅲ级，正处于暴发期。

候选子策略描述："甲型肝炎"Ⅱ级2期中包含策略个数为4；"食品、药品抢购"Ⅲ级2期中包含策略个数为4；"食品菌群超标"Ⅳ级2期中包含策略个数为3。经过策略评价，去除不可用于当前决策环境的策略得到候选子策略集合。设定评价后"甲型肝炎"Ⅱ级2期情景中可用于目标决策环境的候选推荐子策略集合A中策略个数为3个；"食品、药品抢购"Ⅲ级2期情景中可用于目标决策环境的候选推荐子策略集合B中策略个数为两个；"食品菌群超标"Ⅳ级2期情景中可用于目标决策环境的候选推荐子策略集合C中策略个数为两个。

由于应急策略的多目标优化数据为离散型数据，且突发事件历史数据的稀缺性决定了用于组合的策略数量较小，因此组合生成的可行策略数量较小，可以采用枚举的方式，列举出所有的可行解，以求出精确最优解。在较小的枚举空间下，用枚举法求取最优解具有较高的效率和较大的准确性。枚举3个策略类中的策略组合形式，设定实验环境下组合策略需要增加的非下级部门数、下级部门数、物力成本和人力成本，得到候选推荐策略优化实验数据如表7-4所示。

由于目标事件设定为某个市内发生的甲型肝炎暴发，牵头组织应急工作的是市委、市政府，在部门的协调和控制上具有较大的优势，因此在子目标权重设置上为新增非下级部门和新增下级部门设置较小的权重，分别设定为0.1；物力和人力成本在事件应急中同等重要，分别设定为0.4，此权重设置下各候选推荐策略优化求解数据如表7-5所示。

表7-4 候选推荐策略优化实验求解数据

可行解	新增非下级部门数（个）	新增下级部门数（个）	新增物力成本（万元）	新增人力成本（人）
A1，B1，C1	3	12	620	2700
A1，B1，C2	4	15	630	2650
A1，B2，C1	4	17	600	3000
A1，B2，C2	3	16	580	3100
A2，B1，C1	2	19	550	2600
A2，B1，C2	4	15	600	2800
A2，B2，C1	3	18	590	3200
A2，B2，C2	3	17	600	3000
A3，B1，C1	2	19	700	3100
A3，B1，C2	1	19	680	2850
A3，B2，C1	3	16	670	3250
A3，B2，C2	3	17	690	3100

表7-5 候选推荐策略优化求解数据

可行解	$\overline{D^n}$	$\overline{D^y}$	$\overline{M}$	$\overline{H}$	$w_1=0.1$，$w_2=0.1$ $w_3=0.4$，$w_4=0.4$
A1，B1，C1	0.75	0.631579	0.885714	0.830769	0.824751
A1，B1，C2	1	0.789474	0.9	0.815385	0.865101
A1，B2，C1	1	0.894737	0.857143	0.923077	0.901562
A1，B2，C2	0.75	0.842105	0.828571	0.953846	0.872178
A2，B1，C1	0.5	1	0.785714	0.8	0.784286
A2，B1，C2	1	0.789474	0.857143	0.861538	0.86642

续表

可行解	$\overline{D^n}$	$\overline{D^y}$	$\overline{M}$	$\overline{H}$	$w_1=0.1$，$w_2=0.1$ $w_3=0.4$，$w_4=0.4$
A2，B2，C1	0.75	0.947368	0.842857	0.984615	0.900726
A2，B2，C2	0.75	0.894737	0.857143	0.923077	0.876562
A3，B1，C1	0.5	1	1	0.953846	0.931538
A3，B1，C2	0.25	1	0.971429	0.876923	0.864341
A3，B2，C1	0.75	0.842105	0.957143	1	0.942068
A3，B2，C2	0.75	0.894737	0.985714	0.953846	0.940298

在此权重设置下得到最优推荐策略组合为（A2，B1，C1），各子目标加权和为0.784286。最优推荐策略作为当前应急决策环境下对决策主体而言最优的参考策略，是重要的应急情报，可以作为决策支持的重要依据提供给用户，完成快速响应情报支持的最终目的——应急决策生成与优化。

7.4 情报视角下的应急物资储备系统建设研究

7.3节研究了突发事件应急决策的生成，理论上在案例库、情景库和策略库的支持下，可以根据当前突发事件的情景，自动生成对应的应急方案。而突发事件应急方案中必定涉及突发事件应急资源的调用问题。因此，突发事件应急物资储备系统建设是应急管理中非常重要的一个环节，也是实现快速响应的前提条件和重要保障。

由于突发事件类型、发生强度以及影响范围等不同，对应急物资种类、数量、到位时间等要求也不同。因此，对不同种类应急物资的供给、重视和管理也是不同的。为了使有限的应急物资在应急工作中得到有效利用，同时最大化地减小储备成本，应急物资储备系统建设中需要对储备的应急物资种类、存放位置选址及储备数量等进行合理的规划。

“情景—应对”模式是本研究的主要应急决策模式，应急物资储备系统的建设规划，也主要是基于情景进行，即根据可能面对的应急情景，设定存储物资的种类、存储数量和位置。准确判断可能面对的应急情景，是应急物资储备系统建设成功的关键，充分的情报则有助于对可能面对的应急情景进行客观、准确的判断。因此，研究应急物资储备系统建设中的情报支持，对于合理规划应急物资储备系统建设至关重要，有利于提高政府的应急响应能力，维护社会的和谐和经济的平稳发展。

本节研究基于情报支持的应急物资储备系统建设方法，通过对突发事件案例知识的有效利用，更加客观地判断区域内可能发生的突发事件类型，以及事件发生后可能的物资需求情况，从而客观、合理地规划应急物资储备系统的建设。

7.4.1 应急物资储备系统建设各阶段的情报需求

首先，确定区域易发、突发事件类；其次，获取易发突发事件类中所需储备的应急物资及其需求特征；最后，根据应急物资需求特征确定应急物资储备系统选址及每个储备点的物资储备情况。在应急物资储备系统建设的不同阶段，对情报的需求重点不同，研究这些差异，有助于在应急物资储备系统建设的过程中有针对性地安排情报工作的重心，加强情报工作的针对性，提高应急情报支持的效率。

通过情报的采集、组织、加工、分析、评估方法的利用，可以使应急物资储备系统的建设更加合理，基于情报支持的应急物资储备系统建设框架如图7－10所示。

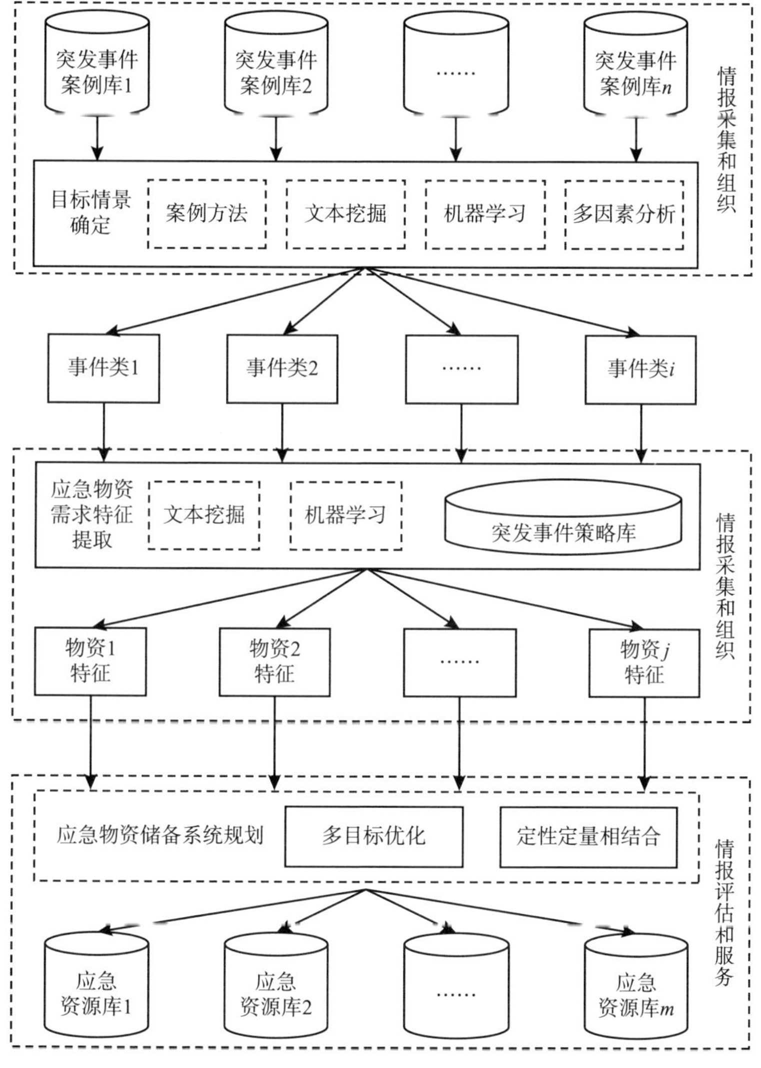

图7－10　应急物资储备系统建设框架

7.4.1.1 确定区域目标突发事件情景类的情报需求

突发事件的发生总是和一定的诱发因素相关联的，这种因素即事件环境，决定不同突发事件类发生的环境因素较多且不相同，这使得突发事件的预测较为困难。情报具有消除不确定性的属性，充足的情报对于准确预测区域可能发生的突发事件类具有较大的作用。要完全准确地提取影响某类突发事件发生的环境因素难度较大，可以通过对大量突发事件案例情报进行挖掘，从而通过同类事件发生的共性环境因素分析，尽可能全面准确地获取影响每一类突发事件发生的关键因素。因此，这一阶段的情报需求，主要是广泛采集大量的突发事件案例，并将这些案例进行有效的组织，按类别进行划分。有效的情报采集和组织工具是这一阶段情报工作成功的关键。

7.4.1.2 提炼应急物资需求特征的情报需求

每一突发事件在应急处理的过程中，涉及对多种应急物资的使用，这些物资在到位时间、调度路径、需求数量等方面的策略不同，对应急救援效果的影响也不同。通过对每一目标突发事件情景所属的突发事件类在应急物资救援中的经验和教训进行分析，可以提炼所有应急物资的需求特征。因此，这一阶段的情报需求，主要是对搜集的案例情报进行加工和评估，将应急物资救援相关的情报提炼出来并进行加工，获取每类突发事件需要的应急物资，以及对物资数量和到位时间等的要求，从而形成应急物资的需求特征。有效的情报加工方法和情报评估方法的选择和改进，是这一阶段情报工作成功的关键。

7.4.1.3 规划应急物资储备系统选址和物资储备情况的情报需求

应急物资储备系统建设中可能的候选储备点是可以选择的，同时每个储备点要储备多个品种的物资。选择哪些候选储备点建立应急物资储备系统，同时在每个储备点具体组合存放哪些物资，储备数量如何，可以根据搜集的情报，参考历史突发事件应急的效果来确定。利用分析得出的区域目标情景的种类和要用到的应急物资的需求特征，可以采用多目标优化方法，对应急物资储备系统建设进行优化，规划应急物资储备系统选址和物资组合储备情况。因此，这一阶段的情报需求，主要是历史突发事件案例中的应急物资救援过程和救援效果数据，从而据此优化应急物资储备系统的建设。合理的应急物资救援效果评价方法和情报服务方法的设计，是这一阶段情报工作成功的关键。

7.4.2 情报视角下的应急物资储备系统建设方法

7.4.2.1 基于情报采集和组织的目标情景确定

准确确定区域可能的目标情景，是有效进行应急物资储备系统建设的前提。本节从情报学的视角出发，提出基于历史案例情报采集和组织的目标情景确定方法，可提高区域目标情景预测的客观性，对在事前有针对性地建立应急物资储备系统具有较为关键的作用。

由于突发事件的发生和发展非常复杂，要发掘影响事件发生的完整因素十分困难，准确预测突发事件情景非常不易。本节提出的目标情景确定方法，自情报学的角度，从大量的突发事件案例中去发掘共性规律，从而通过共性去判断区域可能的目标事件具有可操作性。通过提炼每类历史突发事件案例的共性因素，再判断目标区域与历史案例发生区域在共性因素上的相似性，从而确定目标区域可能的目标情景。鉴于此，有效的案例情报采集和组织，是准确判断区域目标情景的前提。

以本书团队在文献[185]中设计的突发事件特征词典作为案例情报采集和组织的工具，将突发事件情景按照分类、分级、分期三个维度进行细粒度的划分，有助于对历史突发事件案例进行更加合理地采集和组织，并更为准确地将相似情景归到相同的类下，将不同的情景归到不同的类下。

在影响突发事件的关键因素抽取方面，需要通过文本挖掘和机器学习方法，增强识别的准确性。根据突发事件案例库，对同一情景类不同区域的事件环境进行分析，抽取影响事件类 i 发生的关键因素 $\{E_{i1}, E_{i2}, \cdots, E_{in}\}$，对比区域 C 在这些方面的取值 $\{E^i_{C1}, E^i_{C2}, \cdots, E^i_{Cn}\}$ 与事件类 i 的相似度，设定相似度阈值 φ，若 $\sum_{j=1}^{n} sim(E_{ij}, E_{cj}) > \varphi$，则事件类 i 为区域 C 的易发事件。

本节提出的目标区域易发、突发事件类确定方法的具体步骤如下。

步骤 1：分析影响不同事件类发生的事件环境因素。比如地震类突发事件，主要关注地理情况和人口分布情况等环境因素。

步骤 2：对案例库中事件情景的环境描述文本进行处理，生成事件环境自动分类规则。抽取案例库中每一情景类所有案例的环境描述文本，利用中文分词软件对这些文本进行分词处理，作为事件环境自动分类的训练集，生成事件环境自动分类规则。

步骤3：确定目标区域的易发突发事件类。导入目标区域各个维度的环境描述文本并进行分词，利用步骤2中生成的事件环境自动分类规则，将目标区域的事件环境归入相应的类，则案例库中与目标区域事件环境可以归入同一类中的情景类，作为目标情景加入目标区域的易发、突发事件类。

7.4.2.2 基于情报加工和分析的应急物资需求特征提取

判断每个策略涉及的应急物资种类及其需求特征，应建立在对大量的案例描述文本进行加工和分析的基础上：

（1）策略描述文本加工和分析。对突发事件策略库中的策略描述信息进行加工和提取，构建历史突发事件情景的应急物资救援策略库。通过对突发事件策略库中的策略进行分析，获取所有策略涉及的应急物资及其需求量、从存放地点到位的时间，从而构建应急物资救援策略。再将应急物资救援策略表示为：应急物资、需求量和到位时间，即以应急物资种类集合的方式来表示应急物资救援策略。该方法需要在集合中的每种物资后标注其需求量和到位时间，完成应急物资救援策略的表示。

（2）应急物资需求特征提取。对充足样本量的应急物资救援策略进行分析，以大数据量的突发事件应急响应经验和教训为依据，找出每种物资需要储备的最佳储备量和最佳到位时间，便于在控制成本的同时尽量提供最佳的应急保障。针对每种物资，收集涉及该物资的全部案例，按照突发事件分类，分析同类事件中该物资的储备量、到位时间与其应急效果之间的关系，画出曲线图，得到最佳储备量和最佳到位时间。

对于上述工作，还需要使用应急效果评价法，并结合应该效果评价法来确定最佳应急物资储备量和到位时间：

（1）应急效果评价法。应急效果评价时，选用系统工程论中确定指标权重时采用的相对比较法，让专家对同类事件的应急效果按照好坏程度进行打分，得出应急效果的相对得分。打分的时候采用 0～1 打分法，e_{ij}代表事件 E_i 的应急效果与事件 E_j 的应急效果相比的好坏程度，判断矩阵对角线上的元素不填写，也不参加运算。判断标度及判断矩阵如表 7－6 和表 7－7 所示。

表 7－6　　　　判断标度

标度	含义
0	前者应急效果不如后者
0.5	两者应急效果一样
1	前者应急效果比后者好

表 7－7　　　　判断矩阵

	E_1	E_2	E_3	E_4	…	E_n
E_1		e_{12}	e_{13}	e_{14}	…	e_{1n}
E_2	e_{21}		e_{23}	e_{24}	…	e_{2n}
E_3	e_{31}	e_{32}		e_{34}	…	e_{3n}
E_4	e_{41}	e_{42}	e_{43}		…	e_{4n}
…	…	…	…	…		…
E_n	E_{n1}	E_{n2}	E_{n3}	E_{n4}	…	

根据表 7－6 的判断标度，由专家为判断矩阵打分，根据打分结

果，得出专家对同类事件应急效果的相对评分。指标 E_i 的相对得分 W_{E_i} 计算方法如式（7.25）所示[186]。

$$w_{E_i} = \frac{\sum_{j=1}^{n} e_{ij}}{\sum_{i=1}^{n} \sum_{j=1}^{n} e_{ij}} \tag{7.25}$$

（2）最佳应急物资储备量和到位时间确定。首先假设存在 S_p 表示物资储备量的最佳分割点，大于该储备量对应急效果的提升作用不显著，小于该储备量则会显著降低应急效果；假设存在 T_p 表示物资到位时间的最佳分割点，小于该到位时间，则对应急效果的提升作用不显著；大于该到位时间，则会显著降低应急效果。根据物资的储备量、到位时间与其应急效果之间的关系画出模拟曲线，S_p 和 T_p 示意图如图 7－11 所示。

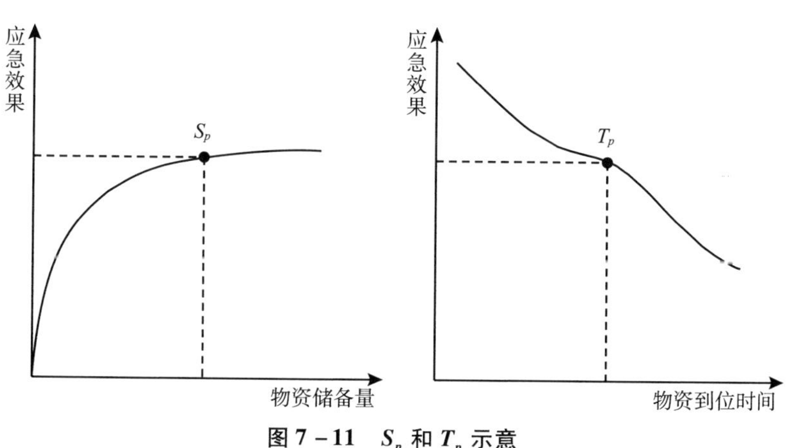

图 7－11　S_p 和 T_p 示意

建设应急物资储备系统时，从控制成本和保障应急效果的双重角度出发，S_p 为最佳物资储备量，T_p 为最佳物资到位时间。通过情报分析，对大数据量的历史案例应急效果进行分析，画出物资储备量和到位时间与应急效果之间关系的曲线图，得到 S_p 和 T_p 的取值并以此为依据进行设计，规划合适的应急物资储备系统的储备点选址和每种物资的储备量。

7.4.2.3 基于情报评估和服务的应急物资储备系统规划

每个应急物资储备点需要同时存放多种类型的物资，根据最佳物资储备量和最佳物资到位时间，确定应急物资在区域内可能的存放地点和储备数量，再对不同的物资进行组合存放，选择最优的组合方式，完成应急物资储备系统的设计。不同的组合方式在应急救援的效果上具有较大差异。通过情报评估和服务，评价并提供历史突发事件应急中的物资储备经验和教训，从而确定每种物资在区域内的可能存放地点和储备数量。

利用多目标优化方法，对可以进行合并存放的物资，设定包括存放成本、到位时间、安全保障等一系列子目标进行优化，最终确定应急物资储备地点的选址以及每个储备点内存放的物资类型和数量。

对所有物资 $\{R_1, R_2, \cdots, R_k\}$，本节提出的确定物资储备点和可以合并存放的物资，以及物资储备数量的步骤如下。

步骤 1：针对每种物资 R_i，确定其可以同时存放的物资集合 $C_{Ri} = \{C_{i1}, C_{i2}, \cdots, C_{ij}\}$。

步骤 2：if R_i 的最佳到位时间 T_P^{Ri} 和 C_{im}的最佳到位时间 T_P^{Cim} 之差小于设定的阈值 ∂，同时 R_i 的最佳储备量和 S_P^{Ri} 和 C_{im}的最佳储备量 S_P^{Cim} 之和不大于储备点的存储体量，则 R_i 和 C_{im}可以作为合并存放的候选组合。

步骤 3：以救援效果和储备成本为目标，再分级设定反映救援效果和储备成本的子目标，进行多目标优化，确定最终的储备点选址和每个储备点存放的物资类型及储备数量。

7.4.3 案例推演

为了对所提应急物资储备系统建设方法的可操作性进行验证，设定存在一个区域A需要进行应急物资储备系统的建设，并设定相应的实验数据，通过推演展示其应急物资储备系统建设规划过程。

第一阶段工作，判断A区域的易发、突发事件类。全面收集A区域的环境情况，再将收集的信息按照突发事件案例库的数据格式进行加工，设定相似度阈值，获取与A的环境情况在任一方面的相似度大于设定阈值的区域，并记录该区域与A相似的环境情况下爆发的突发事件类，即为A的目标突发事件类。设定经过搜索比较A区域的易发突发事件类包括I、J、K三个类。

第二阶段工作，确定A区域应储备的应急物资及其需求特征。根据第一阶段确定的A区域易发、突发事件类集合，调取突发事件应急策略库中所有属于这些类的案例，并获取其应急策略信息，抽取其中涉及的应急物资相关信息，生成应急救援策略，根据专家对应急效果的评价，获取每种物资的最佳储备量和最佳到位时间。设定A区域需要储备的应急物资及其需求特征如表7-8所示。

第三阶段工作，规划A区域应急物资储备系统选址及每个储备点的储备物资类型和数量。设定A区域内可以建立应急物资储备点的候选地址包括5个点，可能发生三类突发事件的3个地点与候选储备点和所需物资的关系如表7-9所示。

表 7-8　　　　A 区域需储备的应急物资及其需求特征

物资	最佳储备量	最佳到位时间
物资 1	15000 单位	1 天半
物资 2	1800 单位	1 天
物资 3	5600 单位	半天
物资 4	25000 单位	3 天
物资 5	10000 单位	2 天
物资 6	8000 单位	2 天
物资 7	9600 单位	1 天

表 7-9　　突发事件可能发生地与候选储备点和所需物资的关系

突发事件需求候选储备点	事件点 1			事件点 2			事件点 3		
	物资 1	物资 3	物资 7	物资 2	物资 3	物资 6	物资 4	物资 5	物资 6
候选储备点 1（建设成本 200 万元，存储体量 10000 单位）	2 天	2 天	2 天	1 天	1 天	1 天	3 天	3 天	3 天
候选储备点 2（建设成本 300 万元，存储体量 8000 单位）	半天	半天	半天	半天	半天	半天	2 天	2 天	2 天
候选储备点 3（建设成本 180 万元，存储体量 40000 单位）	半天	半天	半天	3 天	3 天	3 天	3 天	3 天	3 天
候选储备点 4（建设成本 220 万元，存储体量 20000 单位）	2 天	2 天	2 天	2 天	2 天	2 天	半天	半天	半天
候选储备点 5（建设成本 320 万元，存储体量 15000 单位）	3 天	3 天	3 天	1 天	1 天	1 天	1 天	1 天	1 天

根据表 7-8 和表 7-9，需求候选分析如下。

物资1：只在事件点1需要，最佳到位时间为1天半，可以选择的储备点集合为{候选储备点2，候选储备点3}。

物资2：只在事件点2需要，最佳到位时间为1天，可以选择的储备点集合为{候选储备点1，候选储备点2，候选储备点5}。

物资3：事件点1和事件点2需要，最佳到位时间为半天，可以选择的储备点集合为{候选储备点2}。

物资4：只在事件点3需要，最佳到位时间为3天，可以选择的储备点集合为{候选储备点1，候选储备点2，候选储备点3，候选储备点4，候选储备点5}。

物资5：只在事件点3需要，最佳到位时间为2天，可以选择的储备点集合为{候选储备点2，候选储备点4，候选储备点5}。

物资6：事件点2和事件点3需要，最佳到位时间为2天，可以选择的储备点集合为{候选储备点2，候选储备点4，候选储备点5}。

物资7：只在事件点1需要，最佳到位时间为1天，可以选择的储备点集合为{候选储备点2，候选储备点3}。

每个候选物资储备点可能储备的物资种类分析如下。

候选储备点1：{物资2，物资4}；

候选储备点2：{物资1，物资2，物资3，物资4，物资5，物资6，物资7}；

候选储备点3：{物资1，物资4，物资7}；

候选储备点4：{物资4，物资5，物资6}；

候选储备点5：{物资2，物资4，物资5，物资6}。

因为物资3只能储备在候选储备点2，所以储备点2必须作为应急物资储备系统的正式储备点进行建设，在核定储备体量内，除了物资3以外仅能储备物资2；剩下的物资1必须储备在候选储备点3，且储备点3能同时储备下物资4和物资7；则从考虑成本的角度，物资5和物资6选择储备在候选储备点4。因此，最终选择在候选储备点2、候选储备点3、候选储备点4设立应急物资储备系统的正式储备点，每种应急物资的储备量则按照最佳量进行储备。

从上述推演可知，本节提出的应急物资储备系统建设方法，理论上可行。

7.5 本章小结

本章综合前述主要章节的研究内容，构建了突发事件快速响应的实现机制，是全书最终研究目标的集中体现。在感知到突发事件的前提下，本章首先借助多源数据融合理论和方法，对突发事件决策需求进行研究，构建了突发事件决策需求框架，以提高突发事件应急响应效率。在明确了突发事件应急决策需求的前提下，结合突发事件情报和决策需求，对突发事件应急策略进行了复用研究，从而通过突发事件案例策略的经验和教训指导目标决策问题的应对，减少决策过程中对专家的人为依赖程度，增强决策的客观性。接着，结合“互联网+”的时代特点，综合本书研究成果，构建了突发事件快速响应系统，并研究了该系统架构下突发事件预警和突发事件应急决策方案生成与优化机制。最后，从管理角度对突发事件应急资源的部署和调用进行了研究，构建了突发事件应急物资储备的系统建设方法。本章最终形成了“突发事件情报采集→情报集成→情报感知→应急决策需求→应急策略复用与加工→事件预警→应急决策生成→应急资源调用”为主线的突发事件快速响应机制。

第8章

总　　结

本书以情报采集、情报集成、情报组织、情报分析和情报服务为研究主线，应用大数据相关理论、方法与技术，展开对突发事件应急管理的研究，试图创建一种能够感知突发事件情报并且根据突发事件特征，自动生成应急决策方案的突发事件快速响应机制。

第一，本书勾画了全书的研究框架和思路，并从大数据应用、情报感知、应急预案、突发事件快速响应和快速响应措施五个方面，对突发事件情报感知及快速响应进行了现状分析。根据研究现状，将大数据时代，物联网、大数据、知识组织等技术和方法引入突发事件应急管理中，确定了全体的研究大纲。第二，构建了大数据环境下的情报学方法与技术体系，并构建了面向大数据的情报分析框架，从宏观和微观角度系统性地研究了大数据时代情报学的研究对象、研究内容和研究方法，为全书的研究奠定了方法与技术基础。第三，在上述前导研究下，将物联网技术引入突发事件的情报采集中，结合互联网，构建了基于 Flume、Kafka 和 Storm 的“物联网 + 互联网”双网协同的突发事件大数据情报采集框架。第四，在大数据方法主导下，引入面向资源架构，创建了一种能够对接突发事件海量数据采集的轻量级集成方法，构建了面向资源架构的突发事件情报大数据集成框架。第五，分别构建了本体驱动的突发事件案例知识库和基于情景划分的突发事件应急决策知识库。在这两个知识库的基础上，从知识服务角度，重点研究了突发事件应急响应中比较有代表性的突发事件情报实时追踪、突发事件应急策略生成和突发事件情景演化推演三项重要的应急工作，为后续情报感知和快速响应提供了方法。第六，研究了突发事件应急情报的融合，构建了情报融合下的突发事件情报分析框架，在该情报分析框架下，分别研究了突发事件的分类和分级方法，还研究了大数据环境下，物联网、大数据和知识组织等技术的协同机制，并应用该协同机制，将情报融合、分析框架、事件分类、事件分级等按照逻辑顺序结合，构建了突发事件情报实时感知平台，从理论角度研究了情报实时感知的实现方法。第七，在情报感知基础上，构建了突发事件决策需求框架，结合突发事件情报和决策需求，对突发事件应急策略进行了复用研究。在此基础上，结合“互联网 +”的时代特点，综合本书现有研究成果，构建了突发事件快速响应系统，并研究了该系统架构下的突发事件预警和突发事件应急决策生成与优化机制，并从管理角度对突发事件应急资源的部署和调用进行了研究，构建了突发事件应急物资储备的系统建设方法。

全书所有内容最终形成了“突发事件情报采集→情报集成→情报感知→应急决策需求→应急策略复用与加工→事件预警→应急决策方案生成→应急资源调用”的突发事件情报感知及快速响应的实现思路。该思路循序渐进、较为清晰地展现了大数据驱动的突发事件情报感知及快速响应的主要实现过程，可为政府应急部门构建高效的突发事件应急响应机制提供方法参考。本书的研究也是大数据环境下主流技术的应用研究，分别展示了传统的情报采集、情报集成、情报组织和情报应用，在大数据环境下的研究方法和研究过程，对于大数据时代情报学的应用研究具有一定的参考价值。

本书是从理论和方法的角度对突发事件情报感知及快速响应展开研究，加之由于突发事件本身的不可预知性和处理上的特殊性，研究团队暂时也没有资源和条件可以应用本书提出的方法对突发事件进行直接的、现场的验证。而要应用本著作提出的理论和方法去构建突发事件情报感知及快速响应机制，也必定是一项费时、费力的巨大工程，在将理论和方法转换成实际工程的过程中，也势必会遇到更多细节性的问题，这些均将成为本团队下一阶段的研究重点。

参考文献

[1] EO Daniel. Artificial Intelligence and Big Data [J]. IEEE Intelligent Systems, 2013, 28 (2): 96-99.

[2] Ning Zhong, Stephen S. Yau, Jianhua Ma, et al. Brain Informatics-Based Big Data and the Wisdom Web of Things [J]. IEEE Intelligent Systems, 2015, 30 (5): 2-7.

[3] Sergio Pissanetzky. On the Future of Information: Reunification, Computability, Adaptation, Cybersecurity, Semantics [J]. IEEE Access, 2016 (4): 1117-1140.

[4] Niccolo Tempini. Till data do us part: Understanding data-based value creation in data-intensive infrastructures [J]. Information and Orgnazation, 2017, 27 (4): 191-210.

[5] Koraljka Golub, Joacim Hansson. (Big) Data in Library and Information Science: A Brief Overview of Some Important Problem Areas [J]. Journal of Universal Computer Science, 2017, 23 (11): 1098-1108.

[6] P. V. Golubtsov. The Concept of Information in Big Data Processing [J]. Automatic Documentation and Mathematical Linguistics, 2018,

52 (1): 38 - 43.

[7] Varun Grover. Do We Need to Understand the World to Know It? Knowledge in a Big Data World [J]. Journal of Global Information Technology Management, 2020 (23): 1 - 4.

[8] 李广建, 化柏林. 大数据分析与情报分析关系辨析 [J]. 中国图书馆学报, 2014, 40 (213): 14 - 22.

[9] 曾建勋, 魏来. 大数据时代的情报学变革 [J]. 情报学报, 2015, 34 (1): 37 - 44.

[10] 夏立新, 陈燕方. 大数据时代情报危机的发展演变及其应对策略研究 [J]. 情报学报, 2016, 35 (1): 12 - 20.

[11] 彭知辉. 数据: 大数据环境下情报学的研究对象 [J]. 情报学报, 2017, 26 (2): 123 - 131.

[12] 初景利. 新时代情报学与情报工作的新定位与新认识——"情报学与情报工作发展论坛 (2017)" 侧记与思考 [J]. 图书情报工作, 2018, 62 (1): 140 - 142.

[13] 马费成, 张瑞, 李志元. 大数据对情报学研究的影响 [J]. 图书情报知识, 2018 (5): 4 - 9.

[14] 苏新宁. 大数据时代情报学学科崛起之思考 [J]. 情报学报, 2018, 37 (5): 451 - 459.

[15] 杨建林, 李品. 基于情报过程视角辨析情报分析与数据分析的关系 [J]. 情报理论与实践, 2019, 42 (3): 1 - 6.

[16] 杨建林. 情报学学科体系的再认识 [J]. 现代情报, 2020, 40 (1): 4 - 13, 23.

[17] Vasileios Lampos, Nello Cristianini. Nowcasting Events from the Social Web with Statistical Learning [J]. ACM Transactions on Intelligent

Systems and Technology, 2012, 3 (4): 565 - 582.

[18] Nor Surayahani Suriani, Aini Hussain, Mohd Asyraf Zulkifley. Sudden Event Recognition: A Survey [J]. Sensors, 2013, 13 (8): 9966 - 9998.

[19] Sang - Hyun Cho, Hang - Bong Kang. Abnormal behavior detection using hybrid agents in crowded scenes [J]. Pattern Recognition Letters, 2014, 44 (8): 64 - 70.

[20] Emanuele Principi, Stefano Squartini, Roberto Bonfigli, Giacomo Ferroni, Francesco Piazza. An integrated system for voice command recognition and emergency detection based on audio signals [J]. Expert Systems with Applications, 2015, 42 (13): 5668 - 5683.

[21] Daniela Pohl, Abdelhamid Bouchachi, Hermann Hellwagner. Automatic sub-event detection in emergency management using social media: Proceedings of the 21st International Conference on World Wide Web [R]. New York: ACM New York, 2012.

[22] Daniela Pohl, Abdelhamid Bouchachi, Hermann Hellwagner. Supporting Crisis Management via Sub-event Detection in Social Networks: Proceedings of the 2012 IEEE 21st International Workshop on Enabling Technologies: Infrastructure for Collaborative Enterprises [R]. Washington, DC: IEEE Computer Society, 2012.

[23] Daniela Pohl, Abdelhamid Bouchachi, Hermann Hellwagner. Online Processing of Social Media Data for Emergency Management: Proceedings of the 2013 12th International Conference on Machine Learning and Applications [R]. Washington, DC: IEEE Computer Society, 2013.

[24] Daniela Pohl, Abdelhamid Bouchachi, Hermann Hellwagner.

Supporting Crisis Management via Detection of Sub – Events in Social Networks [J]. International Journal of Information Systems for Crisis Response and Management, 2013, 5 (3): 20 – 36.

[25] Daniela Pohl, Abdelhamid Bouchachi, Hermann Hellwagner. Social media for crisis management: clustering approaches for sub-event detection [J]. Multimedia Tools & Applications, 2013, 74 (11): 1 – 32.

[26] Daniela Pohl, Abdelhamid Bouchachi. Propagation Phenomena in Real World Networks [M]. Switzerland: Springer International Publishing, 2015: 293 – 309.

[27] Daniela Pohl, Abdelhamid Bouchachi, Hermann Hellwagner. Online indexing and clustering of social media data for emergency management [J]. Neurocomputing, 2016, 172 (C): 168 – 179.

[28] Tingting Huang, Shuo Wang, Anuj Sharma. Highway crash detection and risk estimation using deep learning [J]. Accident Analysis & Prevention, 2020 (135): 1 – 11.

[29] 蔡华利，刘鲁，李红．基于规则推理的突发事件发生地点识别研究 [J]. 情报学报，2011，30 (2)：219 – 224.

[30] 曹学艳，段飞飞，方宽，等．网络论坛视角下突发事件舆情的关键节点识别及分类研究 [J]. 图书情报工作，2014，58 (4)：65 – 70.

[31] 陈国兰．基于爆发词识别的微博突发事件监测方法研究 [J]. 情报杂志，2014，33 (9)：123 – 128.

[32] 李纲，李阳．情报视角下的突发事件监测与识别研究 [J]. 图书情报工作，2014，58 (24)：66 – 72.

[33] 尉永清，杨玉珍，费绍栋，等．融合用户情感的在线突发

事件识别研究［J］. 情报理论与实践，2015，38（2）：92－96.

［34］裘江南，杨书宁，翟劼．基于扫描统计量的微博中突发事件舆情动态监测方法［J］. 情报学报，2015，34（4）：414－423.

［35］杨峰，张月琴，姚乐野．基于情景相似度的突发事件情报感知实现方法［J］. 情报学报，2019，38（5）：525－533.

［36］王延飞，杜元清．融汇情报刻画的情报感知研究路径［J］. 科技情报研究，2020，2（1）：1－11.

［37］Carmen De Maio，Giuseppe Fenza，Matteo Gaeta，Francesco Orciuoli. A knowledge-based framework for emergency DSS［J］. Knowledge－Based Systems，2011，24（8）：1372－1379.

［38］Eric Piatyszek，Georgios－Marios Karagiannis. A model-based approach for a systematic risk analysis of local flood emergency operation plans：a first step toward a decision support system［J］. Natural Hazards，2012，61（3）：1443－1462.

［39］Matthieu Lauras，Frédérick Benaben，Sébastien Truptil，Aurélie Charles. Event-cloud platform to support decision-making in emergency management［J］. Information Systems Frontiers，2013，17（4）：1－13.

［40］Mitja Janža. A decision support system for emergency response to groundwater resource pollution in an urban area（Ljubljana，Slovenia）［J］. Environmental Earth Sciences，2015，73（7）：3763－3774.

［41］Norman Groner. A Decision Model for Recommending Which Building Occupants Should Move Where During Fire Emergencies in Buildings［J］. Fire Safety Journal，2016（80）：20－29.

［42］Charlie Kingston，Jason R C. Nurse，Ioannis Agrafiotis，et al. Using semantic clustering to support situation awareness on Twitter：the case of world views [J]. Human – Centric Computing and Information Sciences, 2018, 8 (1): 22 – 53.

[43] Hyesun Lee, Sang Gi Hong, Kang Bok Lee. An Internet of Things System Architecture for Aiding Firefighters in the Scene of Disaster [J]. Journal of Information Processing Systems, 2018, 14 (5): 1286 – 1292.

[44] Nicola Paltrinieri, Louise Comfort, Genserik Reniers. Learning about risk: Machine learning for risk assessment [J]. Safety Science, 2019 (18): 475 – 486.

[45] Md Golam Rabbani Fahad, Rouzbeh Nazari, Parth Bhavsar, Mohammad Jalayer, Maryam Karimi. A decision-support framework for emergency evacuation planning T during extreme storm events [J]. Transportation Research Part D, 2019 (77): 589 – 605.

[46] Farhadinia, B. and Xu, Z. S. An extended hesitant group decision-making technique based on the prospect theory for emergency situations [J]. Iranian Journal of Fuzzy Systems, 2020, 17 (3): 51 – 68.

[47] 李华，赵道致，范文，等. 基于 SUMO 的应急预案本体 [J]. 情报学报，2009，28 (3): 331 – 338.

[48] Kefan Xie, Gang Chen, Qian Wu, Yang Liu, Pan Wang. Research on the group decision-making about emergency event based on network technology [J]. Information Technology and Management, 2011, 12 (2): 137 – 147.

[49] 周剑，李燕. 突发事件应急预案的事件链表达策略 [J]. 图书馆工作与研究，2012，56 (15): 68 – 71.

[50] 蒋勋，苏新宁，刘喜文. 突发事件驱动的应急决策知识库

结构研究［J］. 情报资料工作，2015（1）：25－29.

［51］Liang Wang，Zi－Xin Zhang，Ying－Ming Wang. A prospect theory-based interval dynamic reference point method for emergency decision making［J］. Expert Systems with Applications，2015，42（23）：9379－9388.

［52］Xuan-hua Xu，Zhi-jiao Du，Xiao-hong Chen. Consensus model for multi-criteria large-group emergency decision making considering non-cooperative behaviors and minority opinions［J］. Decision Support Systems，2015，79（C）：150－160.

［53］黄超，佘廉. 文本案例推理技术在应急决策中的应用研究［J］. 情报理论与实践，2015，38（12）：111－114.

［54］陈雪龙，卢丹，代鹏. 基于粒计算的非常规突发事件情景层次模型［J］. 中国管理科学，2017，25（1）：129－138.

［55］吴鹏，刘恒旺，沈思. 基于深度学习和OCC情感规则的网络舆情情感识别研究［J］. 情报学报，2017，36（9）：972－980.

［56］李纲，徐健，巴志超，等. 应急知识库系统构建的关键问题与模块划分研究［J］. 情报理论与实践，2018，41（3）：123－128.

［57］Xiaolong Xu，Lei Zhang，Stelios Sotiriadis. CLOTHO：A Large－Scale Internet of Things－Based Crowd Evacuation Planning System for Disaster Management［J］. IEEE Internet of Things Journal，2018，5（5）：3559－3568.

［58］储节旺，汪敏，郭春侠. 云平台驱动的应急决策情报工程架构研究［J］. 图书情报工作，2019，63（16）：5－13.

［59］刘春年，陈梦秋. 突发重大事件防控中应急联动协同的情

报体系建构——基于推特文本的内容分析［J/OL］. 情报理论与实践：1－12［2020－05－14］. http：//kns. cnki. net/kcms/detail/11. 1762. G3. 20200512. 2254. 012. html.

［60］ Khaled Amailef，Jie Lu. Ontology-supported case-based reasoning approach for intelligent m－Government emergency response services［J］. Decision Support Systems，2013，55（1）：79－97.

［61］ Steven Way，Yufei Yuan. Transitioning From Dynamic Decision Support to Context－Aware Multi－Party Coordination：A Case for Emergency Response［J］. Group Decision & Negotiation，2014，23（4）：649－672.

［62］ Jeffrey Blum，Alexander Eichhorn，Severin Smith，Michael Sterle－Contala，Jeremy Cooperstock. Real-time emergency response：improved management of real-time information during crisis situations［J］. Journal on Multimodal User Interfaces，2014，8（2）：161－173.

［63］ Giuliano Manno，Waleed Smari，Luca Spalazzi，Gilberto Taccari. A semantic-based federated cloud system for emergency response［J］. Concurrency and Computation－Practice & Experience，2015，27（1）：3316－3344.

［64］ Steven Curnin，Christine Owen，Douglas Paton，Benjamin Brooks. A theoretical framework for negotiating the path of emergency management multi-agency coordination［J］. Applied Ergonomics，2015，47（47）：300－307.

［65］ Danya Khayal，Rojee Pradhananga，Shaligram Pokharel，Fatih Mutlu. A model for planning locations of temporary distribution facilities for emergency response［J］. Socio－Economic Planning Sciences，2015，52

(C): 22 -30.

[66] Carol Romanowski, Rajendra Raj, Jennifer Schneider, Sumita Mishra, Vinay Shivshankar, Srikant Ayengar, Fernando Cueva. Regional response to large-scale emergency events: Building on historical data [J]. International Journal of Critical Infrastructure Protection, 2015 (11): 12 -21.

[67] Stella Moehrle, Wolfgang Raskob. Structuring and reusing knowledge from historical events for supporting nuclear emergency and remediation management [J]. Engineering Applications of Artificial Intelligence, 2015, 46 (PB): 303 -311.

[68] Heidi Kreibich, Meike Müller, Kai Schröter, Annegret Henriette Thieken. New insights into flood warning reception and emergency response by affected parties [J]. Natural Hazards and Earth System Sciences, 2017 (17): 2075 -2092.

[69] Chris Zebrowski. Emergent emergency response: Speed, event suppression and the chronopolitics of resilience [J]. Security Dialogue, 2019, 50 (2), 148 -164.

[70] Gabriela Picado - Aguilar, JonathanAguero - Valverde. Emergency response times and crash risk: An analysis framework for Costa Rica [J]. Journal of Transport & Health, 2020 (16): 1 -11.

[71] 唐攀, 周坚. 非常规突发事件应急响应组织结构及运行模式 [J]. 北京理工大学学报 (社会科学版), 2013, 15 (2): 82 -89.

[72] 袁莉, 杨巧云. 重特大灾害应急决策的快速响应情报体系协同联动机制研究 [J]. 四川大学学报 (哲学社会科学版), 2014 (3): 116 -124.

[73] Ni Li, Minghui Sun, Zhuming Bi, Zeya Su, Chao Wang. A

new methodology to support group decision-making for IoT – based emergency response systems [J]. Information Systems Frontiers, 2014, 16 (5): 953 – 977.

[74] 苏新宁，朱晓峰. 面向突发事件应急决策的快速响应情报体系构建 [J]. 情报学报，2014，33 (12): 1264 – 1276.

[75] 李纲，李阳. 情报视角下的城市智慧应急研究——兼谈熵理论的引入 [J]. 图书与情报，2015 (1): 66 – 71.

[76] 李纲，李阳. 关于智慧城市与城市应急决策情报体系 [J]. 图书情报工作，2015，59 (4): 76 – 82.

[77] Yanyan Huang. Modeling and simulation method of the emergency response systems based on OODA [J]. Knowledge – Based Systems, 2015, 89 (C): 527 – 540.

[78] 吴鹏，金贝贝，强韶华. 基于 BDI – Agent 模型的突发事件网络舆情应急响应建模研究 [J]. 现代图书情报技术，2016 (Z1): 32 – 41.

[79] 蒋勋，苏新宁，周鑫. 适应情景演化的应急响应知识库协同框架体系构建 [J]. 图书情报工作，2017，61 (15): 60 – 71.

[80] 凌晨，冯俊文，吴鹏，张善飞. 基于 SOAR 模型的高校网络舆情应急响应研究 [J]. 情报科学，2019，37 (9): 145 – 152.

[81] 闪淳昌，周玲，方曼. 美国应急管理机制建设的发展过程及对我国的启示 [J]. 中国行政管理，2010 (8): 100 – 105.

[82] 刘亚娜，罗希. 日本应急管理机制及对中国的启示——以"3·11 地震"为例 [J]. 北京航空航天大学学报（社会科学版），2011，24 (5): 16 – 20.

[83] 李雪峰. 英国应急管理的特征与启示 [J]. 行政管理改革，

2010 (3): 54 - 59.

[84] 陈振明. 中国应急管理的兴起——理论与实践的进展 [J]. 东南学术, 2010 (1): 41 - 47.

[85] 包昌火. 情报研究方法论 [M]. 北京: 科学技术文献出版社, 1990: 1 - 100.

[86] 唐明伟, 苏新宁, 肖连杰. 面向大数据的情报分析框架 [J]. 情报学报, 2018, 37 (5): 467 - 476.

[87] 唐明伟, 蒋勋, 姚兴山."互联网 +"环境下面向公共安全的突发事件快速响应系统 [J]. 情报科学, 2016, 34 (11): 154 - 159.

[88] 符福桓. 论情报学体系结构的形成、演化与发展研究 [J]. 情报科学, 2003, 21 (12): 2 - 8.

[89] 王知津, 李赞梅, 周鹏. 二十年以来我国情报学学科体系研究进展 [J]. 图书馆, 2012 (1): 54 - 58.

[90] 王曰芬, 李冬琼, 靳嘉林, 陈必坤. 近十年图书情报领域的研究状况及其大数据时代的研究趋向 [J]. 情报资料工作, 2017 (1): 17 - 24.

[91] 吴朋民, 陈挺, 王小梅. Altmetrics 与引文指标相关性研究 [J]. 数据分析与知识发现, 2018, 2 (6): 58 - 69.

[92] 巴志超, 李纲, 朱世伟. 共现分析中的关键词选择与语义度量方法研究 [J]. 情报学报, 2016, 35 (2): 197 - 207.

[93] 马兰. 中国学术期刊评价体系对比研究 [J]. 情报科学, 2016, 34 (1): 167 - 170.

[94] 沈斌, 温涛. 基于贝叶斯最大似然估计的金融预测 [J]. 统计与决策, 2018, 34 (7): 85 - 88.

[95] 唐明伟，蒋勋，姚兴山．“互联网+”环境下面向公共安全的突发事件快速响应系统 [J]. 情报科学，2016，34 (11)：154-159.

[96] 姚乐，樊振佳，赖茂生．政府开放数据与智慧城市建设的战略整合初探 [J]. 图书情报工作，2013，57 (13)：12-17，48.

[97] Jim Grey. eScience—A Transformed Scientific Method [EB/OL]. [2007-01-11]. http://research.microsoft.com/en-us/um/people/gray/talks/NRC-CSTB_eScience.ppt.

[98] 唐明伟，苏新宁，姚兴山．本体驱动的突发事件案例知识库 [J]. 情报理论与实践，2016，39 (6)：123-127.

[99] Jorge L. Reyes-Ortiz, Luca Oneto, Davide Anguita. Big Data Analytics in the Cloud: Spark on Hadoop vs MPI/OpenMP on Beowulf [J]. Procedia Computer Science, 2015, 53: 121-130.

[100] Rob Toulson, Tim Wilmshurst. Fast and Effective Embedded Systems Design [M]. Second Edition. Oxford: Jonathan Simpson, 2017: 257-290.

[101] Zukoski E E, Kubota T, Cetegen B. Entrainment in fire plumes [J]. Fire Safety Journal, 1981, 3 (3): 107-121.

[102] 阚开慧．室内火灾的稳定性分析与三维场模拟 [D]. 扬州大学硕士学位论文，2012.

[103] Hongbing Wang, Joshua Zhexue Huang, Yuzhong Qu, et al. Web services: problems and future directions [J]. Web Semantics: Science, Services and Agents on the World Wide Web, 2004, 1 (3): 309-320.

[104] Tim Berners-Lee, Robert Cailliau, Ari Luotonen, et al. The World-Wide Web [J]. Communications of The ACM, 1994, 37 (8):

76 - 82.

[105] Walter Goralski. The Illustrated Network: How TCP/IP Works in a Modern Network [M]. San Fransisco: Morgan Kaufmann, 2008: 559 - 583.

[106] Wikipedia. Hypertext Transfer Protocol [EB/OL]. http: //en. wikipedia. org/wiki/Hypertext_Transfer_Protocol, 2012.

[107] Roy Thomas Fielding. Architectural Styles and the Design of Network-based Software Architectures [D]. USA: University of California, 2000.

[108] Leonard Richardson, Sam Ruby. RESTful Web Services [M]. Sebastopol: O'Reilly Media, 2007: 15 - 21.

[109] Robert Battle, Edward Benson. Bridging the semantic Web and Web 2. 0 with Representational State Transfer (REST) [J]. Web Semantics: Science, Services and Agents on the World Wide Web, 2008, 6 (1): 61 - 69.

[110] Alex Iskold. Web 3. 0: When Web Sites Become Web Services [EB/OL]. http: //www. readwriteweb. com/archives/web_30_when_web_sites_become_web_services. php, 2007.

[111] James Snell. Resource-oriented vs. activity-oriented Web services [EB/OL]. http: //www. ibm. com/developerworks/webservices/library/ws-restvsoap/, 2004.

[112] Alex Bunardzic. Replacing Service Oriented Architecture with Resource Oriented Architecture [EB/OL]. http: //markkit. net/untrusted/jooto. com_blog_index. php_2006_08_08_replacing-service-oriented-architecture-with-resource-oriented-architecture_. html, 2006.

[113] Tim Berners - Lee, Roy Thomas Fielding, Larry Masinter. Uniform Resource Identifier (URI): Generic Syntax [EB/OL]. http://merlot.tools.ietf.org/html/rfc3986, 2005.

[114] 郑昌兴,苏新宁,刘喜文. 突发事件网络舆情分析模型构建——基于利益相关者视阈值 [J]. 情报杂志,2015,34 (4):71 - 75.

[115] 唐明伟,卞艺杰,陶飞飞. RESTful 架构下图书管理系统的研究与实现 [J]. 现代图书情报技术,2010 (9):84 - 89.

[116] 许林杰. 中文文本分词研究 [D]. 济南:山东师范大学硕士学位论文,2003.

[117] Zhou Ning, Wu JiaXin, Zhang ShaoLong, Chen HongQin, Zhang XiangRong. Mining weighted association rules with lucene index [C]//2007 International Conference on Wireless Communications, Networking and Mobile Computing, WiCOM 2007. Piscataway, United States: Inst. of Elec. and Elec. Eng. Computer Society, 2007: 3692 - 3695.

[118] 王飞跃. 加强信息技术在应急管理中的作用 [N]. 科学时报,2008 - 02 - 13 (A01).

[119] 刘樑,刘力玮,姜科. 基于情景表现的非常规突发事件处置全过程研究 [A]//第五届全国"应急管理—理论与实践"研讨会论文集 [C]. 济南,2010:50 - 54.

[120] 谷岩. 基于框架和案例推理的应急预案表示和优选方法的研究设计 [J]. 计算机科学,2012 (6):163 - 165,169.

[121] 冯文刚,陈亮. 重大突发事件决策支持的语义协同模式构建的案例推理研究 [J]. 信号处理,2013 (11):1511 - 1518.

[122] Amailef K, Lu Jie. Ontology-supported case-based reasoning

approach for intelligent m－Government emergency response services [J]. Decision Support Systems, 2013, 55 (1): 79－97.

[123] 薛澜，钟开斌．突发公共事件分类、分级与分期：应急体制的管理基础 [J]. 中国行政管理，2005 (2): 102－107.

[124] 国家突发公共事件总体应急预案 [EB/OL]. [2014－04－20]. http: //www. gov. cn/yjgl/2005 －08/07/content_21048. htm.

[125] 李春娟．面向应急流程的应急知识管理体系构建 [J]. 图书情报工作，2011 (2): 46－49.

[126] J. Euzenat, P. Shvaiko. Ontology Matching (Second Edition) [M]. Springer, 2013: 125.

[127] 于洪，罗虎．一种 Web 用户访问路径的可能性模糊聚类算法 [J]. 小型微型计算机系统，2012, 33 (1): 135－139.

[128] 郭泳亨，卢兴华，刘云．应急决策效果的模糊综合评判研究 [J]. 科学技术与工程，2006 (5): 588－592.

[129] Larsson, L. Ekenberg, M. Danielsonl. Decision Evaluation of Response Strategies in Emergency Management Using Imprecise Assessments [J]. Journal of Homeland Security and Emergency Management, 2010, 7 (1): 1－23.

[130] Elisabeth Pate－Cornell. Fusion of Intelligence information: A Bayesian Approach [J]. Risk Analysis. 2002, 22 (3): 445－454.

[131] 韩崇昭，朱洪艳，段战胜．多源信息融合（第 2 版）[M]. 北京：清华大学出版社，2010: 2－6.

[132] 张家年．情报融合中心：美国情报共享实践及启示 [J]. 图书情报工作，2015, 59 (13): 87－95.

[133] 郝日虹．我国首个“突发事件基础数据处理标准”发布

[N]. 中国社会科学报，2014-05-28 (A01).

[134] Arpad palfy. Bridging the Gap between Collection and Analysis: Intelligence Information Processing and Data Governance [J]. International Journal of Intelligence and CounterIntelligence. 2015, 28 (2): 365-376.

[135] Jorge A, Balazs, Juan D, Velásquez. Opinion Mining and Information Fusion: A survey [J]. Information fusion. 2016 (27): 95-110.

[136] 任红娟. 一种内容和引用特征融合的知识结构划分方法研究 [J]. 中国图书馆学报，2013, 39 (207): 76-82.

[137] 尚朝轩，王品，韩壮志，等. 基于类决策树分类的特征层融合识别算法 [J/OL]. 控制与决策. http: //www. cnki. net/kcms/detail/21. 1124. TP. 20160121. 1145. 009. html.

[138] 朱朝勇. 基于本体的知识库分类研究 [D]. 中国科学技术大学博士学位论文，2013.

[139] 蒋勋，徐绪堪. 面向知识服务的知识库逻辑结构模型 [J]. 图书与情报，2013 (6): 23-31.

[140] 文庭孝，罗贤春，刘晓英. 知识单元研究述评 [J]. 中国图书馆学报，2011, 37 (5): 75-86.

[141] 王冬芝. 事件——人类思维的知识单元和语言表达的信息单元 [J]. 湖北民族学院学报（哲学社会科学版），2015, 33 (6): 151-155.

[142] Hyun Lee, ByoungyongLee, KyungseoPark. Fusion Techniques for Reliable Information: A Survey [J]. International Journal of Digital Content Technology and its Applications. 2010, 4 (2): 74-88.

[143] Gangyan Xu, George Q. Huang, Ji Fang. Cloud asset for urban

flood control [J]. Advanced Engineering Informatics. 2015, 29 (3): 355 - 365.

[144] Elisa Shahbazian, Galina Rogova and Pierre Valin. Data Fusion for Situation Monitoring, Incident Detection, Alert and Response Management [M]. Netherlands: IOS Press, 2005: 82 - 121.

[145] 薛耀文，黄欢，张国凤，等．基于重大突发事件的即兴决策 [J]. 系统管理学报，2013，22 (5): 708 - 714.

[146] 徐绪堪，蒋勋，苏新宁，等．面向知识服务的知识组织框架体系构建 [J]. 情报学报，2013，32 (12): 1278 - 1287.

[147] 李湘东，胡逸泉，黄莉．采用 LDA 主题模型的多种类型文献混合自动分类研究 [J]. 图书馆论坛，2015，35 (1): 74 - 80.

[148] Sidiropoulos ND, Bro R. On the uniqueness of multilinear decomposition of N-way arrays [J]. Journal of Chemometrics, 2000 (14): 229 - 239.

[149] Kolda T G, Bader B W. Tensor decompositions and applications [J]. SIAM Review, 2009, 51 (3): 455 - 500.

[150] Anandkumar A, Foster DP, Hsu D, et al. A spectral algorithm for latent dirichlet allocation [J]. Algorithmica, 2015, 72 (1): 193 - 214.

[151] Halko N, Martinsson P G, Tropp J A. Finding structure with randomness: Probabilistic algorithms for constructing approximate matrix decompositions [J]. Siam Review, 2010, 53 (2): 217 - 288.

[152] Anandkumar A, Ge R, Hsu D, et al. Tensor decompositions for learning latent variable models [J]. Journal of Machine Learning Research, 2014, 15 (1): 2773 - 2832.

[153] Halko N, Martinsson P G, Tropp J A. Finding structure with randomness: Probabilistic algorithms for constructing approximate matrix decompositions [J]. Siam Review, 2010, 53 (2): 217 – 288.

[154] Kolda T G, Bader B W. Tensor Decompositions and Applications [J]. Siam Review, 2005, 66 (4): 294 – 310.

[155] Liu S, Trenkler G. Hadamard, Khatri – Rao, Kronecker and Otler Matrix Products [J]. International Journal of system science, 2008, 4 (1): 160 – 177.

[156] Cormen T H, Goodrich M T. A bridging model for parallel computation, communication, and I/O [J]. ACM Computing Surveys (CSUR), 1996, 28 (4): 208.

[157] Wang Y, Tung H Y, Smola A J, et al. Fast and guaranteed tensor decomposition via sketching [C]//Advances in Neural Information Processing Systems, 2015: 991 – 999.

[158] 冯永，李华，钟将，等. 基于自适应中文分词和近似SVM的文本分类算法 [J]. 计算机科学，2010，37 (1): 251 – 254.

[159] 李德毅，刘常昱，杜鹢，等. 不确定性人工智能 [J]. 软件学报，2004 (11): 1583 – 1594.

[160] 杨静，陈建明，赵红. 应急管理中的突发事件分类分级研究 [J]. 管理评论，2005 (4): 37 – 41: 8 – 64.

[161] 李德毅，刘常昱，杜鹢，等. 不确定性人工智能 [J]. 软件学报，2004 (11): 1583 – 1594.

[162] 李德毅，刘常昱. 论正态云模型的普适性 [J]. 中国工程科学，2004 (8): 28 – 34.

[163] 范珉，刘晓君. 基于突变理论的公共场所集群事件预警分

级［J］. 中国安全科学学报，2010（2）：171－176；181.

［164］Gerard Salton，Christopher Buckley. Term-weighting approaches in automatic text retrieval［J］. Information Processing & Management，1988，24（5）：513－523.

［165］Salton G，Wang A. & Yang C S. A vector space model for information retrieval［J］. Journal of the American Society for Information Science，1975，18（11）：613－620.

［166］化柏林，李广建. 大数据环境下多源信息融合的理论与应用探讨［J］. 图书情报工作，2015（16）：1－6.

［167］Mark Bedworth，Jane O'Brien. The Omnibus Model：A New Model of Data Fusion?［J］. IEEE Aerospace and Electronic Systems Magazine，2000，15（4），30－36.

［168］徐绪堪，钟宇翀，魏建香，吴恺，苏新宁. 基于"组织—流程—信息"的突发事件情报分析框架构建［J］. 情报理论与实践，2015（4）：70－73.

［169］易正俊. 多源信息智能融合算法［D］. 重庆：重庆大学硕士学位论文，2002：33－36.

［170］Lili Yang，Raj Prasanna，Malcolm King. GDIA：Eliciting information requirements in emergency first response［J］. Requirements Engineer，2015（20）：345－362.

［171］徐绪堪，房道伟，蒋勋，苏新宁. 知识组织中知识粒度化表示和规范化研究［J］. 图书情报知识，2014（6）：101－106；90.

［172］管清云，陈雪龙，王延章. 基于距离熵的应急决策层信息融合方法［J］. 系统工程理论与实践，2015（1）：216－227.

［173］彭云，万常选，江腾蛟等. 基于语义约束 LDA 的商品特

征和情感词提取［J］. 软件学报，2017，28（3）：1－18.

［174］舒其林. 非常规突发事件的情景演变及“情景—应对”决策方案生成［J］. 中国科学技术大学学报，2012，42（11）：936－941.

［175］舒其林.“情景—应对”模式下非常规突发事件应急资源配置调度研究［D］. 合肥：中国科学技术大学博士学位论文，2012.

［176］刘霞，严晓. 突发事件应急决策生成机理：环节、要素及序列加工［J］. 上海行政学院学报，2011，12（4）：37－43.

［177］陈祖琴，苏新宁，杨建林. 基于突发事件情景地图的应急决策模式研究［J］. 情报学报，2015，34（8）：845－853.

［178］Baeza－Yates R，Ribeiro－Neto B. Modern information retrieval［M］. New York：ACM press，1999：77－79.

［179］腾讯科技. 于扬：所有传统和服务应该被互联网改变［EB/OL］. http：//tech. qq. com/a/20121114/000080. htm［2012－11－14］.

［180］央视网. 李克强同世界互联网大会中外代表座谈时强调：促进互联网共享共治，推动大众创业万众创新［EB/OL］. http：//news. cntv. cn/2014/11/20/VIDE1416483039412281. shtml［2014－11－20］.

［181］陈祖琴，苏新宁. 基于情景划分的突发事件应急响应策略库构建方法［J］. 图书情报工作，2014，58（19）：105－110.

［182］陈祖琴，葛继科，苏新宁，唐明伟. 情景—应对模式下面向复用的应急策略情报加工方法研究［J］. 情报杂志，2017，36（9）：31－37.

［183］陈祖琴，苏新宁，杨建林. 基于突发事件情景地图的应急决策模式研究［J］. 情报学报，2016，34（8）：845－853.

[184] 陈祖琴，苏新宁．主体偏好视角下的应急策略分步评价方法［J］．图书馆学研究，2015（6）：89－96.

[185] 陈祖琴．面向应急情报采集与组织的突发事件特征词典编制［J］．图书与情报，2015（3）：26－33.

[186] 周德群．系统工程概论［M］．北京：科学出版社，2005：202－203.

[187] 唐明伟，蒋勋，姚兴山．"互联网＋"环境下面向公共安全的突发事件快速响应系统［J］．情报科学，2016，34（11）：154－159.